专业学位硕士联考应试精点系列
ZhuanYe XueWei ShuoShiLianKao YingShi JingDian XiLie

MBA MPA MPAcc MEM 联考与经济类联考 写作精点

总第11版

鑫全工作室图书策划委员会 编
主 编 赵鑫全
参 编 王超帅 于俊淼

LIANKAO 2026版 XIEZUOJINGDIAN

华龄出版社
HUALING PRESS

图书在版编目（CIP）数据

写作精点 ：MBA、MPA、MPAcc、MEM 联考与经济类联考 / 赵鑫全主编. -- 北京 ： 华龄出版社，2024. 12.
ISBN 978-7-5169-2938-4

Ⅰ. H15

中国国家版本馆 CIP 数据核字第 20248W5C27 号

策划编辑 颉腾文化　　**责任印制** 李未圻
责任编辑 苗昊聪

书　名	写作精点：MBA、MPA、MPAcc、MEM 联考与经济类联考		
作　者	赵鑫全		
出　版 **发　行**	华龄出版社 HUALING PRESS		
社　址	北京市东城区安定门外大街甲 57 号	**邮　编**	100011
发　行	（010）58122255	**传　真**	（010）84049572
承　印	三河市中晟雅豪印务有限公司		
版　次	2024 年 12 月第 1 版	**印　次**	2024 年 12 月第 1 次印刷
规　格	787mm×1092mm	**开　本**	1/16
印　张	14. 75	**字　数**	368 千字
书　号	ISBN 978-7-5169-2938-4		
定　价	62. 00 元		

前言

《写作精点》是《鑫全讲真题（写作）》的姊妹篇。本书是专为管理类专业硕士学位联考（工商管理硕士、会计硕士、审计硕士和图书情报硕士等）199科目和经济类专业硕士学位联考（金融硕士、资产评估硕士和税务硕士等）396科目编写的考前中文写作备考辅导图书。

本书精选了作者二十多年来的授课讲义，以真实、权威、专业的编写态度，引导和点拨同学们悉心体会写作的方法和思路，从中吸取、借鉴成功的得分要点，轻松解决审题立意、构思选材等难点要点，从而迅速提高写作应试能力。

《写作精点》是系统的作文复习指导用书。其创作初衷，就是为了帮考生实现：快速成文，高分突破。因此，在写作方法上讲求高效实用，在写作素材上讲求精专，避免“俗套”。《鑫全讲真题（写作）》是全面翔实的历年真题解析用书，对199科目和396科目写作考试进行权威命题分析和预测，提供了细致的写作方法指导，同时对历年真题从不同的角度进行剖析、讲解。《写作精点》和《鑫全讲真题（写作）》是写作备考必备搭档图书，能快速提升考生写作应试能力。

赵鑫全

2024年11月

配套服务使用说明

一、教材服务备考群

备考 QQ 群

专为考研学子设立备考交流群，互动交流，答疑解惑，共同学习：扫码进入备考群。

二、教材服务二维码

教材服务

扫码获取“精点”系列教材服务。（具体配套情况以扫描结果为准）

三、关注作者获取备考资料和互动交流

微博@ 鑫全讲堂-赵鑫全、小红书@ 赵鑫全逻辑写作、B 站@ 鑫全讲堂-赵鑫全

目 录

第一部分　论证有效性分析

第二部分　论说文

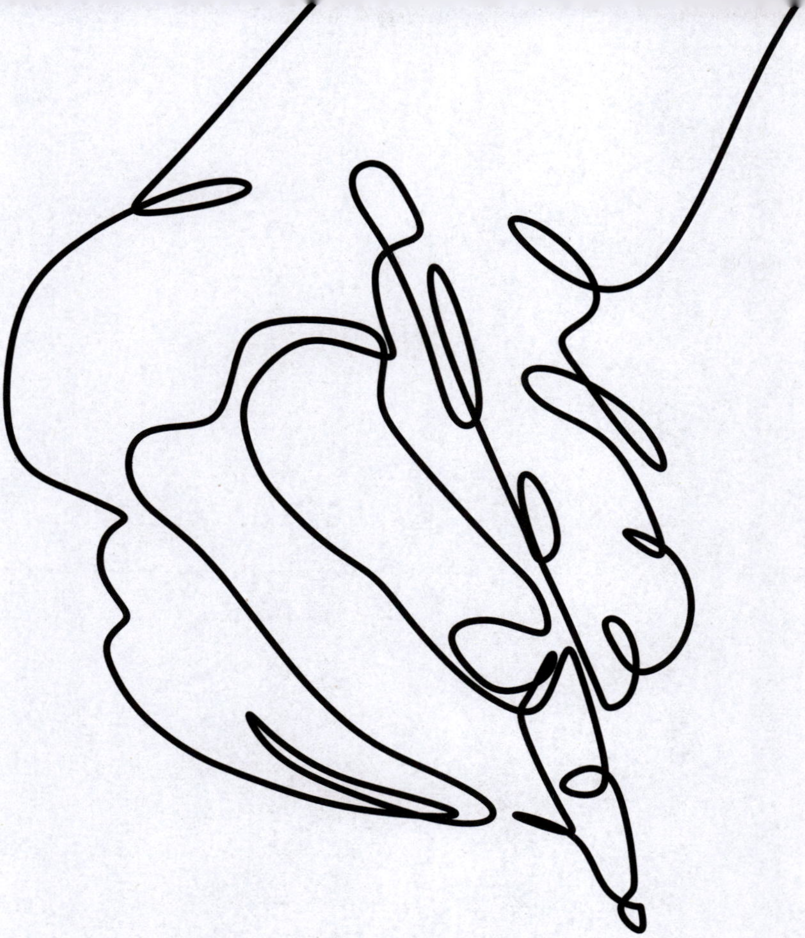

1

第一部分

论证有效性分析

2026
写作精点

第一章
论证有效性分析基础知识

第一节 论证有效性分析命题认知

经过论证的思想、有理由的思想才是可信的，这是人类文化最基本的价值坐标。逻辑思维不仅能够提高智商，而且能够提高情商。一个人能够正确评价他人论证的有效性，是一种能力，更是一种涵养。具备这种能力的人，不会人云亦云，更不会指鹿为马，更有可能成就高尚的人格。

“论证有效性分析”作为联考写作考试的一种题型，主要考查的是考生正确评价论证的有效性的能力，体现考生批判性思维的运用能力。

鑫全精点｜批判性思维能力的评价

1. 能否对别人的论证进行客观的评价；
2. 接受别人观点时，是否有充分的理由；
3. 能否在提出自己观点的同时提出充分的理由。

一、论证有效性分析大纲解析

> “论证有效性分析试题的题干为一篇有缺陷的论证，要求考生分析其中存在的问题，选择若干要点，围绕论证中的缺陷或漏洞，分析和评述论证的有效性。”

关键词一：论证

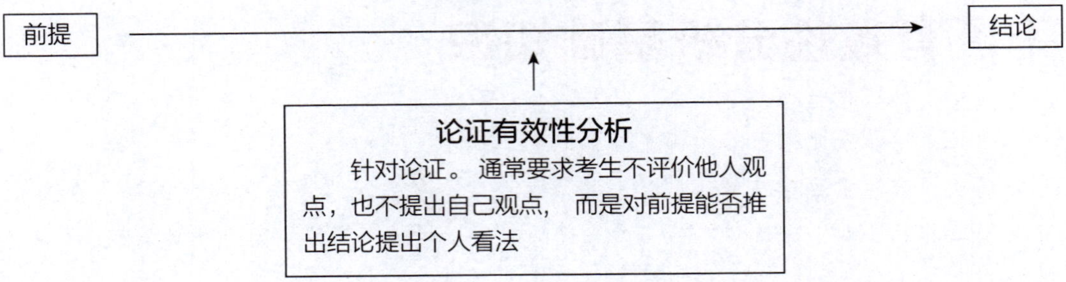

关键词二：缺陷

大纲中“一篇有缺陷的论证”告诉我们，只需要关注“有问题的论证”，而不用分析“有效的论证”。

鑫全精点｜“缺陷”不同于“错误”

“缺陷”不同于“错误”，“错误”是缺陷的子集，如果将找错误比喻为“将墙推倒”，那么找缺陷则是“将墙晃动便可”。当然，若能推倒则更好。

关键词三：分析与评价

考生需要指出材料中的论证缺陷，也就是质疑材料中的论证关系。

鑫全精点｜找到缺陷只是开始

大多考生善于此，但这仅仅完成了命题要求的一小步，也只能得到 20% 左右的分数，我们还必须进行令人信服的分析。也就是说，我们不仅要指出论证是有缺陷的，关键还必须分析具体缺陷是什么，即指出其有效性缺失的原因。

二、真题再现

论证有效性分析

（选自管理类联考 2024 年真题）

分析下述论证中存在的缺陷和漏洞，选择若干要点，写一篇 600 字左右的文章，对该论证的有效性进行分析和评论。（论证有效性分析的一般要点是：概念特别是核心概念的界定和使用是否准确并前后一致，有无各种明显的逻辑错误，论证的论据是否成立并支持结论，结论成立的条件是否充分，等等。）

人才是社会经济发展的重要因素，许多单位都十分注重培养自己需要的人才。其实，人才除了靠自己培养，还应该靠引进。

常言道："十年树木，百年树人。"这说明培养人才需要相当长的时间。即使不需要一百年，现在把一个人从小学培养到大学毕业，至少也要十五六年。由此可见，靠自己单位来培养人才根本不能解决当务之急。

其次，只注重培养而不注重引进并留住人才，结果往往事与愿违。例如，企业辛辛苦苦培养的一些人才跳槽了，一些高校的优秀毕业生出国了。因此，只着眼于培养，只能是为他人作嫁衣裳。

再次，从历史上来看，秦孝公靠商鞅变法使秦国强大了，而商鞅是卫国人，是秦孝公招揽引进的。可见，招揽引进人才，就能使国家强大起来。

可喜的是，如今不少单位出台了各种措施，引进了越来越多的人才。这样，我国的人才数量必将大幅增长，国家就会更加富强了。

（一）论证结构分析

理　由	结构词	结　论
十年树木，百年树人	这说明	培养人才需要相当长的时间
即使不需要一百年，现在把一个人从小学培养到大学毕业，至少也要十五六年	由此可见	靠自己单位来培养人才根本不能解决当务之急
企业培养的一些人才跳槽了，一些高校的优秀毕业生出国了	因此	只着眼于培养，只能是为他人作嫁衣裳
秦孝公靠商鞅变法使秦国强大了，而商鞅是卫国人，是秦孝公招揽引进的	可见	招揽引进人才，就能使国家强大起来
不少单位出台了各种措施，引进了越来越多的人才→我国的人才数量必将大幅增长→国家就会更加富强了（"这样……就会……"）		

（二）论证关系分析

论证关系①　十年树木，百年树人→培养人才需要相当长的时间

定位分析点	由结构词"这说明"确定论证关系。前提中提到的是"十年树木，百年树人"，而结论中却偷换成了"培养人才时间长"。

（续）

切入思路	建议从“偷换概念”的思路进行分析。分析出“十年树木，百年树人”与“培养人才时间长”之间的不同。
分析	偷换概念：“十年树木，百年树人”，比喻培养人才是长久之计，也表示培养人才很不容易，强调了时间和耐心对于人才发展的重要性，鼓励人们用长远的眼光看待人才的成长和发展，并非仅是字面上的培养人才需要很长时间。

论证关系②　即使不需要一百年，现在把一个人从小学培养到大学毕业，至少也要十五六年→靠自己单位来培养人才根本不能解决当务之急

定位分析点	由结构词“由此可见”确定论证关系。
切入思路	论据不支持结论，可采用“让步攻击”的方法，即存在相反结果，X∧非Y。
分析	X∧非Y：即使人才的培养需要很长时间，但在人才进入单位之前，已经由家庭、学校等教育和培养数年，积累了相关知识和经验，单位可能只需短期培养其岗位相关领域的知识与技能，就可使其胜任岗位，所以可以帮单位解决当务之急。

论证关系③　企业培养的一些人才跳槽了，一些高校的优秀毕业生出国了→只着眼于培养，只能是为他人作嫁衣裳

定位分析点	由结构词“因此”确定论证关系。前提中提到一些人才跳槽、一些高校优秀毕业生出国属于个例，不足以说明结论中的整体情况。
切入思路	建议从“以偏概全”的思路进行分析。需分析个体的特殊性。
分析	以偏概全：一些人才跳槽和一些高校优秀毕业生出国，只是个例，不具有代表性，一些人才跳槽可能是因为企业没有提供良好的发展空间、优渥的薪资待遇等，一些毕业生出国也许是为了深造之后更好地回国发展，未必说明“只能是为他人作嫁衣”。

论证关系④　秦孝公靠商鞅变法使秦国强大了，而商鞅是卫国人，是秦孝公招揽引进的→招揽引进人才，就能使国家强大起来

定位分析点	由结构词“可见”确定论证关系。 ⓐ“从历史上来看”不能推出该结论（现在情况）。 ⓑ 前提中提到“秦孝公引进人才使秦国强大了”是个例，不足以说明结论中的整体情况。
切入思路	ⓐ 建议从“忽略发展”思路进行分析。需分析随着时间的推移有些要素发生了变化。 ⓑ 建议从“以偏概全”思路进行分析。需分析个体的特殊性。

（续）

分析	ⓐ 忽略发展：万物唯变，随着时间的推移，有些要素会发生改变，比如当代社会中的国家体制、经济环境、教育模式、人才选拔机制等都发生了巨变，与秦国时期不同，那么招揽引进人才，未必就能使国家强大起来。 ⓑ 以偏概全：秦孝公靠商鞅变法使秦国强大，只是个例，不具有代表性。比如秦孝公能够识人、用人等，但其他国家未必有这样的伯乐。

论证关系⑤　不少单位出台了各种措施，引进了越来越多的人才→我国的人才数量必将大幅增长→国家就会更加富强了

定位分析点	由“这样……就会……”可以确定此处是连续推理 A→B→C。
切入思路	可考虑使用“滑坡谬论”思路来分析，依次分析每一个论证关系的有效性。
分析	滑坡谬论： A→B：即使单位出台措施引进了人才，但如果不能为人才提供好的发展平台，不能使其施展才华，可能留不住人才，与此同时更可能造成人才流失，所以我国人才数量未必大幅增长。 B→C：人才数量是国家富强的要素之一，除此之外，还要保证人才高质量、经济发达、科技进步、法制健全、制度完善等。

（三）阅卷组评分标准㊀

管理类联考论证有效性分析总分 30 分，根据分析评论的内容、文章结构和语言表达综合评分：

（1）根据分析评论的内容给分，占 16 分，需指出和分析题干论证中存在的若干缺陷。

（2）根据论证程度、文章结构和语言表达给分，占 14 分，分四类卷给分：

一类卷（12~14 分）：分析论证有力，结构严谨，条理清楚，语言精练流畅。

二类卷（8~11 分）：分析论证较有力，结构较严谨，条理较清楚，语言较通顺，有少量语病。

三类卷（4~7 分）：尚有分析论证，结构不够完整，语言欠连贯，语病较多。

四类卷（0~3 分）：明显偏离题意，内容空洞，条理不清，语句不通。

（3）每 3 个错别字扣 1 分，重复的不计，至多扣 2 分。

㊀此处评分标准以管理类联考（199）为例分析，经济类联考（396）论证有效性分析总分 20 分，评分标准与管理类基本一致。

（4）书面不整洁，标点不正确，酌情扣1~2分。

（5）缺题目扣2分。

【提示】以上分5点阐述了论证有效性分析的给分点和扣分点。换句话说，需要考生指出题干的缺陷并给出理由。阅卷老师会从论证、结构、条理以及语言方面给出相应的评分。从这里的排序考生亦可看出，阅卷老师首先看分析论证是否有力度；其次看结构分布是否严谨，条理是否清楚；最后看语言是否精练流畅。

（四）阅卷组提供的标准答案

1. 十年树木，百年树人，这句话用来比喻“培养人才是长久之计”，同时也表示培养人才之不易，并非仅是字面上的培养人才需要很长的时间。

2. 把一个人从小学培养到大学毕业，至少也要十五六年，并不意味着靠自己单位来培养人才不能解决当务之急。

3. 一些人才跳槽了、一些优秀毕业生出国了是个例，不足以说明“只着眼于培养，只能是为他人作嫁衣裳”。

4. 秦孝公靠商鞅变法使秦国强大，是历史事件，无法说明现在招揽引进人才，就能使国家强大起来。

5. 出台措施引进人才未必会使人才数量大幅增加，也难以保证国家更加富强。

（五）范文借鉴

一篇似是而非的论证

材料围绕着“人才除了靠培养，还应该靠引进”展开了相关论证，然而论证过程存在不妥，现分析如下。

“十年树木，百年树人”不意味着“培养人才需要相当长的时间”。“十年树木，百年树人”比喻培养人才是长久之计，也表示培养人才很不容易，强调了时间和耐心对于培养人才的重要性，鼓励人们用长远的眼光看待人才的成长和发展，并非仅是字面上的培养人才需要很长时间。

“人才的培养需要相当长的时间”难以说明“靠自己单位来培养人才根本不能解决当务之急”。即使人才的培养需要很长时间，但在人才进入单位之前，已经由家庭、学校等教育和培养数年，积累了相关知识和经验，单位可能只需短期培养其岗位相关领域的知识与技能，就可使其胜任岗位，帮单位解决当务之急。

“企业培养的一些人才跳槽了、一些高校的优秀毕业生出国了”不能说明“只着眼于培养，只能是为他人作嫁衣裳”。一些人才跳槽、一些高校优秀毕业生出国，只是个例，不具有代表性，一些人才跳槽可能是因为企业没有提供良好的发展空间、优渥的薪资待遇等，一些毕业生出国也许是为了深造之后更好地回国发展，未必说明“只能是为他人作嫁衣”。

“不少单位出台了各种措施，引进了人才”未必能推出“我国的人才数量必将大幅增长”，何来“国家就会更加富强了”一说？即使单位出台措施引进了人才，如果不能为人才提供好的发展平台，不能使其施展才华，可能留不住人才，与此同时，更可能造成人才流失，所以我国人才数量未必大幅增长。另外，人才数量是国家富强的要素之一，除此之外，还要保证人才高质量、经济发达、科技进步、法制健全、制度完善等。

总之，上述论证存在诸多不足，需进一步完善。

鑫全精点｜解题注意事项

“论证有效性分析”解题关键是找出原材料中的论证缺陷，考生必须注意以下5点：

1）密切注意原论述中的结构标志词，利用标志词找到论证关系，这是我们分析的目标，通常也是官方标准答案的采分点；

2）区分哪些是理由，哪些是结论或作者的主张；

3）不必对材料的立场本身表示赞同或反对，而应探讨支持论证者观点的论证思路；

4）不应关注材料中的陈述是否精确或真实，而重点分析结论是否有效地从这些陈述中推导而出；

5）对自己每一个论证评价给出理由，即指出原材料中的缺陷，同时说明理由。

提示　以上内容截取自《鑫全讲真题（写作）——写作历年真题名家详解》。考生通过对真题认知以及“手把手教写作”环节的训练，能够加速提升学习效率，使应试方向和结果与命题人、阅卷人的思路逐步契合，实现成绩突破。建议同学们完成本书学习后，仔细研读历年真题。

第二节
论证有效性分析应试能力提升

一、命题要求及应试能力简介

（一）命题要求

分析下述论证中存在的缺陷和漏洞，选择若干要点，写一篇 600 字左右的文章，对该论证的有效性进行分析和评论。（论证有效性分析的一般要点是：概念特别是核心概念的界定和使用是否准确并前后一致，有无各种明显的逻辑错误，论证的论据是否成立并支持结论，结论成立的条件是否充分，等等。）

鑫全精点 | 命题要求

命题要求分两部分：

1. 大纲再现

分析下述论证中存在的缺陷和漏洞，选择若干要点，写一篇 600 字左右的文章，对该论证的有效性进行分析和评论。

在大纲基础上，命题要求增加了字数限定，600 字左右。

2. 指出分析要点

1）概念特别是核心概念的界定和使用是否准确并前后一致；

2）有无各种明显的逻辑错误；

3）论证的论据是否成立并支持结论；

4）结论成立的条件是否充分。

（二）应试思维导图

①定位论证：理由 ⟶ 结论

↑

②概念的界定与使用

③常见的逻辑错误

④论据不能支持结论

⑤结论成立的条件不充分

⑥充分必要性分析

二、批判性思维定点突破

（一）定位论证

1. 辨识论证

论证是用论据来证明论题（观点、主张、态度、建议……）的真实性的论述过程，是由论据推出论题时所使用的推理形式。

鑫全精点 | 论证公式

“论证” = “理由→结论”。

论证由结论、理由和逻辑关系这三个不同的部分组成。我们通常用一个箭头“→”来表示逻辑关系。箭头的尖端指向结论，尾端指向理由。

庖丁解牛

请考生分析以下论述是否为论证，并说明理由。

1. 大家都在谈论老年人还要不要继续工作的话题。

____

2. 难道老年人没有权利追求更高质量的生活？

____

3. 默默无闻、无私奉献虽然是人们尊崇的德行，但这种德行其实不可能成为社会的道德精神。

____

4. 从哲学意义上来说，事物的表象不等于事物的真相。

____

5. 法庭的被告中，被指控偷盗、抢劫的定罪率，要远高于被指控贪污、受贿的定罪率。其重要原因是后者能聘请收费昂贵的私人律师，而前者主要由法庭指定的律师辩护。

____

6. 如果在开展商业性冰雪运动的同时也经营冬季运动用品，则公司可以获得更多的利润。

____

7. 普通人在工作、生活中很少用到英语，因此，没必要重视英语。

____

8. 他们之所以有消费能力，是因为他们作为公司的员工获得报酬。

____

9. 随着带薪休假制度的落实，应该彻底取消“黄金周”。

____

10. 受多元文化和价值观的冲击，甲国居民的离婚率明显上升。最近一项调查表明，甲国的平均婚姻存续时间为 8 年。张先生为此感慨，现在像钻石婚、金婚、白头偕老这样的美丽故事已经很难得，人们淳朴的爱情婚姻观一去不复返了。

____

精 | 点 | 解 | 析

1. 该表达是一个判断。所谓判断是能够有所断定，即可根据相关信息推断语句真假，而论证则由两个判断构成。故该表达不是论证。切记不要受绝对化词“都”的影响认为其是论证。

2. 反问句表达判断。难道老年人没有权利追求更高质量的生活？意思是老年人有权利追求更高质量的生活，相当于陈述句表达判断，但是没有构建论证关系，故不是论证。

3. 该命题由两个判断组成：其一，默默无闻、无私奉献是人们尊崇的德行；其二，这种德行其实不可能成为社会的道德精神。但这两个判断间是转折关系，而非推理关系，故该命题不是论证。

4. 该表达仅是一个判断，不是论证。因为事物的表象不等于事物的真相，前面有限定词“从哲学意义上来说”，其表达的意思符合现实，没有漏洞，故此处不是论证，不要受“不等于”的影响认为是论证，其非结构词。

5. 按照“论证”=“理由→结论”这个公式，显然，这是一个论证。由结构词“原因”也可以识别理由与结论。该论证形式为：后者能聘请收费昂贵的私人律师，而前者主要由法庭指定的律师辩护→被指控偷盗、抢劫的定罪率，要远高于被指控贪污、受贿的定罪率。考生可尝试用以下思路指出该论证的缺陷：导致结论是否还有其他原因？即，导致定罪率的不同是否还有其他因素？

6. 按照“论证” = “理由→结论”这个公式，显然，这是一个论证。由结构词“如果……则……”也可以识别理由与结论。该论证形式为：在开展商业性冰雪运动的同时也经营冬季运动用品→公司可以获得更多的利润。考生可尝试用以下思路指出该论证的缺陷：公司获得更多利润是否还与其他因素有关？经营的冬季运动用品是否能满足消费者？消费者是否会购买冬季运动用品？等等。

7. 按照“论证” = “理由→结论”这个公式，显然，这是一个论证。由结构词“因此”也可以识别理由与结论。该论证形式为：普通人在工作、生活中很少用到英语→没必要重视英语。考生可尝试用以下思路指出该论证的缺陷：“很少用到”不等同于“不用”，只要有用，就应该重视英语。

8. 按照“论证” = “理由→结论”这个公式，显然，这是一个论证。由结构词“之所以……是因为……”也可以识别理由与结论。该论证形式为：他们作为公司的员工获得报酬→他们有消费能力。考生可尝试以下思路指出该论证的缺陷：他们除了作为公司的员工获得报酬外，是否还有其他方面的收入用于消费？

9. 按照“论证” = “理由→结论”这个公式，显然，这是一个论证。由结构词“应该彻底”也可以识别理由与结论。该论证形式为：带薪休假制度的落实→应该彻底取消“黄金周”。考生可尝试以下思路指出该论证的缺陷：“带薪休假”和“黄金周”不是非此即彼的关系，二者可以相互依存，同时存在。

10. 按照“论证” = “理由→结论”这个公式，显然，这里含有两个论证。由结构词“为此感慨”也可以识别理由与结论。该论证形式为：①“甲国的平均婚姻存续时间为 8 年→长期婚姻存续时间（钻石婚、金婚、白头偕老）很难得”；②“甲国的平均婚姻存续时间为 8 年→人们淳朴的爱情婚姻观一去不复返”。考生可尝试用以下思路指出该论证的缺陷：平均数能否说明样本内每类群体特征？平均婚姻存续时间能否说明爱情婚姻观？爱情婚姻观的评价指标还应该有哪些？

2. 利用结构词定位论证关系

在我们客观评价一个人的论证之前，首先必须找到他的论证所在。这样做看起来易如反掌，实则不然。要成为善于批判性思考的人，第一步就得培养找准前提和结论的能力。前提和结论前面常有指示词引导，告诉我们接下来出现的就是前提和结论。

当看到这些指示词的时候，务必要注意。

常见结论指示词	由此可见、说明、所以、既然如此、显然、可见、也是这个道理、这其实也是、意味着、事实也正是如此、因此、总之、会、结果、这样、表明、因而……
常见前提指示词	因为、理由、得益于、依靠、由于
常见条件关系指示词	只要……就……、只有……才……、无论……都……、不管……也……、即使……也……、如果……就……

鑫全精点 | 条件关系

条件关系有时不是论证关系。论证关系要求理由和结论为真，但是条件关系在前提、结论为假的情况下，仍旧可能成立。例如："如果珠穆朗玛峰是世界上最低峰，那么香山比珠穆朗玛峰高"，该判断为真，但前后条件皆为假，此时不能确定为论证关系。考生注意，在我们考试中通常将条件关系视为论证关系进行分析。

庖丁解牛

1. 根据结构词确定材料中的论证关系，并尝试分析该论证的有效性。

北京将联手张家口共同举办2022年冬季奥运会，中国南方的一家公司决定在本地投资设立一家商业性的冰雪运动中心。这家公司认为，该中心一旦投入运营，将获得可观的经济效益，这是因为：

北京与张家口共同举办冬奥会，必然会在中国掀起一股冰雪运动热潮。中国南方许多人从未有过冰雪运动的经历，会出于好奇心而投身于冰雪运动。这正是一个千载难逢的绝好商机，不能轻易错过。

而且，冰雪运动与广场舞、跑步等不一样，需要一定的运动用品，例如冰鞋、滑雪板与运动服装等等。这些运动用品价格不菲，具有较高的商业利润。如果在开展商业性冰雪运动的同时也经营冬季运动用品，则公司可以获得更多的利润。

另外，目前中国网络购物已经成为人们的生活习惯，但相对于网络商业，人们更青睐直接体验式的商业模态，而商业性冰雪运动正是直接体验式的商业模态，无疑具有光明的前景。

精 | 点 | 解 | 析

● 论证结构分析

理由	结构词	结论
中心投入运营	一旦……将……	获得可观的经济效益
北京与张家口共同举办冬奥会	必然	在中国掀起一股冰雪运动热潮
南方许多人从未有过冰雪运动的经历→会出于好奇心投身于冰雪运动→是一个绝好商机（结构词：会……这正是……）		
在开展商业性冰雪运动的同时也经营冬季运动用品	如果……则……	公司可以获得更多的利润
网络购物已经成为人们的生活习惯	相对于、更	相对于网络商业，人们更青睐直接体验式的商业模态
人们青睐直接体验式的商业模态	无疑	商业性冰雪运动无疑具有光明的前景

● 论证关系分析

论证关系①　该中心一旦投入运营→将获得可观的经济效益

该中心投入运营，未必能获得可观的经济效益。投入运营后，如果出现管理不善、消费者不买单、需求不旺盛等情况，那么该冰雪运动中心就可能亏损或倒闭。此外，经济效益由收入与成本共同决定。如果仅仅是投入运营，没有收入，何来效益？更何况，即便有收入，如果投入成本过高，“入不敷出”，依旧不能产生效益。

论证关系②　北京与张家口共同举办冬奥会→在中国掀起一股冰雪运动热潮

即使北京与张家口共同举办冬奥会，但是冬奥会可能仅仅给爱好者提供更好的滑雪场地与体验，非冰雪爱好者未必会因此加入。而且中国地域广阔，由于气候的限制等，北方和南方对冰雪运动的喜爱也会存在很大差异。所以，即使冰雪运动在北方掀起热潮，未必能在全中国掀起运动热潮。再有，冰雪运动和其他运动形式相比，对场地、运动技能、运动器械等要求很高，所以很有可能冬奥会让更多的人关注冰雪运动，但未必会参与。

论证关系③　南方许多人从未有过冰雪运动的经历→会出于好奇心而投身于冰雪运动→是一个千载难逢的绝好商机

南方人无冰雪运动的经历，很可能是对这种运动并不感兴趣，甚至觉得危险，那么就不会出于好奇心而投身其中。况且，即使出于好奇心而投身其中，但如果只是浅尝辄止，或者更愿意去北方体验真实的冰雪场景，那么就未必是绝好商机。

论证关系④　在开展商业性冰雪运动的同时也经营冬季运动用品→公司可以获得更多的利润

即便增加了经营冬季运动用品的业务，如果产品不符合消费者的消费需求，或者消费者消费频率不高，企业未必会获得更多利润。此外，即使冬季运动用品符合了消费者的需求，但如果产品价格不菲，超过了普通消费者的承受能力，那么他们未必选择购买，利润从何而来？况且，公司要想获得更多的利润，除了在开展商业性冰雪运动的同时也经营冬季运动用品外，还需保证这些产品款式、质量、价格等能够被消费者所接受，并乐于积极购买。

论证关系⑤　网络购物已经成为人们的生活习惯→相对于网络商业，人们更青睐直接体验式的商业模态

既然“网络购物已经成为人们的生活习惯”，就无法说明“相对于网络商业，人们更青睐直接体验式的商业模态”。首先，人们的生活习惯一旦养成，很难改变。其次，前提中并没有对网络购物和直接体验式的商业模态进行对比论证，难以说明人们更青睐直接体验式的商业模态。

论证关系⑥　人们青睐直接体验式的商业模态→商业性冰雪运动无疑具有光明的前景

即使人们更青睐直接体验式的商业模态，未必就青睐冰雪运动。因为直接体验式的商业模态体现在方方面面，比如大型购物中心、迪士尼乐园等，并非只有冰雪运动。况且“青睐”一种商业模态只是其有前景的条件之一，若消费者没有足够的时间、精力、金钱去参与商业性冰雪运动，或者公司自身的资金有限、经营能力不佳、宣传推广力度不到位等，那么就会前景堪忧。

2. 根据结构词确定材料中的论证关系，并尝试分析该论证的有效性。

某管理咨询公司最近公布了一份洋快餐行业发展情况的分析报告，对洋快餐在中国的发展趋势给出了相当乐观的预判。

该报告指出，过去5年中，洋快餐在大城市中的网点数每年以40%的惊人速度增长，而在中国广大的中小城市和乡镇还有广阔的市场成长空间；照此速度发展下去，估计未来10年，洋快餐在中国饮食行业的市场占有率将超过20%，成为中国百姓饮食的重要选择。

饮食行业的某些人士认为，从营养角度看，长期食用洋快餐对人体健康不利，洋快餐的快速增长会因此受到制约。但该报告指出，洋快餐在中国受到广大消费者特别是少年儿童消费群体的喜爱。显然，那些认为洋快餐不利于健康的观点是站不住脚的。

该公司去年在100家洋快餐店内进行的大量问卷调查结果显示，超过90%的中国消费者认为食用洋快餐对于个人的营养均衡有所帮助。而已经喜爱上洋快餐的未成年人在未来成为更有消费能力的成年群体之后，洋快餐的市场需求会大幅度跃升。

洋快餐长期稳定的产品组合以及产品和服务的标准化，迎合了消费者希望获得无差异食品和服务的需要，这也是洋快餐快速发展的重要优势。

该报告预测，如果中国式快餐在未来没有较大幅度的发展，洋快餐一定会成为中国饮食行业的霸主。

精 | 点 | 解 | 析

● 论证结构分析

理由	结构词	结论
（过去5年洋快餐在大城市中的网点数快速增长 → 中小城市和乡镇还有广阔的市场成长空间）→未来10年洋快餐市场占有率将增加（结构词：照此速度发展下去）		
少年儿童消费群体喜爱洋快餐	显然	洋快餐有利于健康
100家洋快餐店内的大量问卷调查结果	句子间的关系	洋快餐是健康的
喜爱上洋快餐的未成年人在未来成为更有消费能力的成年群体之后	会	洋快餐的市场需求会大幅度跃升
产品组合以及产品和服务的标准化	这也是	洋快餐快速发展的重要优势
中国式快餐在未来没有较大幅度的发展	如果……一定……	洋快餐一定会成为中国饮食行业的霸主

● 论证关系分析

论证关系①　（过去5年洋快餐在大城市中的网点数快速增长 → 中小城市和乡镇还有广阔的市场成长空间）→未来10年洋快餐市场占有率将增加

①不当类比：论证者在此处将大城市和中小城市进行了不当类比，大城市的人口规模、消费水平、生活节奏与中小城市和乡镇有显著的不同，对于洋快餐的需求自然也有所不同。

②忽略发展：论证者由过去5年的情况推出未来10年的情况，显然忽略了发展。即使过去5年洋快餐网点数迅速增加，但如果随着时间的推移，消费者的饮食习惯、消费习惯、喜好等都发生改变，餐饮行业内部也发生大的变革，那么未来10年洋快餐的情况可能就没法预测。

论证关系②　少年儿童消费群体喜爱洋快餐→洋快餐有利于健康

“喜爱”与“健康”看似有联系，实则无关。喜爱不是判断食物健康的标准。“喜爱”是人的主观情感，而“健康”是食物的客观性质，两者之间无必然联系。此外，少年儿童消费群体喜爱洋快餐，并不能消除饮食行业的某些人士对于“洋快餐是健康的”的质疑，比如儿童可能很喜爱“垃圾食品”，但“垃圾食品”为了色泽、口感，加入大量添加剂，未必是健康的。

论证关系③　在100家洋快餐店内进行的问卷调查→洋快餐是健康的

在洋快餐店内进行的“问卷调查的结果”不具有代表性，难以说明洋快餐有利于健康。在洋快餐店内做问卷调查，样本存在偏差。可能在洋快餐店内的消费者大多数是认同洋快餐的，而从不去或很少进洋快餐店的这部分人的意见却没有能够在该样本中体现。如果洋快餐店外的消费者不喜欢洋快餐，认为其不利于健康，那么这就无法说明洋快餐是健康的。

论证关系④　喜爱上洋快餐的未成年人在未来成为更有消费能力的成年群体之后→洋快餐的市场需求会大幅度跃升

“未成年人在未来成为更有消费能力的成年群体”并不意味着“洋快餐的市场需求会大幅度跃升”。论证者忽略了人的成长与发展。“未成年人”在成年以后，饮食习惯、经济能力、健康理念往往会产生较大的变化，那么他们可能会转去别的餐厅消费，而导致洋快餐的市场需求下降。

论证关系⑤　洋快餐长期稳定的产品组合以及产品和服务的标准化→洋快餐快速发展的重要优势

洋快餐长期稳定的产品组合以及产品和服务的标准化，迎合了消费者希望获得无差异食品和服务的需要，但是也可能同时失去了满足别的消费者追求新鲜感、追求服务多样化的可能，这反而可能会成为洋快餐的劣势。

论证关系⑥　中国式快餐在未来没有较大幅度的发展→洋快餐一定会成为中国饮食行业的霸主

论证者不当假设了其他餐饮种类不会发展得超过洋快餐，然而其他种类的餐饮店可能会顺应行业的势头发展得很好。此外，中国式快餐与洋快餐并不是中国饮食行业的全部，甚至算不上主要组成部分，正餐可能占到饮食行业90%的市场份额，由此推算，洋快餐不一定会成为中国饮食行业的霸主。

小试牛刀

根据结构词确定材料中的论证关系，并尝试分析该论证的有效性。（本题来自2006年真题）

在全球9家航空公司的140份订单得到确认后，世界最大的民用飞机制造商之一——空中客车公司2005年10月6日宣布，将在全球正式启动其全新的A350远程客机项目。中国、俄罗斯等国作为合作伙伴，也被邀请参与A350飞机的研发与生产过程，其中，中国将承担A350飞机5%的设计和制造工作。

这意味着未来空中客车公司每销售100架A350飞机，就将有5架由中国制造。这表明中国经过多年艰苦的努力，民用飞机研发与制造能力得到了系统的提升，获得了国际同行的认可；这也标志着中国已经可以在航空器设计与制造领域参与全球竞争，并占有一席之地。

由此可以看出，在经济全球化的时代，参与国际合作将带来双赢的结果，这也是提高我国技术水平和产业国际竞争力的必由之路。

精 | 点 | 解 | 析

● 论证结构分析

理由	结构词	结论
中国将承担A350飞机5%的设计和制造工作	这意味着	①每销售100架A350飞机，就将有5架由中国制造
	这表明	②研发与制造能力得到了系统的提升，获得了国际同行的认可
	这标志着	③在航空器设计与制造领域参与全球竞争，并占有一席之地
	由此看出	④参与国际合作将带来双赢的结果
参与国际合作	必由	⑤提高我国技术水平和产业国际竞争力的必由之路

● 论证关系分析

论证关系① 中国将承担 A350 飞机 5%的设计和制造工作→每销售 100 架 A350 飞机，就将有 5 架由中国制造

材料中“中国将承担 A350 飞机 5%的设计和制造工作”，显然存在概念界定不清。5%到底是总飞机数量的 5%，还是单架飞机工作量的 5%？无法判定。也许“A350 飞机 5%”只是单架飞机的一个部分，而且是极小的一个部分，这样便无法推出相关结论。

论证关系② 中国将承担 A350 飞机 5%的设计和制造工作→研发与制造能力得到了系统的提升，获得了国际同行的认可

中国参与“A350 飞机 5%的设计与制造工作”，可能只是参与少部分非关键的零配件的制造，比如制造的只是座位等没有技术含量的部分。也可能是空客公司希望未来在中国市场有所发展而采用的一种策略，并不意味着中国民用飞机研发与制造能力得到了系统的提升，也不意味着是对中国飞机设计与制造能力的认可。

论证关系③ 中国将承担 A350 飞机 5%的设计和制造工作→在航空器设计与制造领域参与全球竞争，并占有一席之地

中国承担的 A350 飞机制造工作仅有 5%，况且 A350 飞机也只是航空器中很小的组成部分，航空器还包括气球、飞艇、直升机等，即使中国掌握了 A350 的制造技术，也不意味着中国通晓其他种类航空器的制造技术。此外，中国仅仅被邀请参加 A350 的研发与生产，而结果如何尚无定论，不能由此就说明中国在航空器的设计和制造领域参与了全球竞争，更不能说明占有一席之地。

论证关系④ 中国将承担 A350 飞机 5%的设计和制造工作→参与国际合作将带来双赢的结果

材料肯定地认为“参与国际合作会带来双赢的结果”，却没有更多的论据证明一定会“双赢”。在企业合作特别是国际合作中，最后失败或是损失了市场、资源、利益的情况并不鲜见。倘若这种合作不能给中国带来新技术的引进或者升级，而仅仅有利于合作方的市场开拓，就不能算是双赢。

论证关系⑤ 参与国际合作→提高我国技术水平和产业国际竞争力的必由之路

参与国际合作未必是中国提高技术水平的必由之路，要提高技术水平还有很多其他途径可以选择，比如购买专利技术、自主创新、引进国外尖端人才、输送人才到发达国家学习等。而参与国际合作只是其中一种途径，并非必由之路。

（二）概念的界定与使用

1. 概念的内涵与外延

概念的内涵，就是概念所反映的事物的特有属性；概念的外延，就是具有概念所反映的特有属性的事物。例如，“人”这个概念的内涵，就是能制造和使用生产工具、有语言、有思维这些特有的属性。拥有概念所反映的特有属性的具体事物，就是概念的外延。例如，“人”这个概念的外延即曹操、李白等具体的人。

2. 常见逻辑错误：偷换概念

偷换概念是在思维和论辩过程中自觉或不自觉地违反同一律的逻辑要求，用一个概念去代换另一个不同的概念而产生的逻辑错误。偷换概念也是一种常见的诡辩手法。主要有以下几种表现：

（1）任意改变一个概念的内涵和外延，使之变成另一个概念。

例：世界上的事物是无穷的，所以选择也是无穷的。

【2019 年 1 月管理类联考真题节选】

【分析】事物的无穷性并不意味选择的无穷性。事物无穷性是事物的客观属性的表现，个人选择则受客观与主观条件的共同限制，并不具有无限性。比如工作机会有很多，但是每一个工作机会都有相应的任职要求，而个人能力有限，并不能满足每一个工作机会的要求，选择就会受限。

（2）利用多义词可以表达几个不同概念的特点，故意把不同的概念混淆起来。

例：当有人说欧谛德谟克说谎时，他狡辩说：“谁说谎就是在说不存在的东西，而不存在的东西是无法说的，所以没有人能说谎。”

【分析】在欧谛德谟克的狡辩中，两次使用了“不存在的东西”这一词语，但其所表达的概念却是不同的。前者表达的是“不符合事实”的概念，后者表达的是“根本不存在的事物”的概念。欧蒂德谟克就是故意用后一概念去偷换了前一概念。

（3）抓住概念之间的某些相似之处，抹杀不同概念的本质区别。

例：“科学没有国界”是一个广为传播的谬误。如果科学真的没有国界，为什么外国制药公司会诉讼中国企业侵犯其知识产权呢？

【2008 年 1 月管理类联考真题节选】

【分析】科学和知识产权是两个不同的概念。科学是一门具有理性思维的学科，而知识产权是指知识所有权，即权利人对其智力成果享有的专有权利。可见，科学无国界不代表知识产权无国界。那么外国制药公司诉讼中国企业侵犯其知识产权并未推翻“科学无国界”这一结论。

（4）混淆集合概念与非集合概念。

集合概念，是由许多对象有机聚合构成的集合体，集合体所具有的属性，其构成部分未必具有。比如，星座具备的特征，其构成的每个星星未必具备。非集合概念则用来指称一类对象，其所指称的对象不是一个集合体，而是许多对象组成的一类。通常类具备的特征，其构成部分也具备。

例：水果中含有各种丰富的维生素，苹果是一种水果，所以苹果中含有各种丰富的维生素。

【分析】第一个“水果”是集合概念，第二个“水果”特指众多水果中的一种，即苹果，是非集合概念，未必具有集合体——水果的属性。

庖丁解牛

指出以下论证存在的逻辑错误。

由于财政拨款不能按时足额到位，很多学校体育经费无法落实，体育设施严重匮乏，严重影响了学生的体育锻炼。对于不按时足额拨付体育经费的问题，有的区、县领导的观点是：“学生上体育课做做操就行，还要什么经费，在家干活也是锻炼。”

鑫全精点 | 如何分析“偷换概念”

通常考生发现材料论证中出现“偷换概念”的错误后，最大的困惑就是如何分析和表达。可采用两个方法：

其一，指出概念的内涵，区别两个概念的不同。如：“锻炼”是指“通过体育运动使身体强壮，培养勇敢、机智和团队合作等品德的身体运动”。而在“学生上体育课做做操就行，还要什么经费，在家干活也是锻炼”这个观点中，领导把“在家干活”这种“身体运动”歪曲为“锻炼”，犯了“偷换概念”的错误。

其二，列出两个概念的外延，直观展现二者的不同。如：锻炼包括“长跑、跳远、踢足球……”；在家干活包括“擦玻璃、扫地……”，二者的外延显然不同。

例：生产过剩是市场经济的常见现象。既然如此，那么生产过剩也就是经济运行的客观规律。

【2015 年 1 月管理类联考真题节选】

【分析】“常见现象”不等同于“客观规律”。“常见现象”是事物发展的外在表现，是表面的、多变的、复杂的，而“客观规律”是事物发展的本质属性，是内在的，不能将两者混淆。正如“苹果落地”这一现象不同于“万有引力”这一客观规律。

（三）常见逻辑错误分析

1. 类比不当

类比是根据两个对象或两类事物的一些属性相同或相似，猜测另一些属性也相同或相似的思维方法。但将两类并不具有可比性的事物强行拉在一起类比会得出错误的结论，所犯逻辑错误就是类比不当。

通常我们从以下两个方面入手进行分析：

（1）从类比对象入手分析

首先需要找到类比对象是什么，然后对类比对象进行分析，找到两者特征不同之处，进而指出类比不当之处。

例：试图向某个从未从事过管理工作的人传授管理学，不啻于试图向一个从来没见过其他人类的人传授哲学。

【2005 年 1 月管理类联考真题节选】

【分析】材料中的两类人显然有本质的区别。即便某个人没有从事过管理工作，但并不意味着其本身不具备基本的管理知识。有可能此人深谙管理的知识，对管理工作很熟悉，只是因为职业选择，没从事管理工作，向他们传授管理学可能很容易接受。但是从来没见过其他人类的人可能与人类隔绝，不了解人类社会，向他们传授哲学则难以接受。故无法将他们简单类比。

（2）从类比方面入手分析

类比对象一定会存在多个不同的特点，只要这件事物有区别于其他事物的特点，那么这两个事物就可能不能进行类比，因为独特的方面一定就是其他事物不具备的方面。

例：就像蜜蜂或苍蝇一样，企业经常面临一个像玻璃瓶那样的不可思议的环境。

【2003 年 1 月管理类联考真题节选】

【分析】实验中“蜜蜂和苍蝇所处的玻璃瓶的环境”与“企业面临的环境”不具

有可比性。实验中的“玻璃瓶”是由实验者控制的，并且只有“光的方向”这一可变因素；而“企业面临的环境”错综复杂，影响它的方面有很多，比如市场机制、政府政策等多个可变因素，因此，如此类比是值得商榷的。

2. 以偏概全

以偏概全是指用片面的观点看待整体问题或片面地根据局部现象来推论整体，得出错误的结论。它是历年考题里出现频率较高的一个考点。

例：据报道，近年长三角等地区频频出现“用工荒”现象，2015 年第二季度我国岗位空缺与求职人数的比率约为 1.06，表明劳动力市场需求大于供给。

【2016 年 1 月管理类联考真题节选】

【分析】长三角等地区出现“用工荒”现象，可能只是这个地区的特殊情况，如该地区经济发达，“用工量”远远高于其他区域。作为个例，其并不能反映全国的真实状况，很有可能全国其他地方劳动力市场“供过于求”。此外，“2015 年第二季度”岗位空缺与求职人数比率约为 1.06，这可能只是一年中的一个特殊时期。因为第二季度是 4~6 月份，这期间也许是招工高峰期，对人才需求量大，但它作为个例不能反映全年的情况，其他三个季度可能劳动力市场“供过于求”。那么最终就无法得出劳动力市场需求大于供给的结论，该论证有“以偏概全”之嫌。

3. 非黑即白

非黑即白，即不是黑就是白。而事实上还有其他可能，也就是非黑未必白，还有可能有别的情况，如“红色”“蓝色”。

例：从科学角度看，现代医学以生物学为基础，而生物学又建立在物理、化学等学科的基础之上。但中医的发展不以这些科学为基础，因此，它与科学不兼容，这样的东西只能是伪科学。

【2008 年 1 月管理类联考真题节选】

【分析】即使“中医与科学不兼容”，并不能认定中医只能是“伪科学”。“科学”和“伪科学”是反对关系而非矛盾关系，“科学”的对立面是非科学。比如文学、艺术虽不是科学，但绝非伪科学。

4. 滑坡谬论

滑坡谬论，即不合理地使用连串的因果关系，将“可能性”转化为“必然性”，以达到某种意图的不合理结论。

滑坡谬论的典型形式为“如果发生 A，接着就会发生 B，接着就会发生 C，接着就会发生 D，……接着就会发生 Z”，而后通常会明示或暗示地推论“Z 不应该发生，因此我们不应允许 A 发生”。A 至 B、B 至 C、C 至 D……因果关系好似一个个“坡”，从 A 推论至 Z 的过程就像一个滑坡。

滑坡谬论的问题在于，每个“坡”的因果强度不一，有些因果关系只是可能而非必然，有些因果关系相当微弱，有些因果关系甚至是未知或缺乏证据的，因而即使 A 发生，也无法一路滑到 Z，Z 并非必然（或极可能）发生。

例：一个人受教育程度越高，他的整体素质也就越高，适应能力也就越强，当然也就越容易就业。大学生显然比其他社会群体更容易就业，再说大学生就业难就没有道理了。

【2016 年 1 月管理类联考真题节选】

【分析】材料以“教育程度高”为前提，中间经过系列论证，无法得出“大学生比其他社会群体更容易就业”的结论。其中每一个论证过程都是或然的而非必然。比如，一个人受教育程度高但有可能整体素质低，因为受教育程度只能说明其文化水平高低，是外在表现，而一个人的素质高低是内在修养，二者没有必然联系。就像某些高学历的犯罪分子，难道说他们的整体素质高吗？同理，其他论证过程也难以成立，最终无法得出该结论。

庖丁解牛

指出以下论证存在的逻辑错误。

1. 在企业管理的字典里，“终身制”和“铁饭碗”应该是褒义词。不少国家包括美国不是有终身教授吗？既然允许有捧着“铁饭碗”的教授，为什么不允许有捧着“铁饭碗”的工人呢？

【2007 年 10 月 MBA 联考真题节选】

2. 美国是世界上经济最发达的国家，曝光的企业丑闻数量却比发展中国家多得多，这充分说明经济的发展不一定带来道德的进步。

【2006 年 10 月 MBA 联考真题节选】

3. 既然依靠设置监察官的方法不合理，那么依靠什么呢？可以利用赏罚的方法来促使臣民去监督。

【2017 年 1 月管理类联考真题节选】

4. 只要创作更多的具有本国文化特色的文艺作品，那么文化影响力的扩大就是毫无疑义的，而国家的软实力也必将同步增强。

【2013 年 1 月管理类联考真题节选】

5. 选择越多，我们在考察分析选项时势必付出更多的精力，也就势必带来更多的烦恼和痛苦。

【2019 年 1 月管理类联考真题节选】

6. 既然我们的祖先是类人猿，而类人猿正像大熊猫、华南虎、藏羚羊、扬子鳄乃至银杏、水杉、五针松等一样，是整个自然生态中的有机组成部分，那为什么我们自己就不是了呢？

【2012 年 1 月管理类联考真题节选】

7. 有些投资公司建议你向他们投资；有些机构推荐你参加高收费的培训；有些婚恋对象向你借巨款。诸如此类，其实都不靠谱。

【2021 年 1 月经济类联考真题节选】

8. 不知足者就不会感到快乐，那就只会感到痛苦。

【2019 年 1 月管理类联考真题节选】

9. 提倡敢花就是鼓励消费，就能促进货币和物资流通，就不会产生大量的产品积压，从而也能解决许多企业员工的就业问题，使他们得到挣钱的机会，并进一步增加消费。

【2013 年 10 月 MBA 联考真题节选】

10. 终身雇佣制也为日本和德国企业建立与保持国际竞争力提供了保障。这证明了“终身制”和“铁饭碗”不见得不好。

【2007 年 10 月 MBA 联考真题节选】

精 | 点 | 解 | 析

1. 教授的工作性质与工人的工作性质有非常大的区别，将“终身教授”与“铁饭碗”工人简单类比是不恰当的。教授具有丰富的学识，其技能周期长、见效慢，且对年龄时段要求非常高；而工人的技能周期短、见效快、难度低，所以两者应该区分论证。[类比不当]

2. 即使“美国”企业丑闻数量多于发展中国家，但是美国只是众多发达国家中的一个，不代表其他发达国家也是如此，因此无法得出“经济发展”不一定带来道德

进步的结论，该论证有“以偏概全”之嫌。[以偏概全]

3. “设置监察官方法不合理”不代表“利用赏罚促使臣民监督”就可取。防止官员以权谋私的方法众多，除“设置监察官”和“利用赏罚促使臣民监督”之外，还有其他方法，比如在选拔官员时考核更严格、对于官员的权力进行合理分配等。[非黑即白]

4. 文化影响力的来源有二：其一，文化自身的魅力；其二，文化被传播之后产生的影响。如果只创作而不传播，那么作品就会很难让世人熟知。例如：中国的四大名著若没有被翻译为其他语言，如何有如今巨大的影响力？此外，“文化影响力的扩大”和“国家软实力的增强”未必同步，因为国家软实力的增强还受制于其他条件，比如国家经济实力、国家的文化素养、人才培养、文化产业群带领作用等。[滑坡谬论]

5. 虽然选择很多，但并非每个选项都是必须考虑的，如果选择标准明确，那么排除选项可能就不需要耗费太多精力。此外，即使考察分析选项时要付出更多的精力，但如果能够从中获得成就和收获，何来烦恼和痛苦一说？[滑坡谬论]

6. 类人猿经过长期进化变成了人类，在进化的过程中有些要素发生了改变，与现代人类有着本质的区别，不能将二者进行类比。比如现代人类大脑的发达程度和强大的思维能力是类人猿所不具有的；现代人类的生活方式也和类人猿不同；现代人会遇到核战争、环境污染等问题，类人猿未必会遇到。[类比不当]

7. 上述事例是个例，不足以说明诸如此类的事情都是不靠谱的。有的正规公司处在发展期，合法、合理地筹资，投资者后期获得合法的收益，这是靠谱的；有的正规机构推荐高收费的培训，但是“物有所值”，确实达到了很好的培训效果，这是靠谱的；有的婚恋对象借巨款，正规地写好借条，用来应急，日后按时还款，这并非不靠谱。[以偏概全]

8. “不会感到快乐”未必就会“感到痛苦”，二者关系不是非此即彼的关系，不会感到快乐，还有可能是淡定、无视和无感等。[非黑即白]

9. “提倡敢花”便能“增加消费”？上述系列论证把“可能”当成了“必然”，存在“滑坡谬论”的嫌疑。提倡敢花不一定会鼓励消费、促进货币和物资流通，因为“提倡”只是外在因素，具体消费与否主要取决于人们的内在因素。即使他们消费了，如果不去购买过剩产品，那么依旧可能存在产品积压，进而也解决不了企业员工的就业问题，使他们也得不到更多的赚钱机会，最终无法导致进一步增加消费。[滑坡谬论]

10. 日本和德国企业的终身雇佣制一般适用于那些专业技能要求很高的岗位，并不具有普适性，无法说明“终身制”和“铁饭碗”合理。况且，日本和德国企业在国际市场上的竞争力是由很多因素决定的，比如国家在科研投入、产学研的结合、社会经济形势的稳定、大量优秀技术工人等。而这里强调的“终身雇佣制”只是众多因素中的一个，仅凭它不足以说明“终身制”和“铁饭碗”合理。［以偏概全］

（四）论据不能支持结论

论据即理由，有时未必能支持其结论，此时其论证的有效性是有待商榷的。在材料中主要表现为两种情况，一是理由与结论无关（割裂关系），二是由理由不必然推出已知结论，甚至可能推出相反结论。

1. 割裂关系

割裂关系主要表现为理由与结论无关。材料中可能会将并无关联的一个前提和一个结果强行拉在一起，形成不符合逻辑的论证关系。

例：洋快餐在中国受到广大消费者特别是少年儿童消费群体的喜爱。显然，那些认为洋快餐不利于健康的观点是站不住脚的。

【2005 年 10 月管理类联考真题节选】

【分析】论证者由“少年儿童消费群体喜爱洋快餐”推出“其有利于健康”，两者看似有联系，实则并不相关。因为喜爱并非判断食物健康的标准，“喜爱”是人的主观情感，而“健康”是食物的客观性质，两者之间无必然联系。

2. 让步攻击

让步攻击是常见的质疑论证的方法，通常分析者先认可论证者的理由，但根据该理由进行推理却得出不同的或者相反的结论。由该理由本来可以推出好几个结果，但论证者只描述其中一种结果，忽略了与已知结论相反的结果的可能性。

例：北京与张家口共同举办冬奥会，必然会在中国掀起一股冰雪运动热潮。

【2020 年 1 月管理类联考真题节选】

【分析】冬奥会可能仅能给爱好者提供更好的滑雪场地与体验，但非冰雪爱好者未必会因此加入。而且中国地域广阔，由于气候的限制等，北方人和南方人对冰雪运动的喜爱也会存在很大差异。所以，即使冰雪运动在北方掀起热潮，未必能在全中国掀起运动热潮。再有，冰雪运动和其他运动形式相比，对场地、运动技能、运动器械等要求很高，所以很有可能冬奥会让更多的人关注冰雪运动，但未必会参与其中。

鑫全精点 | 让步攻击

让步攻击，是一种十分有效质疑论证的方法，考试中常常使用。考生构建的质疑思路是：构建逻辑关系 X→非 Y，而后着力分析为什么 X 可能推出非 Y，也就是提供让步攻击的理由。

庖丁解牛

指出以下论证存在的缺陷。

1. 通过办理结婚证书存续手续，男女双方能够有机会好好审视一下双方结合以来的得与失。【2016 年 1 月经济类联考真题节选】

2. 既然任何人都不能滥用权力，而且所有环节都在可控范围之内，那么企业的经营就不可能产生失误。【2014 年 1 月管理类联考真题节选】

3. 如果让政府采取措施进行干预，那就违背了经济运行的客观规律。【2015 年 1 月管理类联考真题节选】

4. 只要根据市场需求调整高校专业设置，对大学生进行就业教育以改变他们的就业观念，鼓励大学生自主创业，那么大学生的就业难问题将不复存在。【2016 年 1 月管理类联考真题节选】

5. 在知识经济时代，任何人所掌握的知识都只是沧海一粟。这使得在培养与选拔人才时，知识尺度已变得毫无意义。【2009 年 1 月管理类联考真题节选】

6. 形势在变，任务在变，人的观念也要适应这种变化，也要与时俱进。因此，“勤俭节约”的观念就到了需要改变的时候了。【2013 年 10 月 MBA 联考真题节选】

精 | 点 | 解 | 析

1. “审视得与失”并不以“办理证书存续”为前提。“办理证书存续手续”只是客观条件，“审视”则是主观意愿。如果办理结婚证书存续手续只是走过场，流于形式，缺少了主观意愿，人们也未必会审视婚姻中的得与失。[割裂关系]

2. 即使任何人都不能滥用权力，且所有环节可控，但如果外部环境的不确定性超出企业自身的应对能力，企业的管理团队战略管理能力有限，无恰当的市场策略，不能有效应对外部市场的整体走向，那么企业经营仍然会产生失误。[让步攻击]

3. 政府干预也是市场经济调节的一种手段，它是一只“有形的手”，在一定条件下对经济运行起到很大的保障作用，此时恰恰是顺应了客观规律的要求，违背经济运行的客观规律之说又从何而来？[让步攻击]

4. 市场瞬息万变，即使调整了专业，四年之后有可能该专业无法满足市场需求，那么大学生就业难现象依然存在。此外，鼓励大学生“自主创业”，就业难问题就将“不复存在”吗？显然并非如此。大学生的自主创业在一定程度上可以缓解就业压力，但是创业成功是小概率事件，大部分毕业生仍需要选择就业。此外，一些人创业失败后又会选择就业，更加加重了就业难问题，则大学生就业难问题可能依然存在。[割裂关系]

5. 任何人所掌握的知识都是沧海一粟，说明个人所掌握的知识相对于知识整体是有限的。但是在选拔人才的时候，是人与人之间的竞争和比较，不是将每个人的知识量和总的知识量做比较，如此看来，知识尺度依然是有效的。比如医生虽然只掌握了医学方面的知识，但这已足够让他应付相关问题，那么医学知识就可以成为选拔医学人才的尺度。[让步攻击]

6. 虽然人的观念要与时俱进，但也应“去其糟粕，取其精华”。勤俭节约是我们中华民族的传统美德，无论在物质不富裕的过去，还是在生活水平不断提高的今天，勤俭节约的品质都应该保持和发扬，不应该随着时代的发展而改变。[让步攻击]

（五）结论成立的条件不充分

结论成立的条件不充分也是比较常见的错误类型：论证者只考虑其中一种因素，忽略了其他因素的共同作用，从而匆忙认定该前提是推出当前结论的唯一因素，这样的论证无法保证前提到结论的必然性。

例：很多股民懊悔自己没有选好股票而未赚到更多的钱，从而痛苦不已，无疑是因为可选购的股票太多造成的。

【2019 年 1 月管理类联考真题节选】

【分析】没选好股票赚不到钱的影响因素众多：可能是自身能力不足，对股票行情不甚了解，不能够精准预测股票的涨跌概率，购入、卖出股票时机不对，对历史数据和现实情况的因果关系分析不明确等。

鑫全精点 | 分析理由是否充分

当我们分析一个论证的有效性时，一个常见的思路就是分析理由是否充分，即是否存在“X+? →Y”。考生可以从“?”处着手，拓展思路，尝试分析前提中存在的其他共同作用的因素。

庖丁解牛

指出以下论证存在的缺陷。

1. 由于信息技术的迅猛发展，世界的经济格局与政治格局将会发生巨大的变化。

【2010 年 1 月管理类联考真题节选】

2. 实际上，一部分大学生就业难，是因为其所学专业与市场需求不相适应，或对就业岗位的要求过高。

【2016 年 1 月管理类联考真题节选】

3. 距离武汉二三百公里的地方都是迁都的最佳选择。他的理由是，这些地方水资源充沛、交通便利、地势平坦。

【2011 年 1 月经济类联考真题节选】

精 | 点 | 解 | 析

1. 世界的经济格局与政治格局发生巨大变化是多因素共同作用的结果，如资源、教育、科技、人口及战争等，信息技术的发展只是其中的一个因素，而且未必是重要因素。

2. 一部分大学生就业难是多种因素共同作用的结果。例如，目前有些高校大量扩招，导致毕业生人数严重超过了市场需求；或企事业单位喜欢招聘有工作经验的人，而当前大学教育与社会需求脱节等。因此，大学生就业难，不能简单归因于专业与市场需求不相适应，或对就业岗位的要求过高。

3. “水源充沛、交通便利、地势平坦”可能是一个城市所在地的标准，但作为一个国家首都所在地决定性因素还值得商榷。一个城市是否可以成为首都还需多种因素共同考量，比如文化因素、历史传承、国民的心理认同等。

（六）充分必要性分析

1. 充分性分析

材料中如果出现充分条件标志词，如“如果……那么……”，可以用以下两个思路分析：①前提条件不充分，即“P+？→Q”；②利用矛盾关系“P∧非 Q”质疑论证关系。

例：只要有了制衡与监督，企业的成功就有了保证。

【2014 年 1 月管理类联考真题节选】

【分析】“制衡与监督”不是“企业成功”的充分条件。企业要想成功还需其他条件共同作用，比如宽松的国家政策、巨大的潜在市场、良好的经济形势等，显然，仅凭制衡与监督是片面的。（P+？→Q）即便有了制衡与监督，如果没有正确的战略规划，企业的成功则是镜中花、水中月。（P∧非 Q）

2. 必要性分析

材料中如果出现必要条件标志词，如“只有……才……”，可以用条件非必要的思路分析，即：没有 Q，也有 P。

例：只有建立有效的激励机制，才能杜绝企业丑闻的发生。

【2006 年 10 月管理类联考真题节选】

【分析】即便没有建立有效的激励机制，但是企业内部能够建立优秀的企业文化，通过塑造高层管理者的企业家精神唤醒企业的社会责任感，企业外部有有效的制度监管和法律约束，企业依旧可以杜绝丑闻的发生。

庖丁解牛

指出以下论证存在的缺陷。

1. 如果在开展商业性冰雪运动的同时也经营冬季运动用品，则公司可以获得更多的利润。

【2020 年 1 月管理类联考真题节选】

2. 只有将看到的表象加以分析，透过现象看本质，才能看到真相。

【2021 年 1 月管理类联考真题节选】

精 | 点 | 解 | 析

1. 公司要想获得更多的利润，除了在开展商业性冰雪运动的同时也经营冬季运动用品外，还需保证这些产品款式、质量、价格等能够被消费者所接受，并乐于积极购买。公司经营冬季运动用品，但无法满足市场需求，不仅无法获利，甚至可能亏损。

2. 即使没有将看到的表象加以分析，透过现象看本质，也可能看到真相。材料将“真实”误等同于“本质”。“现象”未反映“本质”，并不意味不反映“真实”。即便没有透过现象分析看到本质，若现象本身就是真相或真相透过表象易被观察到，人们依旧能够看到真相。

三、批判性思维高分突破——组合攻击

考生常常感到论证有效性分析灵活多变，缺少固定的应对方法。即便找到论证，也无从分析，无话可谈。然而，根据阅卷，找到论证可得到 30% 左右的分数，而言之有理的分析则占 70%，是得分的主要来源。根据以上分析，总结出以下这个简单却又十分行之有效的分析方法——组合攻击，考生务必掌握，并反复练习。

第一步：找到论证

论证＝“理由→结论”，即 X→Y。

第二步：分析论证

角度一：常见逻辑错误分析。

如：概念界定不清，类比不当，以偏概全，非黑即白，滑坡谬论。

角度二：论据不能支持结论。

如：割裂关系，让步攻击。

角度三：结论成立的条件不充分。

如：存在他因共同作用而导致结论，即“理由+？→结论”。

鑫全精点 | 选择角度

进行分析论证时，我们不需要三个角度都涉及。即便只选一个角度，只要达到字数要求，讲出道理便可。一般来说，一个论证尽可能用两个角度分析。有时一个角度过于单一，容易写车轱辘话，两个角度，既体现分析的层次性，又能深入挖掘分析内容，增加深度，还可以避免重复话、套话，从而提高评分等级。

例：王伍爱打游戏，这次考试成绩一定不好。

第一步：找到论证

王伍爱打游戏→这次考试成绩一定不好（结构词：一定）

第二步：分析论证

角度一：常见逻辑错误分析。

本论证没有明显逻辑错误。略。

角度二：论据不能支持结论。

让步攻击：即使王伍爱打游戏，如果这次考试题目简单，老师考前进行了有针对性的辅导，王伍的成绩可能不仅好，还可能优异。

角度三：结论成立的条件不充分。

理由+？→结论：王伍爱打游戏并非考试成绩不好的唯一原因，还需要考虑其他因素的共同作用，如王伍考前没有认真复习，考试状态不佳，考试题目偏难，考试没能正常发挥等。

庖丁解牛

范例 1　据国家统计局数据，2012 年我国劳动年龄人口比 2011 年减少了 345 万，这说明我国劳动力的供应从过剩变成了短缺。

第一步：找到论证

劳动年龄人口减少 345 万→劳动力的供应从过剩变成了短缺（结构词：说明）

第二步：分析论证

角度一：常见逻辑错误分析。

本论证没有明显逻辑错误。略。

角度二：论据不能支持结论。

让步攻击：即使劳动年龄人口减少，如果劳动力需求亦大幅减少，甚至其减少幅度大于供给减少的幅度，那么劳动力的供应依然过剩。再者，材料没有明确提及 2011 年的实际过剩人数，如果 2011 年劳动力过剩多于 345 万，即使 2012 年劳动年龄人口减少了 345 万，有可能只是缓解过剩，而不一定会变成短缺。

角度三：结论成立的条件不充分。

理由+？→结论：仅从劳动年龄人口减少不足以判断出劳动力的供应是否

从过剩变为短缺。我们还需要了解其他相关信息，如 2011 年劳动力供应过剩的具体人数、2012 年劳动力市场需求情况等。

范例 2　现在网络技术可以使你在最短的时间内查询到你所需要的任何知识信息，有的大学毕业生因此感叹何必要为学习各种知识数年寒窗，这不无道理。

第一步：找到论证

网络能查询到任何信息→不需要学习各种知识（结构词：因此）

第二步：分析论证

角度一：常见逻辑错误分析。

“信息”不等于“知识”，“知识”是人类经验的概括和总结，信息经过加工处理、应用于生产，才能转变成知识。且“检索信息”和“掌握知识”是两个不同的层次，比如，我们依靠《新华字典》检索字词，而非掌握字词使用方法，未必能够将字词有效连接，准确表达，写出一篇高质量的文章。

角度二：论据不能支持结论。

让步攻击：“网络技术可以迅速查询到所需的信息”只能说明网络作为一种辅助工具，能够为我们在学习知识中提供更多便利。信息的有效性及真伪的判断仍依赖于个体掌握知识的水平。也就是“查询信息”越便利，越需要我们有更高的知识水平去判断信息的真伪和可用性。

角度三：结论成立的条件不充分。

略。

范例 3　既然一个国家的文化在国际上的影响力是该国软实力的重要组成部分，那么，要增强软实力，只需搞好本国的文化建设并向世人展示就可以了。

第一步：找到论证

搞好本国文化建设并向世人展示→增强国家软实力（结构词：只需 = 只需要 = 只要）

第二步：分析论证

角度一：常见逻辑错误分析。

本论证没有明显逻辑错误。略。

角度二：论据不能支持结论。

让步攻击：搞好本国的文化建设并向世人展示，展示的内容不一定能产生影响力，即使产生了影响力，也要看该影响力是正面的还是负面的。如果是负面的影响力，试问还能提高软实力吗？

角度三：结论成立的条件不充分。

理由+？→结论：软实力还包括价值观念、社会制度、民族精神等其他方面。而文化建设仅仅只是国家软实力的一部分，并非全部，显然，仅凭搞好文化建设是不足够的。

小试牛刀

1. **分析下述论证中存在的缺陷和漏洞，选择若干要点，写一篇600字左右的文章，对该论证的有效性进行分析和评论。（论证有效性分析的一般要点是：概念特别是核心概念的界定和使用是否准确并前后一致，有无各种明显的逻辑错误，论证的论据是否成立并支持结论，结论成立的条件是否充分，等等。）**

目前，国内约有1000家专业公关公司。去年，规模最大的10家本土公关公司的年营业收入平均增长30%，而规模最大的10家外资公关公司的年营业收入平均增长15%；本土公关公司的利润率平均为20%，外资公司为15%。十大本土公关公司的平均雇员人数是十大外资公关公司的10%。可见，本土公关公司利润水平高、收益能力强、员工的工作效率高，具有明显的优势。

中国公关协会最近的调查显示，去年，中国公关市场营业额比前年增长25%，达到了25亿元；而日本大约为5亿美元，人均公关费用是中国的10多倍。由此推算，在不远的将来，若中国的人均公关费用达到日本的水平，中国公关市场的营业额将从25亿元增长到300亿元，平均每家公关公司就有3000万元左右的营业收入。这意味着一大批本土公关公司将胜过外资公司，成为世界级的公关公司。

精点解析

论证结构分析

理由	结构词	结论
本土公关公司年营业收入平均增长快	可见	本土公关公司收益能力强
本土公关公司利润率高	可见	本土公关公司利润水平高
本土公关公司平均雇员人数少	可见	本土公关公司员工的工作效率高

（续）

理由	结构词	结论
日本人均公关费用是中国的 10 多倍+中国的人均公关费用达到日本的水平	由此推算、若	中国公关市场的营业额将从 25 亿元增长到 300 亿元
中国公关市场的营业额将从 25 亿元增长到 300 亿元	就	平均每家公关公司就有 3000 万元左右的营业收入
平均每家公关公司营业收入增长	意味着	一大批本土公关公司将胜过外资公司，成为世界级的公关公司

● 论证关系分析

论证关系① 本土公关公司年营业收入平均增长快→本土公关公司收益能力强

定位分析点	由“可见”确定论证关系。
切入思路	ⓐ混淆概念。在论证关系中可发现有相似概念，即“收入增长快”与“收益能力强”，需分析出两个概念的不同之处。 ⓑ数字谬误。在论证关系中可发现有百分数，需分析百分数的基数。 ⓒ结论成立的条件不充分。即理由+？→结论。
分析	ⓐ混淆概念：收入增长速度与收益能力是不同的概念，在论证中被混淆了。收入增长速度表达的是一个相对概念，而收益能力表达的是一个绝对概念，不可将其相提并论。 ⓑ数字谬误：只有在增长基数基本相同的情况下才能用增长比例比较收益能力的差异。但是该论证中显然没有涉及基数。于是，无法说明收益增长速度快，收益能力就强。 ⓒ理由+？→结论：“本土公关公司收益能力强”不仅取决于“营业收入平均增长快”，还取决于“成本”。显然仅凭单一因素无法得出该结论。

论证关系② 本土公关公司利润率高→本土公关公司利润水平高

定位分析点	由“可见”确定论证关系。
切入思路	ⓐ混淆概念。在论证关系中可发现有相似概念，即“利润率”与“利润水平”，需分析出两个概念的不同之处。 ⓑ数字谬误。在论证关系中可发现有百分数，需分析百分数的基数。

（续）

分析	ⓐ 混淆概念：公司的利润水平与平均利润率是不同的概念（核心概念混淆），不能混为一谈，利润水平是利润绝对量，而利润率是相对值。可见，利润率高不代表利润水平高。论证者不能利用二者表面的相似性而忽略它们之间的本质区别。 ⓑ 数字谬误：没有基数的百分比不具有可比性，本土公关公司虽然平均利润率高，但是如果它本身的基数小，那么总体利润水平仍有可能低于外资公司。

论证关系③　本土公关公司平均雇员人数少→本土公关公司员工的工作效率高

定位分析点	根据结构标志词“可见”，可以确定论证关系。
切入思路	ⓐ 结论成立的条件不充分，即理由+？→结论（X+？→Y）。 ⓑ 论据不支持结论，可采用“让步攻击”思路进行分析。
分析	ⓐ 理由+？→结论：员工的工作效率取决于员工的数量、工作时间和员工在单位时间内所完成的总的有效工作量，并非仅取决于雇员人数。 ⓑ 让步攻击：根据十大本土公关公司的平均雇员是十大外资公关公司的 10%，只能说明本土公司规模小，业务少，不需要大量的雇员，而前者员工的工作效率是否比后者高，不得而知。

论证关系④　日本人均公关费用是中国的 10 多倍+中国的人均公关费用达到日本的水平→中国公关市场的营业额将从 25 亿元增长到 300 亿元

定位分析点	根据结构标志词“由此推算”，可以确定论证关系。
切入思路	可考虑使用“类比不当”的分析思路。紧扣材料分析，说出类比对象之间的不同。
分析	类比不当：该论证犯了类比不当的错误。中国与日本的社会发展、客户需求以及行业法律体系等存在着相当大的差异，尤其是对于公关这种专业性要求很高的行业而言，简单地将日本的人均公关费用推广到中国，是错误的类比。

论证关系⑤　中国公关市场的营业额将从 25 亿元增长到 300 亿元→平均每家公关公司就有 3000 万元左右的营业收入

定位分析点	根据结构标志词“就”确定论证关系。该论证关系显然忽略了公关公司的数量在未来可能会发生改变。
切入思路	建议从“忽略发展”思路分析。分析原因时需指出随着时间的推移公关公司的数量会发生改变。

（续）

分析	忽略发展：论证者显然忽略了公关公司的数量在未来可能会发生改变。我们不能把对未来市场总额的估计，与现在市场中企业的总量进行平均，就算是同一时点的数据（前者是预测值，后者是统计值），本身也不具有可比性。因为万物唯变，随着时间的推移，公关市场营业额的增长，极有可能伴随着公关公司数量的增长。如果未来公关公司的数量超过了目前数量即 1000 家，那么，即使中国公关市场的营业额在未来将增长到 300 亿元，也无法计算出平均每家公司就有 3000 万元左右的营业收入。

论证关系⑥　平均每家公关公司营业收入增长→一大批本土公关公司将胜过外资公司，成为世界级的公关公司

定位分析点	根据结构标志词“意味着”，可以确定论证关系。
切入思路	论据不支持结论，可采用“让步攻击”的思路，即前提逻辑推理可能得到相反结果，即 X∧非 Y。
分析	让步攻击：即使平均每家公关公司营业收入增长，但在中国公关公司营收增长的同时，外资公司可能会取得更大增长，因此无法得出本土公司必将击败外资公司的结论。再者，采取平均的算法所推算出的每个公司的平均营业收入是缺乏说服力的，因为在大多数行业中，常常是 20%的企业获得了 80%的市场营业收入。

2 ›› 分析下述论证中存在的缺陷和漏洞，选择若干要点，写一篇 600 字左右的文章，对该论证的有效性进行分析和评论。（论证有效性分析的一般要点是：概念特别是核心概念的界定和使用是否准确并前后一致，有无各种明显的逻辑错误，论证的论据是否成立并支持结论，结论成立的条件是否充分，等等。）

近日，一些求职者因“空窗期”遭遇求职壁垒。对于求职者的“空窗期”，我们应当持更加开放和包容的态度。

首先，简历有“空窗期”，不一定就意味着求职者在这段时期没有学习和成长。种子需要适当的休眠期才能更好地生长，求职者也一样，“空窗期”能让他们为未来爆发积蓄力量。如果求职者有了“空窗期”，他们就一定能更好地规划未来，明确职业发展方向。

其次，带有“空窗期”的求职者，也是企业加快发展的机遇。那些拥有“空窗期”的求职者往往有着丰富的经历和独特的视角，这无疑会成为企业所需要的创新力量。求职者拥有“空窗期”，必然会为企业带来新的思考方式，这样就能推动企业的产品、技术更新换代，从而帮助企业更好地适应市场的变化。

再次，企业需要思考如何建立一个更加科学、合理的用人机制。在面对求职者时，企业不能简单地以“空窗期”为由将其拒之门外。企业设置合理的面试环节和评估标准，是避免求职者因“空窗期”而造成就业歧视的唯一途径。

最后，相关部门也要关注用工权益的保护。“空窗期”不代表求职者的“能力空白”，因此求职者就会享有平等的就业机会。在当前的就业形势下，我们应该对求职者持开放和包容的态度，不能让“空窗期”成为阻碍人才流动的“绊脚石”。

精 | 点 | 解 | 析

● 论证结构分析

理由	结构词	结论
种子需要适当的休眠期才能更好地生长	……也一样	“空窗期”能让求职者为未来爆发积蓄力量
求职者有了“空窗期”	如果……就……	他们能够更好地规划未来，明确职业发展方向
拥有“空窗期”的求职者有着丰富的经历和独特的视角	无疑会	成为企业所需要的创新力量
求职者拥有“空窗期”→会为企业带来新的思考方式→能推动企业的产品、技术更新换代→帮助企业更好地适应市场的变化（结构词：必然……这样就……从而……）		
企业设置合理的面试环节和评估标准	唯一途径	避免求职者因“空窗期”而造成就业歧视的唯一途径
“空窗期”不代表求职者“能力空白”	因此	求职者就会享有平等的就业机会

● 论证关系分析

论证关系① 种子需要适当的休眠期才能更好地生长→“空窗期”能让求职者为未来爆发积蓄力量

定位分析点	由“……也一样”确定论证关系。
切入思路	可考虑使用“类比不当”的分析思路。紧扣材料分析，说出类比对象之间的不同。
分析	类比不当：种子“休眠期”与求职者“空窗期”不具有可比性。种子的休眠期所受影响的因素较少，比如温度、湿度等自然条件。而求职者“空窗期”影响因素是复杂多样的，客观方面：市场环境差、就业形势严峻、企业裁员等；主观方面：家庭需要照顾、个人能力提升等。显然，不能将它们简单类比。

论证关系② 求职者有了"空窗期"→他们能够更好地规划未来，明确职业发展方向

定位分析点	由"如果……就……"确定论证关系。
切入思路	可采用条件关系中的"充分性分析"思路进行分析。 利用"充分条件"的矛盾关系质疑，即 P∧非 Q。 条件不充分，即 P+? →Q。
分析	ⓐ P∧非 Q：求职者"有了空窗期"不代表就能"利用好空窗期"。如果求职者在空窗期内选择"躺平"，而不主动去提升自身能力，没有任何规划和目标，那么，他们未必能够更好地规划未来，明确职业发展方向。 ⓑ P+? →Q：求职者能够更好地规划未来、明确职业发展方向，除了有了"空窗期"之外，求职者还需要好好利用"空窗期"，比如参加专业技能的学习、培训，提升专业能力等硬技能；或者积极主动地进行自我反思和自我成长，发展自己的领导力、沟通能力、问题解决能力等软技能。

论证关系③ 拥有"空窗期"的求职者有着丰富的经历和独特的视角→成为企业所需要的创新力量

定位分析点	由"无疑会"确定论证关系。
切入思路	论据不能支持结论，可采用"让步攻击"的方法，推出相反的结论。
分析	让步攻击：尽管拥有"空窗期"的求职者有着丰富的经历和独特的视角，但如果求职者没有在企业所处的行业工作过，对企业所在行业不能有深入的了解，对企业的情况没有清晰的认知，视角与企业的创新理念不匹配，那么就不会成为企业所需要的创新力量。

论证关系④ 求职者拥有"空窗期"→会为企业带来新的思考方式→能推动企业的产品、技术更新换代→帮助企业更好地适应市场的变化

定位分析点	根据结构标志词"必然……这样就……从而……"确定此处是连续论证 A→B→C→D，把"可能性"当成了"必然性"。
切入思路	可考虑使用"滑坡谬论"思路来分析，依次分析每一个论证关系的有效性。为了避免段落过长，可采用概括"引+评+析"的方式写作。
分析	滑坡谬论：材料以求职者拥有"空窗期"为前提，中间经过系列推理，无法得出能"帮助企业适应市场变化"的结论。其中每个推理过程都是或然的而非必然的。比如，即使求职者拥有"空窗期"，但如果在空窗期内没有提升自身能力和拓宽自己视野，还是按照既定行为方式做事，不主动改变和创新，那么就不一定会为企业带来新的思考。同理，其他推理过程也未必成立。

论证关系⑤ 企业设置合理的面试环节和评估标准→避免求职者因“空窗期”而造成就业歧视的唯一途径

定位分析点	由“唯一途径”确定论证关系。
切入思路	条件不充分，即 P+？→Q。
分析	P+？→Q：企业设置合理的面试环节和评估标准是避免求职者因“空窗期”而造成就业歧视的一种途径，但并非是唯一途径。除此之外，还有其他途径，比如劳动监察部门应加强对招聘市场的监管，进一步明确对求职者“空窗期”的合理对待；企业的管理者要扭转用人的理念，认真执行评估标准，全面评估求职者的综合素质等。

论证关系⑥ “空窗期”不代表求职者“能力空白”→求职者就会享有平等的就业机会

定位分析点	由“因此”确定论证关系。
切入思路	论据不能支持结论，可采用“让步攻击”的方法，推出相反的结论。
分析	让步攻击：即使“空窗期”不代表求职者“能力空白”，但如果用人单位对于有“空窗期”求职者存有偏见，他们可能会认为一个人长时间没有工作或没有学习，技能水平、工作能力可能会落后于其他竞争者，不能适应职场的要求，就不会给其平等的就业机会。

3》 分析下述论证中存在的缺陷和漏洞，选择若干要点，写一篇 600 字左右的文章，对该论证的有效性进行分析和评论。（论证有效性分析的一般要点是：概念特别是核心概念的界定和使用是否准确并前后一致，有无各种明显的逻辑错误，论证的论据是否成立并支持结论，结论成立的条件是否充分，等等。）

“兼听则明，偏听则暗。”但现实往往是“兼听则乱”。从字面的意思来看，“兼听”就是听取不同的意见，但是往往正确答案只有一个，如果不同意见都听取，就会影响我们对答案的判断。

首先，对于某事物，有人觉得好，有人觉得不好，如果本着兼听则明的态度，很可能没办法做出自己想要的选择，这样反倒被兼听扰乱。而且对事物的看法是主观的感觉，没有优劣对错之分，所以兼听根本就没有意义。

其次，人与人的认知高度、思想境界都不同，水平也有高有低，如果这些水平不高的人提出的意见也兼听，那就会对最终结果产生负面影响。如此一来，还不如直接让高水平的人做决策，只有做决策的人水平够高，思考够深，才能得到最佳的结果。

再次，兼听的重点分为“兼”和“听”，“兼”是指听取意见的人，“听”指的是提出的意见。从提出意见的角度来说，这些意见真的都是正确的意见吗？很多人可能出于嫉妒或者其他目的，往往提出别有心机的意见，这些被兼听就一定会扰乱“兼”的决策。

最后，做到兼听就意味着每一个意见都听，那就会让我们在做决策时付出更多时间和精力。因此，我们应该放弃兼听则明的想法，把做主的权力交给制定决策的人。

精｜点｜解｜析

● 论证结构分析

理由	结构词	结论
不同意见都听取	如果……就……	会影响我们对答案的判断
很多事物是主观的感觉，没有优劣对错之分	所以	兼听根本就没有意义
水平不高的人提出的意见也兼听	如果……就……	会对最终结果产生负面影响
得到最佳的结果	只有……才……	做决策的人水平够高，思考够深
很多人可能出于嫉妒或者其他目的而提出的别有心机的意见被兼听	一定	会扰乱“兼”的决策
做到兼听→意味着每一个意见都听→会让我们在做决策时付出更多时间和精力（结构词：就……就……）		

● 论证关系分析

论证关系① 不同意见都听取→会影响我们对答案的判断

定位分析点	由“如果……就……”确定论证关系。
切入思路	可采用条件关系中的“充分性分析”思路进行分析。 利用“充分条件”的矛盾关系质疑，即 P∧非 Q。 条件不充分，即 P+？→Q。
分析	P∧非 Q：即便我们听取了不同意见，但是如果这些意见能够从不同的角度给我们以思路上的启发，让我们更加清晰地看到问题的关键，那么很可能会帮助我们做出正确的判断。 P+？→Q：我们对正确答案的判断是否会受到影响，不仅取决于是否听取了不同意见，还受到其他因素的影响，例如，兼听者对不同意见能否做出思考、这些意见是否真正有效等。

论证关系② 很多事物是主观的感觉，没有优劣对错之分→兼听根本就没有意义

定位分析点	由“所以”确定论证关系。
切入思路	论据不能支持结论，可采用“让步攻击”的方法，推出相反的结论。
分析	让步攻击：即便很多事物是主观的感觉，没有优劣对错之分，但是我们做出不同的选择可能会产生不同的结果，结果未必没有好坏之分，所以兼听在一定程度上可以帮助我们做出更好的选择，并非没有意义。

论证关系③ 水平不高的人提出的意见也兼听→会对最终结果产生负面影响

定位分析点	由“如果……就……”确定论证关系。
切入思路	可采用条件关系中的“充分性分析”思路进行分析。 利用“充分条件”的矛盾关系质疑，即 P∧非 Q。 条件不充分，即 P+? →Q。
分析	P∧非 Q：俗话说“尺有所短，寸有所长”。水平不高的人提出的意见也未必完全没有价值，可能存在一定的可取之处，会对最终结果产生积极影响。 P+? →Q：对最终结果是否会产生负面影响，还要考虑其他因素。例如，这些意见与最终结果是否存在冲突、兼听者对这些意见是否不假思索地全盘接受等，显然，不能简单归咎于兼听水平不高的人提出的意见。

论证关系④ 得到最佳的结果→做决策的人水平够高，思考够深

定位分析点	由“只有……才……”确定论证关系。
切入思路	可采用条件关系中的“必要性分析”思路进行分析。即使没有 Q，也存在 P。
分析	必要性分析：即使做决策的人水平不高，思考不够深，但是如果需要做出的决策并不复杂，不需要过多的思考就能发现最佳选项，那么也可能会得到最佳结果。

论证关系⑤ 很多人可能出于嫉妒或者其他目的而提出的别有心机的意见被兼听→一定会扰乱“兼”的决策

定位分析点	由“就一定”确定论证关系。
切入思路	论据不能支持结论，可采用“让步攻击”的方法，推出相反的结论。
分析	让步攻击：即使很多人可能出于嫉妒或者其他目的而提出别有心机的意见，但是决策者自身很可能有一定的判断力，在做决策时能够做出正确判断，排除干扰，那也不一定会扰乱“兼”的决策。

论证关系⑥　做到兼听→意味着每一个意见都听→会让我们在做决策时付出更多时间和精力

定位分析点	根据结构标志词“就……就……”确定此处是连续论证 A→B→C，把“可能性”当成了“必然性”。
切入思路	可考虑使用“滑坡谬论”思路来分析。依次分析每一个论证关系的有效性。先分析 A→B，然后再分析 B→C。
分析	滑坡谬论： A→B：“兼听”并不意味着“每一个意见都听”。“兼听”指的是广泛听取多方面意见，主要侧重于收集意见，而“每个意见都听”则侧重的是采纳意见，显然二者并不等同，不能将其相提并论。 B→C：即使每一个意见都听，如果决策者目标明确，清楚决策的方向，能够快速辨别出哪些是有价值的意见，那么做决策时未必会付出更多时间和精力。

4.» 分析下述论证中存在的缺陷和漏洞，选择若干要点，写一篇 600 字左右的文章，对该论证有效性进行分析和评论。（论证有效性分析的一般要点是：概念特别是核心概念的界定和使用是否准确并前后一致，有无各种明显的逻辑错误，论证的论据是否成立并支持结论，结论成立的条件是否充分，等等。）

职场上，跳槽是很正常的事情，越优秀的员工越容易跳槽。分析原因，不外乎以下几点。

首先，员工对领导不满。所在部门领导做不到知人善任，造成员工工作压力大，这就导致员工对公司领导不满而选择跳槽。还有，如果某个业务不能开展，领导又不能协调资源处理解决，那么也会被员工认为是无能的表现。

再次，员工对工作内容及工作环境不满意。因为工作不是自身兴趣所在，所以员工会选择离职寻求改变。另外，工作环境和条件让员工觉得不满意，是员工会选择跳槽离开的最重要原因。

还有，就是员工对薪资待遇的不满。企业的薪酬制度不完善、不公平的薪资酬劳发放，是对员工士气造成不良影响的唯一原因。久而久之，员工对企业的积怨日渐增多，而选择跳槽离职。此外，相同效益下薪酬变低、时长变多、压力加大，这也是员工换工作的根本原因。

最后，员工无法在团队中获得成长。企业发展过程是一个不断学习的过程。员工在团队中没有得到有效提升，其就会失去继续工作的动力，也就会选择跳槽。

精 | 点 | 解 | 析

● 论证结构分析

理由	结构词	结论
所在部门领导做不到知人善任，造成员工工作压力大	就	员工会对公司领导不满而跳槽
某个业务不能开展，领导不能协调资源解决	如果……那么……	会被员工认为是无能的表现
工作不是自身兴趣所在	因为……所以……	员工选择跳槽寻求改变
工作环境和条件让员工觉得不满意	最重要原因	员工会选择跳槽离开的最重要原因
企业薪酬制度不完善、不公平的薪资酬劳发放	唯一原因	对员工士气造成不良影响的唯一原因
相同效益下薪酬变低、时长变多、压力加大	根本原因	员工换工作的根本原因
员工在团队中没有得到有效的提升→就会失去继续工作的动力→也就会选择跳槽（结构词：就……就……）		

● 论证关系分析

论证关系① 所在部门领导做不到知人善任，造成员工工作压力大→员工会对公司领导不满而跳槽

定位分析点	由“就”确定论证关系。
切入思路	利用“充分条件”的矛盾关系质疑，即P∧非Q。
分析	P∧非Q：即使领导做不到知人善任，造成员工压力大，但如果员工薪资高、福利待遇好，有正确的工作价值观，意识到通过工作能提升自身的能力，实现自己的价值，也能够为他人、社会创造更多的价值，那么员工就可能不会对公司领导有不满的情绪而跳槽。

论证关系② 某个业务不能开展，领导不能协调资源解决→会被员工认为是无能的表现

定位分析点	由“如果……那么……”确定论证关系。
切入思路	可采用条件关系中的“充分性分析”思路进行分析。 ⓐ 利用“充分条件”的矛盾关系质疑，即P∧非Q。 ⓑ 条件不充分，即P+？→Q。

（续）

分析	ⓐ P∧非 Q：即使领导不能协调资源解决业务问题，但如果领导本身业务能力强、专业知识丰富，能够给予员工有效的示范和指导，亲力亲为协助员工解决问题，那么有可能得到员工的认可，被认为是能力强的表现。 ⓑ P+？→Q：员工认为领导无能，除了领导不能协调资源解决问题，还有其他的因素共同决定，比如：领导缺少担当意识，遇到问题把责任推给员工；对员工不够尊重；不能与员工同甘共苦等。

论证关系③　工作不是自身兴趣所在→员工选择跳槽寻求改变

定位分析点	由“因为……所以……”确定论证关系。
切入思路	论据不能支持结论，可采用“让步攻击”的方法，推出相反的结论。
分析	让步攻击：即使工作不是自身的兴趣所在，但是如果在工作的过程中，公司能够给予员工相应的培训，部门领导对于员工有着正确的引导，这就有可能使得员工在工作中发现乐趣、找到成就感，逐渐喜欢上工作，并坚持做下去，而不会选择跳槽寻求改变。

论证关系④　工作环境和条件让员工觉得不满意→员工会选择跳槽离开的最重要原因

定位分析点	由“最重要原因”确定论证关系。
切入思路	结论成立的条件不充分，即 X+？→Y
分析	X+？→Y：工作环境和条件让员工觉得不满意是员工会选择跳槽离开的原因之一，但未必是最重要的原因。可能与之相比更重要的原因是薪资待遇低、上升空间小、无法施展自己的才能、实现不了自己的价值等。

论证关系⑤　企业薪酬制度不完善、不公平的薪资酬劳发放→对员工士气造成不良影响的唯一原因

定位分析点	由“唯一原因”确定论证关系。
切入思路	结论成立的条件不充分，即 X+？→Y
分析	X+？→Y：对员工士气造成不良影响的因素众多，比如：不尊重人、不理解人、不关心人、没有鼓舞人的企业文化；企业缺乏有效的激励员工的策略；领导不能肯定员工的价值、对员工许诺不兑现等。而企业薪酬制度不完善只是其中的一个原因，未必是唯一原因。

论证关系⑥　相同效益下薪酬变低、时长变多、压力加大→员工换工作的根本原因

定位分析点	由“根本原因”确定论证关系。
切入思路	结论成立的条件不充分，即 X+? →Y
分析	X+? →Y：员工换工作的根本原因，不一定是相同效益下薪酬变低、时长变多、压力加大，还有可能是企业用人管理缺乏规划，不断加大人员引入，造成“僧多粥少”的现象；或者企业将员工招来后不能合理利用，只引进不培养；再者管理者管理水平低下，在管理过程中违背以人为本的管理思想，造成员工萌生去意等。

论证关系⑦　员工在团队中没有得到有效的提升→就会失去继续工作的动力→也就会选择跳槽

定位分析点	根据结构标志词“就……就……”确定此处是连续论证 A→B→C，把“可能性”当成了“必然性”。
切入思路	可考虑使用“滑坡谬论”思路来分析，依次分析每一个论证关系的有效性。先分析 A→B，然后再分析 B→C。
分析	滑坡谬论： A→B：即使员工在团队中没有得到提升，但如果员工能够参加企业外部的专业培训或通过自学，提高自身的业务能力，并利用所学使工作顺利开展，反而可能更有继续工作下去的动力。 B→C：即使失去了继续工作的动力，但如果员工家庭负担重，经济压力大，同时就业环境欠佳，适合的岗位少，那么员工也不会选择跳槽。

5 **分析下述论证中存在的缺陷和漏洞，选择若干要点，写一篇 600 字左右的文章。对该论证的有效性进行分析和评论。（论证有效性分析的一般要点是：概念特别是核心概念的界定和使用是否准确并前后一致，有无各种明显的逻辑错误，论证的论据是否成立并支持结论，结论成立的条件是否充分，等等。）**

沟通是人类生活中不可或缺的一环，无论是家庭生活、工作环境还是社交场合，都需要我们通过沟通去交流、协商、解决问题。

首先，沟通在职场中起着重要的作用。比如在商业谈判中，如果谈判者能够运用沟通技巧，就会赢得客户的信任和尊重，实现业务上的合作。此外，人们在和同事、领导进行对话时，只有保持有效沟通，才不会产生偏见和误解。

其次，沟通是生活中人际交流的重要方式。人们要想增强彼此之间的了解与信任，就必须掌握沟通的技巧。如果人们不掌握沟通技巧，就势必会在人际交流中产生冲突，从而导致人际关系恶化。

但人生而不同，形色各异，这使得人们在交流中形成障碍。因此，只要我们能够认识这些障碍，就能与他人形成良好的沟通。

总之，沟通的本质是交流与互动，对于维护良好的人际合作、改善个人职场效率以及促进人际交流等方面，都有着重要的意义。

精｜点｜解｜析

● 论证结构分析

理由	结构词	结论
谈判者能够运用沟通技巧	如果……就……	会赢得客户的信任和尊重，实现业务上的合作
不会产生偏见和误解	只有……才……	人们在和同事、领导进行对话时保持有效沟通
必须掌握沟通的技巧	要想……就必须……	增强彼此之间的了解与信任
人们不掌握沟通技巧→势必会在人际交流中产生冲突→导致人际关系恶化（结构词：如果……就……从而……）		
人生而不同，形色各异	这使得	人们在交流中形成障碍
我们能够认识这些障碍	只要……就……	能与他人形成良好的沟通

● 论证关系分析

论证关系①　谈判者能够运用沟通技巧→会赢得客户的信任和尊重，实现业务上的合作

定位分析点	由“如果……就……”确定论证关系。
切入思路	可采用条件关系中的“充分性分析”思路进行分析。 ⓐ 利用“充分条件”的矛盾关系质疑，即P∧非Q。 ⓑ 条件不充分，即P+? →Q。
分析	ⓐ P∧非Q：即使谈判者能够运用沟通技巧，但如果谈判者态度不够真诚友善，谈判的技巧得不到客户的肯定与认同，并且一味逐利，不能做到推己及人、换位思考、给出利益，那就不能赢得客户的信任与尊重，更不会实现业务上的合作。 ⓑ P+? →Q：赢得客户信任与尊重，并实现业务上的合作，除了谈判者能够运用沟通技巧之外，还需要展示专业的能力，关注对方的利益，做到以事实和数据说话，明确目标实现共赢等。

论证关系② 不会产生偏见和误解→人们在和同事、领导进行对话时保持有效沟通

定位分析点	由“只有……才……”确定论证关系。
切入思路	可采用条件关系中的“必要性分析”思路进行分析。即使没有Q，也存在P。
分析	必要性分析：即使人们与同事、领导对话时不能保持有效的沟通，但如果人们能够保持开放的心态，尝试理解他人的观点和感受，尊重他们的差异，同时又能够保持客观、公正与理性，寻求多元化视角看待问题，并且还能不断反思与自省，就可能不会产生偏见和误解。

论证关系③ 必须掌握沟通的技巧→增强彼此之间的了解与信任

定位分析点	由“要想……就必须……”确定论证关系。
切入思路	条件不充分，即P+？→Q
分析	P+？→Q：人们增加彼此之间的了解与信任的方法有很多，除了掌握沟通的技巧之外，还有其他的方法，比如：做到信守承诺、有诺必行；出现问题时努力解决；分享喜悦、同甘共苦；尊重彼此的界线等。可见，掌握沟通的技巧只是其中的一种方法，不是唯一的方法。

论证关系④ 人们不掌握沟通技巧→势必会在人际交流中产生冲突→导致人际关系恶化

定位分析点	根据结构标志词“如果……就……从而……”确定此处是连续论证A→B→C，把“可能性”当成了“必然性”。
切入思路	可考虑使用“滑坡谬论”思路来分析，依次分析每一个论证关系的有效性。先分析A→B，然后再分析B→C。
分析	滑坡谬论： A→B：即使人们不掌握沟通技巧，但是人们交流之前做好充足的准备，在交流的过程中能够保持理性，对待问题能够有正确的判断，并且能够做到将心比心、换位思考，那么就不一定会产生冲突。 B→C：导致人际关系恶化，除了在人际交流中产生冲突之外，还有其他因素，比如为了利益不择手段、兴趣和价值观不一致、做事冲动、情绪化等。

论证关系⑤ 人生而不同，形色各异→人们在交流中形成障碍

定位分析点	由“这使得”确定论证关系。
切入思路	论据不能支持结论，可采用“让步攻击”的方法，推出相反的结论。

（续）

分析	让步攻击：人"生而不同、形色各异"这是先天的，但"交流中形成障碍"是后天的行为。后天的行为还与所受的教育、成长的环境等有关。即使人"生而不同、形色各异"，但是受家庭、学校、他人的影响，人与人之间有可能形成一致的价值观念和共同的理想，那么在交流中可能就不会有障碍。

论证关系⑥　我们能够认识这些障碍→能与他人形成良好的沟通

定位分析点	由"只要……就……"确定论证关系。
切入思路	利用"充分条件"的矛盾关系质疑，即 $P \wedge$ 非 Q。
分析	$P \wedge$ 非 Q："认识到障碍"不代表能"克服障碍"。如果我们只认识到这些障碍，但缺乏行之有效的行动，就不能克服这些障碍，反而会任其无节制发展，同时也做不到将心比心、求同存异、各取所需，那么也难以与他人形成良好的沟通。

第二章
论证有效性分析高分写作

第一节
三步成文

要想快速写出一篇 600 字左右的文章，需要明确写作步骤，思路清晰，入笔才快。因此，考生一定要牢记论证有效性分析的写作步骤——三步成文。

第一步　明确论证结构

拿到一篇论证有效性分析的材料之后，我们首先要做的就是通过阅读材料、标出分析点来明确这篇材料的论证结构。

在阅读材料时，第一遍可以快速浏览掌握材料大意，第二遍细致浏览时再标分析点。这里需要提醒大家注意以下几点：

1. 绝对不能跳过“明确论证结构”这一步直接动笔写文章。要明白“磨刀不误砍柴工”，在动笔之前思虑周全有助于文章更有条理，论证逻辑更清晰。有些同学边看材料边动笔写，不但容易出现论证结构定位不准确的情况，还常常会导致论证关系论述的顺序和在材料中出现的顺序不一致，会给阅卷老师造成考生思路混乱的糟糕印象。

2. 标注分析点的时候，要按照我们在上一章讲的找“关键结构词”的方法，明确论证结构中哪部分是“理由”，哪部分是“结论”。只有明确了，在写分析段的时候才能引用或进行相应的归纳总结。

3. 认真分辨自己所标注的所有论证结构是否准确，有无将两个论证关系混在一起的情况，或者是否误判了论证关系。

在注意了以上 3 点之后，我们会通过在材料上的标注在头脑中得到下面这个表格，这个时候论证的思路就很清晰了。（此处用 2016 年 1 月管理类联考真题第 1 点举例，后附完整解析）

理由	结构词	结论
劳动年龄人口减少 345 万	说明	劳动力的供应从过剩变成了短缺

第二步　分析论证关系

在明确了论证结构之后，就需要利用我们学到的知识来进行论证关系的分析，示例如下：

论证关系①　劳动年龄人口减少 345 万→劳动力的供应从过剩变成了短缺

定位分析点	根据结构标志词“说明”可确定论证关系。
切入思路	ⓐ 从论据不支持结论切入，可采用“让步攻击”的方法，即前提推出相反的结论。 ⓑ 从结论成立条件不充分切入，即：理由+? →结论。
分析	让步攻击：即使劳动年龄人口减少，但如果需求小于供给，那么劳动力的供应依然过剩。此外，材料也没有提供 2011 年实际过剩人数是多少，若 2011 年过剩人数大于 345 万人，则 2012 年劳动力供应依然过剩。 理由+? →结论：判断劳动力的供应是过剩还是短缺，不仅要看劳动力供应情况，还要分析劳动力的需求情况。

第三步　成文

最后一步就是成文，包含拟标题、写开头段、主体分析段和结尾段。我们将在下一节详细介绍拟标题、写开头段、主体分析段和结尾段的方法。

下面以 2016 年 1 月管理类联考真题为例，详述三步成文的方法。

例题精点

分析下述论证中存在的缺陷和漏洞，选择若干要点，写一篇 600 字左右的文章，对该论证的有效性进行分析和评论。（论证有效性分析的一般要点是：概念特别是核心概念的界定和使用是否准确并前后一致，有无各种明显的逻辑错误，论证的论据是否成立并支持结论，结论成立的条件是否充分，等等。）

现在人们常在谈论大学毕业生就业难的问题，其实大学生的就业并不难。

据国家统计局数据，2012年我国劳动年龄人口比2011年减少了345万，这说明我国劳动力的供应从过剩变成了短缺。据报道，近年长三角等地区频频出现“用工荒”现象，2015年第二季度我国岗位空缺与求职人数的比率约为1.06，表明劳动力市场需求大于供给。因此，我国的大学毕业生其实是供不应求的。

还有，一个人受教育程度越高，他的整体素质也就越高，适应能力就越强，当然也就越容易就业。大学生显然比其他社会群体更容易就业，再说大学生就业难就没有道理了。

实际上，一部分大学生就业难，是因为其所学专业与市场需求不相适应，或对就业岗位的要求过高。因此，只要根据市场需求调整高校专业设置，对大学生进行就业教育以改变他们的就业观念，鼓励大学生自主创业，那么大学生的就业难问题将不复存在。

总之，大学生的就业并不是什么问题，我们大可不必为此顾虑重重。

第一步 明确论证结构

理由	结构词	结论
劳动年龄人口减少345万	说明	劳动力的供应从过剩变成了短缺
长三角等地区出现“用工荒”现象，2015年第二季度我国岗位空缺与求职人数的比率约为1.06	表明	劳动力市场需求大于供给
劳动力市场需求大于供给	因此	大学毕业生供不应求
受教育程度越高→整体素质越高→适应能力越强→越容易就业→大学生显然比其他社会群体更容易就业（结构词：越……越……越……越……显然）		
大学生比其他社会群体更容易就业	就	大学生就业难没有道理了
观点一，其实大学生就业并不难	前后观点不一致	观点二，实际上，一部分大学生就业难
所学专业与市场需求不相适应，或对就业岗位的要求过高	因为	大学生就业难
调整专业、改变观念、鼓励创业	只要……那么……	大学生的就业难问题将不复存在

第二步 分析论证关系

论证关系① 劳动年龄人口减少345万→劳动力的供应从过剩变成了短缺

定位分析点	根据结构标志词“说明”可确定论证关系。

（续）

切入思路	ⓐ 从论据不支持结论切入，可采用“让步攻击”的方法，即前提推出相反的结论。 ⓑ 从结论成立条件不充分切入，即：理由+？→结论。
分析	让步攻击：即使劳动年龄人口减少，但如果需求小于供给，那么劳动力的供应依然过剩。此外，材料也没有提供2011年实际过剩人数是多少，若2011年过剩人数大于345万人，则2012年劳动力供应依然过剩。 理由+？→结论：判断劳动力的供应是过剩还是短缺，不仅要看劳动力供应情况，还要分析劳动力的需求情况。

论证关系②　长三角等地区出现“用工荒”现象，2015年第二季度我国岗位空缺与求职人数的比率约为1.06→劳动力市场需求大于供给

定位分析点	由“说明”确定论证关系。
切入思路	常见逻辑错误分析，该论证由“个例”推理“整体”，可从“以偏概全”分析思路入手，分析个体的特殊性以及与整体的差异。
分析	以偏概全：长三角等地区出现“用工荒”现象，可能只是这个地区的特殊情况，如该地区经济发达，“用工量”远远高于其他区域。作为个例，其并不能反映全国的真实状况，很有可能全国其他地方劳动力市场“供过于求”。 此外，“2015年第二季度”岗位空缺与求职人数比率约为1.06，这可能只是一年中的一个特殊时期。因为第二季度是4~6月份，这期间也许是招工高峰期，对人才需求量大，但它作为个例不能反映全年的情况，其他三个季度可能劳动力市场“供过于求”。那么最终就无法得出劳动力市场需求大于供给的结论，该论证有“以偏概全”之嫌。

论证关系③　劳动力市场需求大于供给→大学毕业生供不应求

定位分析点	由“因此”确定论证关系。
切入思路	常见逻辑错误分析，在论证关系中可发现有隐含假设，可尝试使用“不当假设”的思路进行分析。需先指出论证假设的内容是什么，然后分析此假设未必成立。
分析	不当假设：该论证不当假设了“劳动力”市场需求大于供给就是“大学毕业生”市场需求大于供给，其实不然。劳动力市场中提供的职位并非全都适合刚毕业的大学生，比如高精尖技术岗位、精密仪器制造以及一些基层技术工种等需要多年工作经验的岗位。

论证关系④ 受教育程度越高→整体素质越高→适应能力越强→越容易就业→大学生显然比其他社会群体更容易就业

定位分析点	根据结构标志词“越……就越……，显然”可以发现该论证过程存在连续的不合理的推理关系，误把“可能性”当成“必然性”。
切入思路	常见逻辑错误分析：滑坡谬论，需依次分析每一个论证的有效性。 **鑫全精点：**此处的推理过程较长，如果每个论证过程的不足之处都详细分析出来，可能会导致段落臃肿，所以考生在此处需将论证关系适当概括。
分析	滑坡谬论：论证者从“受教育程度越高”出发，经过一系列论证，最终无法得出“大学生比其他社会群体更容易就业”的结论。因为每一个论证过程都是或然的而非必然的。比如“受教育程度高”未必能说明“整体素质高”。受教育程度与文化水平高低有关，是一个人的外在体现，跟整体素质即人的内在修养没有必然的关系。适应能力需要一定的社会实践锻炼。即便个体素质高，但实践锻炼不足，则适应能力有限，更无法说明容易就业。更何况在缺少与其他社会群体就业状况比较的情况下，如何推断大学生比其他社会群体更容易就业？

论证关系⑤ 大学生比其他社会群体更容易就业→大学生就业难就没有道理了

定位分析点	根据结构标志词“就”可以确定论证。
切入思路	可考虑使用“条件关系”分析思路，从论据不支持结论切入，即采用“让步攻击”的方法，即 P∧非 Q。
分析	P∧非 Q：即使“大学生比其他社会群体”更容易就业，也不能得出“大学生”就业不难的结论。因为“比”只是相对而非绝对，有可能其他社会群体更不容易就业，从而凸显出大学生容易就业了。更何况，随着整体经济形势下滑，可能大学生的就业形势并不乐观，只是相较于其他社会群体好些。

论证关系⑥ 观点一，其实大学生就业并不难；观点二，实际上，一部分大学生就业难

定位分析点	根据前后观点不一致确定分析点。
切入思路	常见逻辑错误分析。该论证前后论述内容矛盾，可尝试使用“自相矛盾”的思路进行分析，需分析出具体的矛盾之处。
分析	自相矛盾：“大学生就业并不难”，即“否定”了大学生就业难存在的可能性；而“一部分大学生就业难”表明当今存在大学生的就业问题，即“肯定”了大学生就业难的存在，显然与前面观点是自相矛盾的。

论证关系⑦　所学专业与市场需求不相适应，或对就业岗位的要求过高→大学生就业难

定位分析点	根据结构标志词“因为”可确定论证关系。
切入思路	可从结论成立条件不充分切入，即：理由+？→结论。
分析	理由+？→结论：“所学专业与市场需求不相适应，或对就业岗位要求过高”只是学生自身能力与就业意愿方面的影响，除此外，大学生就业难还受其他外在社会因素的影响，如目前有些高校大量扩招，导致毕业生人数严重超过了市场需求，或企事业单位喜欢招聘有工作经验的人，而此方面恰恰是大学生劣势所在。因此，大学生就业难，不能简单归因。

论证关系⑧　调整专业、改变观念、鼓励创业→大学生的就业难问题将不复存在

定位分析点	根据结构标志词“只要……那么……”确定论证关系。
切入思路	可尝试使用“条件关系”分析思路，从论据不支持结论切入，可采用“让步攻击”的方法，即 P∧非 Q。
分析	P∧非 Q：市场瞬息万变，即使调整了专业，四年后有可能该专业的市场需求出现饱和，那么大学生就业依然难。此外，改变观念、鼓励创业，就业难问题就将“不复存在”吗？显然并非如此。大学生的自主创业在一定程度上可以缓解就业压力，但是创业成功是小概率事件，大部分毕业生仍需要选择就业。此外，一些人创业失败后又会选择就业，更加加重了就业难问题，则大学生就业难问题可能依然存在。

✔ 阅卷组提供的标准答案

① 劳动年龄人口的绝对减少使劳动力供求比例发生变化，但不一定导致劳动力供应从过剩变成短缺。

② 劳动力市场需求大于供给不等于大学毕业生的市场需求大于供给，所以不能由此推出“我国的大学毕业生其实是供不应求的”。

③ 受教育程度越高，适应能力未必就越强、就越容易就业。

④ 其他社会群体中也有比大学生容易就业的群体，所以不能推断大学生比其他社会群体更容易就业。

⑤ 即使大学生比某些社会群体容易就业，也不能得出大学生就业不难的结论。

⑥“实际上，一部分大学生就业难”“大学生的就业难问题将不复存在”，表明当今存在大学生的就业难问题，这与大学生就业并不难的论点自相矛盾。

鑫全精点 | 与标准答案一致

考生注意观察阅卷组提供的标准答案，对照个人的分析思路，揣测阅卷者意图。通常标准答案（分析点的确定）都和结构词相关，考生应当优先使用结构词定位论证关系。

第三步 成文

学员习文

大学生就业难吗？①

材料通过一系列论证试图说明：大学生就业并不难。然而，其论证过程存在诸多不当之处，现分析如下：②

首先，劳动年龄人口减少并不一定意味着劳动力会“变短缺”。劳动年龄人口未必就一定能成为劳动力，二者内涵不同。③此外，即使2012年比2011年劳动力数量减少了，如果减少的数量远少于过剩的劳动力数量，也未必会使劳动力的供应由过剩变短缺。④

其次，“长三角地区”和“2015年第二季度”的劳动力供求关系未必能代表整体劳动力市场的情况。因为，部分地区或者某一时段的数据可能具有偶然性，未必能反映我国当前整体的劳动力情况。⑤

再次，一个人的受教育程度高，未必整体素质越高、适应能力越强，也未必更容易就业。因为，一个人的整体素质和适应能力还与道德修养、个人性格有关；就业的难易程度也还取决于他的从业经历、专业技能等因素。此外，大学生整体未必都有较高的受教育程度，也就不一定能比其他社会群体更容易就业，未必就业不难。⑥

①首先，通常题目最后不加标点，特别是“。”和“？”；其次，题目应对材料结论表达质疑，故可调整为“大学生就业不难吗”。

②开篇简单明了，快速切题，可借鉴。

③有何不同？需做说明，否则只有评价，没有分析，对得分影响较大。考生注意：只要略加分析，点中问题实质便可。如：合格的劳动力，不仅须符合劳动年龄要求，还要具备从事增加商品价值的有用劳动的能力。

④这部分分析直切问题实质。

⑤分析部分指出问题实质，但还缺少有针对性的、更具体的分析，如“长三角地区”和“2015年第二季度”的特殊性，须进一步明确。

⑥大学生整体未必都具有较高的受教育程度？表达明显有误，考生显然将“受教育程度”和“受教育结果”混淆了。个人的分析内容切莫失之偏颇。

最后，即使改变就业观念、鼓励大学生进行创业，也未必能解决大学生就业难问题。因为，创业需要前期的资金投入，具有一定的准入门槛；此外，自主创业面临着巨大的风险，需要长远的经营眼光，并不一定能获得成功。因此，未必鼓励大学生自主创业，“就业难”问题就会不复存在。⑦

综上，由于材料存在许多逻辑漏洞，因此其“大学生就业并不难”的结论是不对的。⑧

⑦“因此……”之后的话，与本段第一句话明显重复，可略去。如果对“此外”之后的内容加深论证，效果更好。如：若创业失败，再次进入就业队伍，则更会增加大学生就业的难度。

⑧论证有效性分析中质疑的是论证的有效性，无须评价结论的正确与否。其实，论证有效性缺失，其得出的结论本身未必不成立，可改为：得出“大学生就业并不难”的结论过程还需进一步完善。

本文可评 18 分左右。

参考范文

大学生就业真的不难吗

“大学生就业不难”？论证者针对此观点展开层层论证，然而其过程并不严谨，现择要点分析如下：

“劳动年龄人口减少”难以说明“劳动力的供应从过剩变成了短缺”。虽然劳动年龄人口减少，但如果需求小于供给，那么劳动力的供应依然过剩。此外，材料也没有提供 2011 年实际过剩人数是多少，若 2011 年过剩人数大于 345 万人，则 2012 年依然是过剩。

“长三角”等地区出现“用工荒”现象并不意味“劳动力市场”需求大于供给。长三角等地区出现“用工荒”现象，可能只是这个地区的特殊情况，如该地区经济发达，“用工量”远远高于其他区域。作为个例，其并不能反映全国的真实状况。很有可能其他地方的劳动力市场“供过于求”，该论证明显有“以偏概全”之嫌。

“劳动力市场需求大于供给”不代表“大学毕业生供不应求”。该论证不当假设了“劳动力”市场需求大于供给就是“大学毕业生”市场需求大于供给，其实不然。劳动力市场中提供的职位并非全都适合刚毕业的大学生，比如高精尖技术岗位、精密仪器制造以及一些基层技术工种等需要多年工作经验的岗位。

市场瞬息万变，即使调整了专业，四年后有可能该专业的市场需求出现饱和，那么大学生就业依然难。此外，改变观念、鼓励创业，就业难问题就将“不复存在”吗？显然并非如此。大学生的自主创业在一定程度上可以缓解就业压力，但是创业成功是小概率事件，大部分毕业生仍需要选择就业。此外，一些人创业失败后又会选择就业，更加加重了就业难问题，则大学生就业难问题可能依然存在。

综上所述，论证者关于“大学生就业并不难”的论证有待进一步完善。

第二节
写作公式

一、文章架构

1. 标题	通常控制在 12 字以内。
2. 开头段	2 行左右，每行 20 字，即 40 字左右。
3. 正文（中间段）	4~5 段，每一段写一个点。（共 560 字左右） Ⅰ. 4 点：每段字数 7 行左右，一行 20 字，即 140 字左右。 Ⅱ. 5 点：其中 3 点，每段字数 6 行，一行 20 字，即 120 字左右。 另 2 点，每段字数 5 行，一行 20 字，即 100 字左右。
4. 结尾段	2 行左右，每行 20 字，即 40 字左右。

二、时间分配

在考试中时间安排尤为重要，特别是在联考综合考试中，排在试卷前面的数学和逻辑部分非常耗费时间，到写作部分时时间更加珍贵。因此，需要在平时训练中严格按照时间要求自己，在考试前的日常练习中真实模拟多次，以达到对时间的精确把握，建议将时间做如下分配。

阅读材料	3 分钟	合计时间为 30 分钟
标出分析点	3 分钟	
写开头	1 分钟	
写出 4 至 5 个中间段	20 分钟	
写结尾	1 分钟	
检查	2 分钟	

三、结构要点

接下来讲解最重要的步骤——对文章的每部分结构进行拆解和剖析。经过对下面步骤的学习，再加以熟悉和重复，考生一定可以在考试规定时间内保质保量地写出一篇出色的文章。

（一）标题

论证有效性分析的目的是质疑材料的论证，从而达到削弱观点的目的。因此标题应表示质疑，而不是提出自己的观点。

质疑式题目主要有三种：

1. 后“吗”式题目（总结论+吗）

例：大学生就业并不难吗（2016 年 1 月管理类联考题）

根治诈骗并不难吗（2021 年 1 月经济类联考题）

2. 质疑式（质疑性语言+对材料概括的语句 / 对材料概括的语句+质疑性语言）

例：值得商榷的洋快餐前景预测（2005 年 10 月管理类联考题）

根治诈骗并不难，有待商榷（2021 年 1 月经济类联考题）

3. 万能式

在考试时，如果在读完材料后动笔写的时候依然没有想到合适的标题，建议考虑使用万能标题，这样既可以节约时间，又可以避免忘记写标题被扣分。具体内容如下：

①如此论证，有待商榷

②如此论证，有待斟酌

③一篇有缺陷的论证

④一篇不严谨的论证

⑤一篇经不起推敲的论证

❖ **常见错误提示：标题表述观点**

标题应表示质疑，而不是提出自己的观点。

错误案例：

标题：商业性冰雪运动中心盈利未必可观（来自2020年管理类联考论证有效性分析：冰雪运动中心的经济效益习作）

点评：可改为“冰雪运动中心盈利会可观吗”。

（二）开头段

开头段即文章的第一段，这是阅卷者必看之处，所以考生一定要写好。具体写法：概括材料的论证，然后质疑论证或论证过程。

❖ **具体写作公式：**

①上述材料通过________分析，得出________的结论，然而，其论证过程存在以下缺陷：

②论证者针对________这一论题，展开了系列论证，其论证过程存在诸多不足，现分析如下：

③上述材料通过系列论证，得出________结论，然而其论证过程存在以下缺陷：

④上述材料的论证有效性存在缺失，现分析如下：

❖ **真题写作示范：**

论证者针对大学生就业并不难这一论题，展开了系列论证，其论证过程存在诸多不足，现分析如下：

❖ **常见错误提示：开头太冗长**

论证有效性分析的第一段千万不要写得太长，请把宝贵的文字留给分析。

错误案例：

“该论证通过目前一些地区、一些年份的劳动力市场人才需求大于供给情况，结合大学生的受教育程度高的前提，认为只要调整高校相应的专业设置，对大学生进行相应的就业指导，就可以解决大学生就业难的问题。但是针对以上的信息，进行进一步分析，未必就能得出大学生就业难问题不复存在、大学生就业不是问题的结论，现分析如下：”（来自2016年管理类联考论证有效性分析：大学生就业并不难习作）

点评：这个开头实在太过冗长，其实写成下面这样就很好，入题快。

“上述材料通过一系列论证，得出‘大学生就业不难’这一结论，该论证过程是值得商榷的。现分析如下：”。

（三）正文（中间段）

正文是论证有效性分析作文的核心部分，也是得分的关键。一般需要指出材料中论证的缺陷所在，并分析导致论证缺陷的原因。然后选出 4~5 个有缺陷的论证关系展开分析。每个有缺陷的论证关系作为一个独立的段落。写作应按照错误出现的先后顺序，这样既有利于写作时思维的连续，也方便阅卷老师的评阅。

鑫全精点 | 中间段得分关键

通常阅卷者只关注与标准答案一致的分析点，考生若错误定位分析点，阅卷者一般不会关注。但考生要注意，准确定位分析点只能得到有限的分数，有效分析才是得分的关键，建议考生选择 4~5 个有缺陷的论证关系，按照“引、评、析”公式行文。

其中“引”，是指引用论证的前提和结论。当前提和结论较长时需要提炼关键信息进行简化。“评”，指出论证过程有缺陷。“析”，需要针对论证缺陷分析原因。分析原因时可采用组合攻击法深入展开分析。

❖ **具体写作公式：**

① ________（前提）无法得出________（结论）。二者看似有联系，实则并不相关，因为________。

② ________（结论）不能简单归因于________（前提），还需综合考虑其他因素，比如________。

③ ________（前提）不足以得出________（结论），还需其他因素共同作用，比如________。

④ ________（前提），可能得出________（相反结论），因为________。

❖ **真题写作示范：**

“股民懊悔自己没有选择好股票而未赚到更多的钱”不能简单归因于“可选购的股票太多”，还需综合考虑其他因素，比如股民自身能力不足，对股票行情不甚了解，不能够精准预测股票的涨跌概率，购入、卖出股票时机不对，对历史数据和现实情况的因果关系分析不明确等。

下面我们详细讲解“引”“评”“析”的写作方法和注意事项。

中间段中，按照引用、评论、分析的顺序行文。具体分为开头句、分析句、结尾句三句话。

开头句

每一个中间段的开头句都需要明确地点出材料何处的论证出现错误，所以有两个关键要素，一个是“引用”，另一个是“评论”。

开头句的一般写法是，用引号引用原句（包括前提和结论）+质疑词语。如果直接引用原句字数过多，就需要对原句进行提炼。

❖ **举例说明：**

材料：线上健身从养生休闲，到减脂增肌塑形，差异化的课程为人们提供了多元选择，这无疑会吸引很多人参与。

材料分析：以上这段材料的前提是“差异化的课程为人们提供了多元选择”，结论是“这无疑会吸引很多人参与”。

开头句：“差异化的课程为人们提供了多元选择”未必能“吸引很多人参与”。

需要注意的是，开头句不要每段都写得一样。根据论证逻辑缺陷不同，可以选择不同的说法。

❖ **常见错误提示：**

现在我们以下面这篇材料为例，来看几个错误的示范：

2003 年 MBA 联考论证有效性分析写作真题：蜜蜂与苍蝇实验

把几只蜜蜂和苍蝇放进一只平放的玻璃瓶，使瓶底对着光亮处，瓶口对着暗处。结果，有目标地朝着光亮拼命扑腾的蜜蜂最终衰竭而死，而无目的地乱窜的苍蝇竟都溜出细口瓶颈逃生。是什么葬送了蜜蜂？是它对既定方向的执着，是它对趋光习性这一规则的遵循。

当今企业面临的最大挑战是经营环境的模糊性与不确定性。在高科技企业，哪怕只预测几个月后的技术趋势都是件浪费时间的徒劳之举。就像蜜蜂或苍蝇一样，企业经常面临一个像玻璃瓶那样的不可思议的环境。蜜蜂实验告诉我们，在充满不确定性的经营环境中，企业需要的不是朝着既定方向的执着努力，而是在随机试错的过程中寻求生路，不是对规则的遵循，而是对规则的突破。在一个经常变化的世界里，混乱的行动所得到的结果比有序的努力所导致的衰亡要好得多。

错误示例	正确示例
● 材料得出“混乱的行动比有序的衰亡好得多”这一结论过于绝对。（不应质疑结论，应质疑论证过程。） ● 作者以蜜蜂和苍蝇的实验为论据试图论证本文论点未免失之偏颇。（没有明确前提和结论，没有整理论证关系。） ● “有目标地朝着光亮拼命扑腾的蜜蜂最终衰竭而死，而无目的地乱窜的苍蝇竟都溜出细口瓶颈逃生”未必是实验成功的结果，可能这个实验失败了或者缺少客观性，因此不能说明问题。（不必质疑前提的真假，而应探讨论证思路。）	● “环境具有不确定性”（前提）不意味着“技术趋势不可预测”（结论），更不能说明进行预测是“浪费时间的徒劳之举”。 ● 由“蜜蜂与苍蝇”（前提）实验的结果未必能得出企业经营“不是朝着既定方向执着努力，而是在随机试错的过程中寻求生路”（结论）。 ● 由“蜜蜂与苍蝇”（前提）实验的结果难以说明“混乱的行动所得到的结果比有序的努力所导致的衰亡要好得多”（结论）。

写好中间段开头句的注意事项

✔ 注意使用引号

在开头句中使用引号引用原文，能够帮助阅卷老师快速定位到论证关系。同时，在自己提炼的句子中，也可以使用引号起到强调突出、加强论证的作用。

✔ 引用不能过长

中间段“寸土寸金”，引用过长会导致分析部分变短，论证无力，同时也会让阅卷老师感觉考生浑水摸鱼，有凑字之嫌。因此引用时要注意简化自己的表述。做到少引用，多分析。

✔ 不要质疑结论

如同上面举例所犯的那些错误一样，考生注意千万不要上来第一句就质疑结论“不正确”“不客观”“过于绝对”，而是需要针对“前提”不必然推出“结论”或“前提”与“结论”无关等论证过程质疑。

分析句

中间段部分每段的第二句话通常要对第一句话提出的逻辑缺陷展开分析。这一部分是全文中最重要的一部分，其写作的基本要求是逻辑通顺，在此基础上分析的力度足够强，就容易得到高分。根据论证过程缺陷不同，需要选用不同的表达方式来撰写分析句。具体写法可见前面所列的正文（中间段）写作公式。

中间段的写作是整篇论证有效性分析写作中的重中之重，因此需要考生在这上面多花费精力。很多同学对这些表述一掠而过，并没有仔细研究。其实，如果能将这些说法灵活运用到材料的分析中，能够取得事半功倍的效果。

写好中间段分析句的注意事项

逻辑错误类型判断需准确

考生注意：命题没有要求必须断定逻辑错误类型或名称，如果写不准确可以不写。否则，画蛇添足反倒失分。

错误案例：首先，“世界上的事物是无穷的”不必然得出“选择也是无穷的”。因为世界上的事物是客观存在的，是既定事实，而选择是人的主观意愿，两者并无必然联系。不宜将客观事实与主观态度相类比，此处类比不当，有所缺陷。（来自 2019 年管理类联考论证有效性分析：选择越多越痛苦习作）

点评：此处逻辑错误类型判断不准确。本处的逻辑错误应为“混淆概念”。

引、评、析，三者要对应

考生注意：“引、评、析”是论证有效性分析写作中最重要的部分，也是分值最高的部分。对于这部分的写作，大家务必要重视。然而，有些考生在写作中，“引、评”的是一件事，“析”的却是另一件事。

错误案例 1：首先，举办冬奥会就会掀起冰雪运动的热潮？两者间的因果关系并不成立。材料试图用南方人未有冰雪运动的经历因而会对此抱有好奇心来加强这一观点，殊不知他们相关经历的匮乏未必会导致其好奇，而有可能是对冰雪运动并不好奇才从未尝试。（来自 2020 年管理类联考论证有效性分析：冰雪运动中心的经济效益习作）

点评：此段“引、评”的是“北京与张家口共同举办冬奥会→在中国掀起一股冰雪运动热潮”，但分析的是“南方许多人从未有过冰雪运动的经历→会出于好奇心而投身于冰雪运动→是一个千载难逢的绝好商机，不能轻易错过”。“引+评+析”之间没有很好地结合。

错误案例 2：首先，“只要开拓市场刺激需求”并不能必然得出“就能扩大销售，解决生产过剩”。因为企业开拓市场要在市场有需求的情况下。若市场对该产品需求量小，或市场对于该类产品的需求趋于饱和，则不能推出可以解决生产过剩。（来自

2015 年管理类联考论证有效性分析：不必干预生产过剩习作）

点评：此处的论证关系应为 A→B→C，考生在质疑时应逐一分析 A→B、B→C 的关系，而非仅仅分析 A→C 的关系。否则，分析与“引+评”不对应。可改为：生产企业“开拓市场、刺激需求”并非“扩大销售”的充分条件，因为扩大销售还取决于市场饱和度、社会购买力、社会消费心理等其他因素。也就是说，即使生产企业开拓市场、刺激需求了，但是如果市场出现饱和、消费者需求下降，那么未必会扩大销售。即使扩大了销售，生产过剩也不一定马上就会化解。比如原有产能为 100 单位，需求为 10 单位，即使扩大销售，需求增加到 20 单位，这种情况下，“生产过剩”仍未能被化解。

引、评、析，三者缺一不可

考生注意：“引、评、析”这三个步骤形成一个完整的论证过程，缺一不可。但在实际考试中，很多考生未形成写作规范，常常由于兴之所至，没有“引、评”就直接开始分析，或者由于分析能力不足导致“析”这个最重要的部分的缺失。请考生在备考过程中务必要对“引、评、析”的练习加以重视，多下笔写，多与答案解析对比，认真分析自己的不足。

①缺少“引+评”

错误案例：再次，分析选项所付出的努力不一定会造成心理上的烦恼，努力与所感受到的心情并无必然联系。更多的努力可能带来痛苦，也可能带来快乐等其他心理体验。（来自 2019 年管理类联考论证有效性分析：选择越多越痛苦习作）

点评：该点缺少“引、评”，直接分析，让阅卷者很难判断考生意图，从而失去判分依据。

②缺少“析”

错误案例 1：首先，文中认为“精神是物质在人类头脑中的反映，因此，物质丰富只会充实精神世界，不可能造成人类精神世界的空虚”。这犯了强加因果的逻辑错误。物质生活丰富，并不意味着精神世界一定充实。因此，物质主义潮流也有可能会造成人类精神世界的空虚。（来自 2018 年管理类联考论证有效性分析：物质主义冲击精神世界习作）

点评：本段缺少实质性分析内容，只是在重复原有的论证关系，基本没有质疑力度。考生要注意：一般在段首整理完论证关系后，表达质疑便可。得分点主要在于分析论证的有效性，即质疑论证关系有效性的原因。不要再重复引、评，否则有凑字数之嫌，失分严重。

错误案例 2： 首先，由人本性的“好利恶害”未必能得出人们都“追求奖赏，逃避刑罚”。好利指的是追求利益而并不一定是奖赏。恶害也未必是逃避刑罚。（来自 2017 年管理类联考论证有效性分析：利用赏罚治理臣民习作）

点评： 该文此处仅有质疑，没有分析，不符合论证有效性分析要求。如：对于“恶害也未必是逃避刑罚”，考生还须解释为什么，也就是不仅要有观点，还要有支持观点的原因。仅有观点没有分析，阅卷者通常只给 30% 的分数。

错误案例 3： 再次，论述者通过“我们的祖先是类人猿，是大自然的一部分”这一前提，得出“人也是大自然的一部分”这一结论。看似很有道理，其实二者并不存在逻辑关系。因为祖先的特点现在我们不一定有，就如同祖先有尾巴而我们没有一样。所以论证者草率得出这一结论，显然是失之偏颇的。（来自 2012 年管理类联考论证有效性分析：不必干涉大自然习作）

点评： 此段分析内容所占比例约为 30%，仅有“因为祖先的特点现在我们不一定有，就如同祖先有尾巴而我们没有一样”一句，偏少。通常分析内容占中间段的 70% 较为适合。“祖先有尾巴而我们没有”略显简单，可以使用更有说服力的论据，如我们和祖先在思维、制造和使用工具的能力上有区别等。

✔ 要有实质性分析

考生注意： 论证有效性分析考试考查的是考生的逻辑思维能力，故考生在备考阶段一定要注意提升自己的内功，否则在考场上套话连篇，将严重影响最终的得分。

错误案例： 再次，“掌握了股价涨跌的概率，你就能赚钱；否则，你就会赔钱”这句论证太过于绝对，明显欠妥。概率并非百分之百发生，而且由掌握了股价涨跌的概率这一前提，得出能赚钱这一结论，看似很有道理，其实二者并不相干。论证者要加强论证，还需提供更为合理的因果关系。（来自 2011 年管理类联考论证有效性分析：如此炒股习作）

点评： 全段仅有“概率并非百分之百发生”为实质性分析，其余均为套话。缺乏实质性分析，通常只能得到三成的分数。

✔ 注意总结出分析的核心句

考生注意： 要想获取高分，考生还需要具备“一剑封喉”的总结能力。让判卷老师一眼就看到核心句。否则，分析如“隔靴搔痒”，无法让人快速抓住写作意图。

错误案例：最后，仅以“创作带有本国文化特色的文艺作品”就说明“其文化影响力扩大”未免太过草率，对文艺作品的宣传不到位并不一定能使别国对本国文化产生印象。另外，社会历史、风土人情等都是文化的一部分，也都会对文化产生重要的影响。虽然文艺作品可以给本国文化带来一定的影响，但若文艺作品的质量并不高或者不受市场的欢迎，并不一定能带来积极正面的影响。（来自 2013 年管理类联考论证有效性分析：文化建设增强软实力习作）

点评：该段分析内容较好，但缺少总结性的句子。也就是，分析了很多，但是没有让人快速抓住其意图的句子，即核心句。请考生参考体味下面一段文字中“‘文化影响力的扩大’与‘国家软实力的增强’未必同步”这句核心句的作用及相应的分析展开。

即使“创作本国文化特色文艺作品”，但是若只创作而不传播，那么就会很难让世人熟知，无法产生文化影响力。例如：中国的四大名著若没有被翻译为其他语言，如何有如今巨大的影响力？此外，“文化影响力的扩大”与“国家软实力的增强”未必同步，因为国家软实力的增强还受制于其他条件，比如国家经济实力、国家的文化素养、人才培养、文化产业群带领作用等。

结尾句

考生注意：要想获取高分，中间段每一段引、评后，在分析时语言表达要精练，结尾句要简单明了，直击论证。切忌有重复引、评的内容。但是在实际的写作过程中，有些考生误把引、评当作结尾句。其实这种写法是不妥的，有凑字数之嫌。

错误案例 1：

人的本性“好利恶害”并不意味着“没有可能和必要去寻找廉洁之士”。“好利恶害”说明人想获利而讨厌伤害，但不等于唯利是图而不顾礼义廉耻。在法律和道德的约束下，廉洁之士是存在的，同时廉洁也仍是官员应有的美德。那么，就有可能和必要去寻找廉洁之士。因此，仅凭人的本性“好利恶害”就得出“没有可能和必要去寻找廉洁之士”的结论是欠妥当的。

点评：该段分析内容整体较好，但结尾句重复引、评，导致语言表达啰唆，有凑字数之嫌，建议把“因此……”这句话删除，这样分析意思上依然完整。其实该段分析内容中“那么，就有可能和必要去寻找廉洁之士”就是结尾句，无须再画蛇添足。

错误案例 2：

“不滥用权力，把控所有环节”不足以说明“企业经营不产生失误”，还须考虑行业变化、国家产业政策的调整、市场需求、竞争对手强劲程度等外部环境，内外结合才可。可见，“不滥用权力，把控所有环节”并不能使“企业经营不产生失误”。

点评：该段分析内容结尾句重复引、评，导致语言表达啰唆，有凑字数之嫌，建议把结尾句改成“可见，‘不滥用权力，把控所有环节’只是其中的一个条件，仅凭它不足够”。

（四）结尾段

结尾段作为文章的最后收尾，必不可少，而且也丝毫不能马虎。结尾段以简单为宗旨，通常一句话即可，只需要对整篇文章做一个高度概括即可。

❖ **具体写作公式：**

① 综上所述，上述论证存在诸多纰漏，论证者还需进一步完善。

② 总之，上述有关________（结论）的论证是欠妥当的，还需提供更多论据加以完善。

❖ **真题写作示范：**

总之，上述有关大学生就业并不难的论证是欠妥当的，还需提供更多论据加以完善。

❖ **常见错误提示：结尾冗长不清晰**

除此之外，材料中还存在着诸如忽略他因等其他逻辑谬误。总而言之，要想对材料的论证进行进一步评价，就需要作者提供该冰雪中心项目的投资周期、项目成本等一系列其他的补充信息。（节选：2020 年 1 月管理类联考考生习文）

点评：结尾段中只是提到“还存在着诸如忽略他因等其他逻辑谬误”，但是并没有解释清楚是哪个论证存在这个逻辑错误，与其说不清楚还不如不说，可能会影响得分。可将此段改为：

总而言之，要想对材料的论证进行进一步评价，就需要作者提供该冰雪中心项目的投资周期、项目成本等一系列其他的补充信息。

庖丁解牛

1 » 分析下述论证中存在的缺陷和漏洞，选择若干要点，写一篇 600 字左右的文章，对该论证的有效性进行分析和评论。（论证有效性分析的一般要点是：概念特别是核心概念的界定和使用是否准确并前后一致，有无各种明显的逻辑错误，论证的论据是否成立并支持结论，结论成立的条件是否充分，等等。）

美国是世界上经济最发达的国家，曝光的企业丑闻数量却比发展中国家多得多，这充分说明经济的发展不一定带来道德的进步。企业作为社会财富最重要的创造者之一，也应该为整个社会道德水准的提升做出积极的贡献。

如果因为丑闻迭出而导致社会道德风气的败坏，那么我们完全有理由怀疑企业这种组织的存在对于整个社会的意义。当公司的高管们坐着商务飞机在全球遨游时，股东们根本无从知晓管理层是否在滥用自己的权力。媒体上频频出现的企业丑闻也让我们有足够的理由怀疑是否该给大公司高管们支付那么高的报酬。

企业高管拿高薪是因为他们的决策对企业的生存与发展至关重要，然而，当公司业绩下滑甚至亏损时，他们却不必支付罚金。正是这种无效的激励机制使得公司高管们朝着错误的方向越滑越远。因此，只有建立有效的激励机制，才能杜绝企业丑闻的发生。

阅卷组提供的标准答案

① 美国比发展中国家曝光的企业丑闻更多，并不必然意味着其实际企业丑闻的数量比发展中国家更多。这一结果可能是不同的媒体曝光度造成的，也可能与其他文化背景相关。因此，也就无法由此推断“经济的发展不一定带来道德的进步”这一结论。

② 媒体上丑闻迭出，并不必然导致社会道德风气败坏。即使如此，也不能否定企业组织存在对整个社会的意义，毕竟任何组织的存在对社会的影响都是复杂多元的。

③“公司的高管们坐着商务飞机在全球遨游”与“管理层是否在滥用自己的权力”缺乏因果关系。论述中将这两个事件以某种方式联结，暗示其因果关系，这是牵强附会。

④ 媒体上出现的丑闻公司并不一定是大公司，即使是大公司，也可能只占大公司总体很小的一部分，况且，出现丑闻的原因可能非常复杂，因此，将丑闻与支付给大公司高管的报酬联系到一起，在推理上并不成立。

⑤ 企业业绩下滑甚至亏损的原因可能很复杂，外部环境的变化、市场竞争的加剧、消费习惯的转变、公司治理结构的缺失等，都可能导致业绩下滑或亏损，公司高管错误决策只是其中一个可能的原因。题干中的推断存在归因谬误。

⑥ 即使公司高管的错误决策造成业绩下滑，也不一定必须支付罚金，否则公司高管就成了企业风险的实际承担者，这就将职业经理人的角色与股东的角色混为一谈了。因此，不能推出这是一种“无效的激励机制”的结论。

⑦ 从上述分析可以发现，激励机制与企业丑闻之间并不存在必然的联系，因此，“只有建立有效的激励机制，才能杜绝企业丑闻的发生”的结论不能成立。在实践中，再有效的措施恐怕也只能减少企业丑闻的发生，“杜绝企业丑闻的发生”只是一个美好的愿望。

精 | 点 | 解 | 析

第一步　论证结构分析

理由	结构词	结论
美国企业丑闻数量多于发展中国家	这说明	经济的发展不一定带来道德的进步
企业丑闻迭出导致社会道德风气的败坏	如果……那么……	企业的存在对整个社会没有意义
高管坐飞机在全球遨游	句子间关系	股东不知管理层是否在滥用权力
频频出现企业丑闻	理由	不应支付大公司高管高额薪酬
公司业绩下滑甚至亏损时	应	他们应支付罚金
公司业绩下滑，其高管不必支付罚金	正是	无效的激励机制
杜绝企业丑闻的发生	只有……才……	建立有效的激励机制

第二步　论证关系分析

论证关系①　美国企业丑闻数量多于发展中国家→经济的发展不一定带来道德的进步

定位分析点	根据结构标志词“这说明”确定论证关系。
切入思路	ⓐ 常见逻辑错误分析，可以考虑使用“以偏概全”的分析思路，分析个体的特殊性以及与整体的差异。 ⓑ 也可以从论据不支持结论切入，即采用“让步攻击”的方法，由前提出发推出相反的结论。

（续）

分析	以偏概全：即使“美国”企业丑闻数量多于发展中国家，但是美国只是众多发达国家中的一个，不代表其他发达国家也是如此，因此无法得出“经济的发展不一定带来道德进步”的结论，该论证有“以偏概全”之嫌。 让步攻击：美国比发展中国家曝光的企业丑闻数量多，并不意味着其实际企业丑闻的数量比发展中国家多，可能是由媒体曝光度不同造成的。比较企业丑闻的数量多少，不仅要比较“曝光的”，还需要考量“未曝光的”。

论证关系②　企业丑闻迭出导致社会道德风气的败坏→企业的存在对整个社会没有意义

定位分析点	根据结构标志词“如果……那么……”确定论证关系。
切入思路	可用“条件关系”分析思路，从论据不支持结论切入，采用“让步攻击”的方法，即 P∧非 Q。
分析	P∧非 Q：任何事物都具有两面性，有利有弊。企业亦是如此。丑闻迭出导致社会道德风气的败坏是其弊。但企业能创造巨大的社会财富，为人们提供更多的就业机会是其利，这也是企业的存在对于整个社会的意义。

论证关系③　高管坐飞机在全球遨游→股东不知管理层是否在滥用权力

定位分析点	根据句子间关系确定论证关系。
切入思路	可考虑使用论据不支持结论分析的方法。
分析	让步攻击：如果现代企业的监管制度足够完善，注册会计师有效监管，所有权对经营权具有有效的制衡，即使高管坐飞机在全球遨游，股东依旧可以控制管理层的权力。

论证关系④　频频出现企业丑闻→不应支付大公司高管高额薪酬

定位分析点	由“理由”确定论证关系。
切入思路	常见逻辑错误分析，由“企业”→“大公司”，可以发现偷换概念。 可考虑使用论据不支持结论分析，采用“让步攻击”的方法。
分析	偷换概念：媒体上频频出现的企业丑闻未必与大公司相关。因为企业既包括大公司也包括小公司，如果丑闻皆与小公司有关，大公司高管又何来承担责任? 让步攻击：即使是大公司丑闻频频出现，原因可能非常复杂。比如不良的企业文化、董事会的决策等。因此，将丑闻归结于大公司的高管个体，并由此得出“不应支付大公司高管高额薪酬”，失之偏颇。

论证关系⑤　公司业绩下滑甚至亏损时 → 他们应支付罚金

定位分析点	根据结构标志词“应”确定论证关系。
切入思路	可考虑采用理由不必然推出该结论分析，采用“让步攻击”的方法，以及从结论成立条件不充分切入，即：理由+? →结论。
分析	让步攻击：即使企业高管拿高薪是因其决策对企业的生存和发展至关重要，但是若企业的业绩下滑不是高管的决策导致，而是由一些不可控的外部因素导致的，那么高管就不必为业绩下滑买单。 理由+? →结论：企业业绩下滑甚至亏损的原因是多方面的，可能是外部环境的变化，如经济危机、局部战争、疫情的加重等原因，而公司高管错误决策只是其中一个原因，甚至不是主因，仅凭业绩下滑就让高管支付罚金是不具有说服力的。

论证关系⑥　公司业绩下滑，其高管不必支付罚金→无效的激励机制

定位分析点	由“正是”确定论证关系。
切入思路	可考虑从论据不支持结论切入。
分析	论据与结论不相关：即使公司高管的错误决策造成业绩下滑，也不一定必须支付罚金，否则公司高管就成了企业风险的实际承担者，这就将职业经理人的角色与股东的角色混为一谈了。因此不能推断出这是一种“无效的激励机制”的结论。

论证关系⑦　杜绝企业丑闻的发生→建立有效的激励机制

定位分析点	根据结构标志词“只有……才……”确定论证关系。
切入思路	可考虑使用“条件关系”的分析思路。必要性分析，没有 Q，P 仍成立。
分析	必要性分析：即便没有有效的激励机制，如果能够加强企业文化建设，通过企业家精神唤醒社会责任，加强外部制度建设，对企业丑闻严格查处，让违法成本大于违法收益，依旧有可能杜绝企业丑闻的发生。 另外，企业丑闻往往是人导致的，而人具有主观能动性，其主观意识很难被控制，在实践中，再有效的激励措施恐怕也只能减少企业丑闻的发生，靠此“杜绝企业丑闻的发生”只是一个美好的愿望。

第三步 成文

学员习文

一段有缺陷的论证[①]

上述材料通过一系列的论证，得出经济的发展造成了企业道德的缺失，该论证是值得商榷的。[②]

美国企业丑闻数量多于发展中国家并不意味着经济发展带来道德的缺失。[③]美国企业的丑闻数量较多可能是由于美国本国企业制度的不健全导致企业走向道德的缺失。[④]并且美国企业也不能代表全部的经济发达国家企业的发展状况。此外，美国企业中道德风气良好的企业同样多于发展中国家。[⑤]

企业丑闻的大量出现并不意味着应降低企业高管们的薪酬。[⑥]企业丑闻的出现虽然和企业高管的行为有着一定的联系，但并不是所有的企业高管的行为都导致了企业道德的缺失，还存在一部分高管为企业尽心尽力，对企业的发展做出了重要的贡献。所以材料中的论证方法存在着一定的漏洞。[⑦]

可能存在多方面的原因。[⑧]比如，一个企业是否能够促进经济的进步与发展。企业如果没创造新价值，反而消耗着社会财富，那么企业的存在就对整个社会没有意义，反之，就说明企业的存在是有意义的。上述材料的论证方法显然存在着漏洞。[⑨]

杜绝企业丑闻的原因可能有多个方面，[⑩]比如企业对高管的道德意识的培养，加强社会监督、

①平时练习时，不建议考生使用“万能题目”，尽量有效把握材料结论，梳理论证关系，提升分析水平。

②材料结论抓得很准，如果能用引号将其引出来，表示强调，则更好。

③可使用引号将前提和结论标出，让阅卷者对你的分析目标一目了然。

④论证有效性分析主要分析 X 为什么不能推出 Y，而非解释为什么 X 会出现，考生认真体会一下。

⑤“此外”之后表述武断。不是在分析材料中论证的缺陷，而是在提出自己的观点。

⑥“引＋评”要简单，但要让阅卷者能够了解你的意图。换句话讲，不要将原材料论证关系修改得面目全非，失去原意。

⑦没有有效针对论证关系展开分析。

⑧语句表达不通顺，可改为“企业存在对于社会的意义”基于多个评价指标。

⑨此处质疑的是论点，非论证关系。考场上若及时发现，可如此处理。在本段最后加一句“‘企业丑闻’的存在不足以否定‘企业对于社会的意义’”。从而将质疑点转换到质疑“论证关系”上。

⑩“原因”一词不恰当，改为“措施”更好！

政府监督、企业自身内部的监督，通过道德培训和三位一体的监督制度也同样可以杜绝企业丑闻的发生，材料中说“只有建立有效的激励机制，才能杜绝企业丑闻的发生”未免过于绝对。[11]

综上，由于上述材料对各方面的状况没有给出恰当的分析[12]，所以由上述材料得出“经济的发展造成了企业道德缺失”的结论未免有些草率。

⑪本段采用先“析”，再“引”和“评”的方式。不建议使用这种方式，可能导致阅卷者看不到考生的分析目标，而放弃该点的评阅。

⑫本句缘何而起？有些莫名其妙。

本文可评15分左右。

参考范文

经济发展造成了企业道德缺失吗

上述论证通过一系列分析，试图论证“经济的发展造成了企业道德的缺失”。但是，该论证在论证方法、推理过程中都存在不妥之处，分析如下：

“美国企业丑闻数量多于发展中国家”并不意味着“经济发展不一定带来道德的进步”。美国企业丑闻数量多于发展中国家，有可能是因为美国媒体发达、曝光度高而导致的，而发展中国家或许有更多的企业丑闻但没被曝光；此外还有可能是因为美国的企业数目众多，因此出现问题的企业也就相应地多于发展中国家。

企业“丑闻迭出导致社会道德风气的败坏”未必能说明它“对整个社会没有意义”。任何事物都具有两面性，有利有弊。企业亦是如此。丑闻迭出导致社会道德风气的败坏是其弊，但企业能创造巨大的社会财富，为人们提供更多的就业机会是其利。显然利远远大于弊，那么企业的存在对于整个社会是有意义的而非无意义。

“频频出现企业丑闻”就“不应给大公司高管支付高额薪酬”吗？并非如此。材料中并没有说明频频出现丑闻的企业是大公司还是小公司，如果出现丑闻的企业均是小公司，则与大公司的高管毫不相干，若大公司高管表现优秀，工作能力强，为公司做出了很大贡献，则支付给大公司高管高额薪酬是毋庸置疑的。

“高管坐飞机在全球遨游”与“股东不知管理层是否在滥用权力”并没有足够的相关性。高管坐飞机可能是正常的商务往来，而非是滥用权力。而且对此也不是完全没有办法控制，通过制定预算、实行财务审批、进行财务监督等方式，可以对高管进行一定的控制与监督，因此股东可以知晓管理层是否在滥用职权。

总之，论证者的论证存在诸多漏洞，得出的结论难以令人信服。

2›› 分析下述论证中存在的缺陷和漏洞，选择若干要点，写一篇 600 字左右的文章，对该论证的有效性进行分析和评论。（论证有效性分析的一般要点是：概念特别是核心概念的界定和使用是否准确并前后一致，有无各种明显的逻辑错误，论证的论据是否成立并支持结论，结论成立的条件是否充分，等等。）

科学家在一个孤岛上的猴群中做了一个实验，将一种新口味的糖让猴群中地位最低的猴子品尝，等它认可后再让猴群其他成员品尝；花了 20 天左右，整个猴群才接受了这种糖。将另一种新口味的糖让猴群中地位最高的猴王品尝，等它认可后再让猴群其他成员品尝。两天之内，整个猴群就都接受了该种糖。看来，猴群中存在着权威，而权威对于新鲜事物的态度直接影响着群体接受新鲜事物的进程。

市场营销也是如此。如果希望推动人们接受某种新商品，应当首先影响引领时尚的文体明星。如果位于时尚高端的消费者对于某种新商品不接受，该商品一定会遭遇失败。

这个实验对于企业组织的变革也有指导意义。如果希望变革能够迅速取得成功，应该自上而下展开，这样做遭遇的阻力较小，容易得到组织成员的支持。当然，猴群乐于接受糖这种好吃的东西；如果给猴王品尝苦涩的黄连，即使猴王希望其他猴子接受，猴群也不会干。因此，如果组织变革使某些组织成员吃尽苦头，组织领导者再努力也只能以失败而告终。

阅卷组提供的标准答案

①决定猴群接受新口味的糖的因素有两个：一是猴子的地位高低，二是糖的口味差异。猴王品尝后认可的糖被猴群快速接受，还有一个可能的原因是口味更好。仅仅将差异归因于权威，存在归因偏差。

②从猴群实验推广到市场营销，在逻辑上不成立。因为产品定位各有不同，比如定位于婴幼儿市场的新商品，通过影响引领时尚的文体明星就没有什么价值。

③位于时尚高端的消费者不接受某种新商品，并不意味着“该商品一定会遭遇失败”。

④从猴群实验推广到企业变革，逻辑上有问题。要猴群接受一种新的口味的糖，并不会带来不确定性、利益、权力冲突等企业变革中会遇到的问题。

⑤自上而下的变革并不一定能够减少阻力，得到群众支持。

⑥“给猴王品尝苦涩的黄连，即使猴王希望其他猴子接受，猴群也不会干”，是主观的臆断，与前面的实验即论据没有任何联系。

⑦在组织变革过程中，某些组织成员的利益受到影响，甚至吃尽苦头，有时是不可避免的，只要他们不是大多数成员或者关键成员，变革不会“只能以失败告终”。

精|点|解|析

第一步　论证结构分析

理由	结构词	结论
猴群实验	看来	猴群中存在权威
	也是如此	市场营销
首先影响引领时尚的文体明星	如果……应当……	推动人们接受某种新商品
位于时尚高端的消费者对于某种新商品不接受	如果……一定……	商品一定会遭遇失败
猴群实验	也有指导意义	企业组织的变革
自上而下展开变革	应该……这样……	遭遇的阻力较小，容易得到组织成员的支持
组织变革使某些组织成员吃尽苦头	如果……只能……	组织领导者再努力也只能以失败而告终

第二步　论证关系分析

论证关系①　猴群实验→猴群中存在权威

定位分析点	由“看来”确定论证关系。
切入思路	可以采用结论成立条件不充分分析，即：理由+？→结论。
分析	理由+？→结论：决定猴群接受新口味的糖的因素可能有两个：一是猴子的地位高低，二是糖的口味差异。实验的变量并不单一。猴王品尝后认可的糖被猴群快速接受，还有一个可能的原因是口味更好。

论证关系②　猴群实验→市场营销

定位分析点	由“也是如此”确定论证关系。
切入思路	常见逻辑错误分析：类比不当，须扣材料分析，说出类比对象之间的不同。
分析	类比不当：从猴群实验推广到市场营销，明显类比不当。二者存在诸多不同，比如猴群实验测试的只是猴子简单的动物行为，其结果可能主要受糖的口味等因素影响，而市场营销是人类的高级活动，受到渠道、产品定位、消费者习惯等多种复杂因素的影响。

论证关系③　首先影响引领时尚的文体明星→推动人们接受某种新商品

定位分析点	根据结构标志词“如果……应当……”确定论证关系。
切入思路	此处可以使用“条件关系”分析思路。 ⓐ 从论据不支持结论切入，可采用“让步攻击”的方法，即 P∧非 Q。 ⓑ 从结论成立条件不充分切入，即：P+? →Q。
分析	P∧非 Q：因为产品定位各有不同，比如化肥的消费群体是农民，农民可能连明星都不认识，这时影响引领时尚的文体明星就没有什么价值，又何谈推动人们接受新商品呢？ P+? →Q：要想推动人们接受某种新商品，不能简单归因于影响引领时尚的文体明星，与之相比更为重要的是商品的质量、价格、服务等。

论证关系④　位于时尚高端的消费者对于某种新商品不接受→商品一定会遭遇失败

定位分析点	根据结构标志词“如果……一定……”确定论证关系。
切入思路	此处可以使用“条件关系”分析思路。 ⓐ 从论据不支持结论切入，可采用“让步攻击”的方法，即 P∧非 Q。 ⓑ 从结论成立条件不充分切入，即：P+? →Q。
分析	P∧非 Q：“位于时尚高端的消费者不接受”可能是该商品没有满足这一层次消费者的需求，但一个群体不接受并不意味着所有的消费者都不接受该商品，有可能它更受低端消费者的喜爱，若该商品本身定位就是低端人群，则该商品未必会失败。 P+? →Q：商品的失败是由多重原因共同导致的，除了位于时尚高端的消费者不接受商品这一“外因”外，可能还有其他“内因”，如商品的包装不够吸引人、商品本身质量不好、售后服务不好等。

论证关系⑤　猴群实验→企业组织的变革

定位分析点	由“也有指导意义”确定论证关系。
切入思路	常见逻辑错误分析：类比不当，须紧扣材料分析，说出类比对象之间的不同。
分析	类比不当：从猴群实验推广到企业改革，属于不当类比。猴群行为属于简单的动物行为，而企业行为是复杂的社会行为。要猴群接受一种新口味的糖，并不会带来利益、权力冲突等企业组织变革中会遇到的问题以及其带来的不确定性。

论证关系⑥ 自上而下展开变革→遭遇的阻力较小，容易得到组织成员的支持

定位分析点	根据结构标志词“应该……这样……”确定论证关系。
切入思路	此处可以使用“条件关系”分析思路。 a 从论据不支持结论切入，可采用“让步攻击”的方法，即P∧非Q。 b 从结论成立条件不充分切入，即：P+？→Q。
分析	P∧非Q：自上而下的变革并不一定能够减少阻力，得到群众支持。因为如果在变革过程中上层领导者为了维护自己的利益，而损害了大多数下层员工的利益，那么在这种情况下遇到的阻力会比较大，且不容易得到组织成员的支持。 P+？→Q：变革时想要阻力小，得到组织成员支持，在自上而下展开方式的基础上，还需变革本身是进步的、维护了成员的切身利益等条件。仅凭展开变革的方式是不足以判断的。

论证关系⑦ 组织变革使某些组织成员吃尽苦头→组织领导者再努力也只能以失败而告终

定位分析点	根据结构标志词“如果……只能……”确定论证关系。
切入思路	此处可以使用“条件关系”分析思路，采用论据不支持结论分析，让步攻击，即P∧非Q。
分析	P∧非Q：如果变革的方向正确，在组织变革过程中，即便某些组织成员的利益受到影响，甚至吃尽苦头，但是变革对公司大多数成员有利，或者对关键成员和核心成员有利，同时组织对“吃苦头”的成员有补偿措施，那么变革很有可能会取得成功。

第三步 成文

学员习文

一段有缺陷的论证①

在文章中，论证者把“猴群实验”②推广应用到“市场营销”和“企业组织变革”中③。然而在论证的过程中，有以下几方面不足，具体分析如下。

“猴王品尝过的糖在2天之内就被整个猴群接受了，而地位低的猴子品尝过的糖20天左右才被猴群接

①建议把“段”改为“篇”，更符合材料特点。

②应改为“猴群实验的结果”，否则搭配不当。

③类比对象总结准确。

受”不能说明“权威直接影响着群体接受新鲜事物的进程”。[4]在两次实验中可能使用了两种不同口味的糖，很可能给地位低的猴子品尝的糖是整个猴群都不爱吃的口味，而给猴王品尝的糖口味是猴群所喜欢的香蕉味的。因此论述者无法把结果归纳为权威，[5]论述者还需进一步论证其结果的必然性。

“猴群实验”并不代表[6]“市场营销”也是如此。猴群实验反映的是简单的生物行为，而市场营销是复杂的人类高级活动，受到顾客偏好、消费习惯和产品定位等多种因素的影响。因此，论述者将两者类比显然是不妥当的。

“自上而下开展变革”并不意味着变革“遭遇阻力小，易于得到成员支持”。很可能一项变革削弱所有个体的利益，那其遭遇的阻力可能不会因其自上而下或自下而上开展变革而改变。自上而下变革可能在领导层就遇到阻力，而领导对变革的反抗也更有力，变革遇到的阻力可能不小反大。[7]

“组织变革使某些成员吃尽了苦头”未必会推出组织领导再努力也“只能以失败告终”。[8]组织变革过程中某些组织成员的利益受到影响甚至还会吃苦头，有时是不可避免的。如果变革中没有损害太多人的利益，也没有损害到关键成员的利益，那么变革不一定会失败。

综上所述，上述论证存在着许多不足之处，还有待进一步完善。

④论证关系引用过于复杂，缺少对材料的总结，可改为：“猴群实验的结果”不能说明“权威直接影响着群体接受新鲜事物的进程”。

⑤此处表达不准确，应改为：论述者无法把导致结果的原因归结为“权威”。

⑥“并不代表”应为“无法类推”。

⑦论证关系定位准确，分析合理，但语言表达不清晰。其次，考生想要表达的是“变革阻力大小不仅仅与变革形式——是否自上而下有关，更与利益相关者的态度有关”。分析一定要让人一目了然，要有核心词，否则会给阅卷者评分造成干扰，影响得分。

⑧论证关系表达不流畅，可改为：“组织变革使某些成员吃尽了苦头”并不意味组织领导再努力也“只能以失败告终”。行文过程注意遣词造句以及词语间的搭配。

本文可评16分左右。

参考范文

猴群实验结果应用的质疑

论证者把“猴群实验”的结果类推到“市场营销”和“企业组织变革”中。显然，该论证过程是值得商榷的，分析如下：

论证者无法将“猴群实验”结果类推到“市场营销”中。二者存在诸多不同，比如猴群实验的结果只是猴子简单的动物行为，其结果可能主要受糖的口味等因素影响；而市场营销是人类的高级活动，受到渠道、产品定位、消费者习惯等多种复杂因素的影响。

“引领时尚的文体明星”未必能“推动人们接受新产品”。影响新产品是否能被接受的因素很多，文体明星只是推广渠道中的一种，还需看新产品的市场定位、目标人群、价格、质量等。并且文体明星帮助产品进行宣传，有时可能会有反作用。例如，让不会说外语的文体明星推广英语学习资料，不仅对销量无益，还容易引起消费者的反感。

“位于时尚高端的消费者对某产品的接受程度”与“该产品成功与否”并无必然联系。不同的商品有不同的目标受众，有时候高端消费者的不接受未必说明产品是不成功的。例如，某有机肥料，只要农民相信其效果，积极购买，就是成功了。那么高端消费者接不接受又有什么影响呢？

变革“自上而下开展”未必会“阻力小”，从而“获得组织成员支持迅速成功”。几乎所有的变革都会面临阻力，这些阻力大多数时候与变革的内容有关而非变革的发起者。自上而下开展的变革有时候可能更难执行，例如不了解基层工作的空降主管盲目推进减薪的变革，很容易招致下属的反感甚至罢工。

“组织变革”损害到部分人的利益使他们“吃尽苦头”未必说明变革一定“以失败告终”。很可能企业具有强大的凝聚力与向心力，即使在变革中使一些人吃尽苦头，这些人仍愿意为了组织目标而努力，为集体利益而宁愿牺牲个人利益，那么这样的变革很可能就是成功的。

综上所述，上述论证是欠妥当的，无法得出“猴群实验的结果可以应用到市场营销和企业组织变革中”的结论，其还需进一步完善。

3» 分析下述论证中存在的缺陷和漏洞，选择若干要点，写一篇 600 字左右的文章，对该论证的有效性进行分析和评论。（论证有效性分析的一般要点是：概念特别是核心概念的界定和使用是否准确并前后一致，有无各种明显的逻辑错误，论证的论据是否成立并支持结论，结论成立的条件是否充分，等等。）

有人提出，应当把“孝”作为选拔官员的一项标准，理由是，一个连自己父母都不孝顺的人，怎么能忠诚地为国家和社会尽职尽责呢？我不赞同这种观点。现在已经是 21 世纪了，我们的思想意识怎么能停留在封建时代呢？选拔官员要考查其“德、勤、能、绩”，我赞同应当把“德”作为首要标准。然而，对一个官员来说最重要的是公德而不是私德。“孝”只是一种私德而已。选拔、评价官员，偏重私德而忽视公德，显然是舍本逐末。什么是公德？一言以蔽之，就是忠于职守，在封建社会是忠于君主，现在则是忠于国家。自古道“忠孝难以两全”。岳飞抗击金兵，常年征战沙场，未能在母亲膝下尽孝，却成了千古传颂的英雄。反观《二十四孝》里的那些孝子，有哪个成就了名垂青史的功业？孔繁森撇下老母，远离家乡，公而忘私，殉职边疆，显然未尽孝道，但你能指责他是个不合格的官员吗？俗话说“人无完人”，如果在选拔官员中拘泥于小节而不注意大局，就会把许多胸怀鸿鹄之志的精英拒之门外，而让那些守望燕雀小巢的庸才占据领导岗位。

阅卷组提供的标准答案

①主张“应当把‘孝’作为选拔官员的一项标准”，不意味着“思想意识停留在封建时代”，“孝”不是封建时代独有的行为规范，“主张‘孝’作为选拔官员的标准”也不能作为“思想意识停留在封建时代”的判据。

②主张“应当把‘孝’作为选拔官员的一项标准”，不意味着“偏重私德而忽视公德”。把私德作为选拔官员的“一个”标准，并不排斥把公德作为另外一个更重要的标准。

③“忠于职守，在封建社会是忠于君主，现在则是忠于国家”，概念使用不准确。“职守”同“君主”和“国家”不是同一性质的概念。

④《二十四孝》里孝子的孝行是众人皆知的，反问“有哪个成就了名垂青史的功业”，是将把“孝”作为选拔干部的必要条件歪曲为充分条件，再加以“批驳”。

⑤“孝”不仅指“孝行”，也指“孝心”。岳飞因征战沙场、孔繁森因工作远离家

乡未能在母亲膝下尽孝，不等于没有“孝心”，也不等于“不孝”。质问“你能指责孔繁森是个不合格的官员吗?”，隐含的前提是认定岳飞和孔繁森是“不孝”的，偷换了概念。

⑥将“孝”作为选拔标准，“就会把许多怀鸿鹄之志的精英拒之门外，而让守望燕雀小巢的庸才占据领导岗位”，这种论证背后隐含一个假设：“怀鸿鹄之志的精英”往往不孝或者不屑于孝；而守望燕雀小巢的庸才有孝心、尽孝道，将“孝”与胸怀大志的精英相对立；将没有远大抱负的庸才与“孝”之间建立起必然联系。这是没有根据的。

精|点|解|析

第一步　论证结构分析

理由	结构词	结论
把“孝”作为选拔官员的一项标准	句子间关系	思想意识停留在封建时代
选拔和评价官员，偏重私德而忽视公德	显然	舍本逐末
《二十四孝》里的那些孝子	句子间关系	没有成就名垂青史的功业
岳飞、孔繁森未在母亲膝下尽孝	句子间关系	不孝
在选拔官员中拘泥于小节而不注意大局	如果……就……	怀鸿鹄之志的精英被拒之门外，守望燕雀小巢的庸才占据领导地位

第二步　论证关系分析

论证关系①　把“孝”作为选拔官员的一项标准→思想意识停留在封建时代

定位分析点	根据句子间关系确定论证关系。
切入思路	常见逻辑错误分析：在论证关系中可发现有隐含假设，可尝试使用“不当假设”的思路进行分析。首先需指出不当假设的关系，其次分析具体不足之处。
分析	不当假设：“孝”是封建时代所特有的。“孝”不是封建时代独有的行为规范，中华民族的传统美德如“孝”“善”“勤俭节约”等，不仅是封建时代有，现代也该有。

论证关系② 选拔和评价官员→偏重私德而忽视公德

定位分析点	由“显然”确定论证关系。
切入思路	常见逻辑错误分析：在论证关系中可发现“私德”与“公德”，二者并非不相容关系，二者可共存。以此入手，展开分析。
分析	非黑即白：“私德”与“公德”并非不相容关系，把私德作为选拔官员的“一个”标准，并不排斥把公德作为另外一个更重要的标准。若在把“孝”作为一项标准的同时，还有更重要的公德标准，那么在选拔官员时私德和公德是并重的。

论证关系③ 《二十四孝》里的那些孝子→没有成就名垂青史的功业

定位分析点	根据句子间关系确定论证关系。
切入思路	常见逻辑错误分析：条件关系误用，需指出被误用的条件关系。
分析	条件关系误用：材料立论基础是“应当把‘孝’作为选拔官员的一项标准”，显然，“孝”是选拔官员的必要条件。《二十四孝》里孝子的孝行是众人皆知的，文中反问“有哪个成就了名垂青史的功业”，则把“孝”作为评价个人行为的“必要条件”误用为“充分条件”。

论证关系④ 岳飞、孔繁森未在母亲膝下尽孝→不孝

定位分析点	根据句子间关系确定论证关系。
切入思路	常见逻辑错误分析：在论证关系中可发现有隐含假设，可尝试使用“不当假设”的思路进行分析。首先需指出不当假设的关系，其次分析具体不足之处。
分析	不当假设：该论证不当假设了“没有孝行”就是“不孝”。其实不然，“孝”不仅指“孝行”，也指“孝心”。岳飞因征战沙场、孔繁森因工作远离家乡未能在母亲膝下尽孝，不等于没有“孝心”，也不等于“不孝”。

论证关系⑤ 在选拔官员中拘泥于小节而不注意大局→怀鸿鹄之志的精英被拒之门外，守望燕雀小巢的庸才占据领导地位

定位分析点	由“如果……就……”确定论证关系。
切入思路	常见逻辑错误分析：在论证关系中可发现有隐含假设，可尝试使用“不当假设”的思路进行分析。首先需指出不当假设的关系，其次分析具体不足之处。
分析	不当假设：论证背后隐含一个假设：“怀鸿鹄之志的精英”往往不孝或者不屑于孝，而守望燕雀小巢的庸才有孝心、尽孝道，将“孝”与胸怀大志的精英相对立，将没有抱负的庸才与“孝”之间建立起必然联系，这是没有根据的。在现实生活中，有的精英是孝的，有的庸才是不孝的，即使把“孝”作为选拔标准，鸿鹄之志的精英也可能被重用，守望燕雀小巢的庸才可能被淘汰。那么，庸才就不会占据领导地位。

第三步　成文

学员习文

一篇似是而非的论证

论证者通过系列论证，得出了“应把‘德’作为选拔官员的首要标准”这一结论，其过程看似合情合理，却有诸多漏洞，现分析如下：

“现在是21世纪”并不代表我们“不能遵守封建时代的思想”。[①]封建时代的众多思想中虽然有错误之处，但并非都不可取。例如诚信、与人为善等思想，即使到了现代社会，仍是人们需要遵守的人生信条。对于封建时代的思想，正确的做法应该是取其精华，去其糟粕，而不是全盘否定。论证者认为封建时代的思想都不适用于现代，这显然是太过武断的。[②]

“主张应当把‘孝’作为选拔官员的一项标准”不意味着“偏重私德而忽视公德”。把私德作为选拔官员的一个标准，并不排斥把公德作为另外一个更重要的标准。其次，公德与私德并非对立的，个体可同时拥有私德和公德，因此偏重私德不一定就会忽视公德，而论证者错误地认为公德与私德对立而不能同时存在。[③]

“公德”并不等同于“忠于国家”。[④]公德包括多方面，而忠于国家只是其中一部分。礼让他人、与人为善，甚至不乱扔垃圾等行为都是有公德心的行为。[⑤]

岳飞、《二十四孝》中的孝子、孔繁森等例子并不能说明“忠孝难两全”。首先，岳飞未能在母亲膝下尽孝，这是未能做到在实际行动中有

①没有准确梳理材料中的论证关系，而是直接指出论证关系中隐藏的“不当假设”，并扩大了“孝”的范围。

②本段有效地进行了说理，但没有扣到论证的关键——“孝”，没有针对论证关系，很难得到合理的分数。

③语句表达存在重复的现象，此时可举一个恰当的例子，丰富分析内容。比如：要求一个官员为官廉洁，并不排斥其个人私生活中喜爱琴棋书画。

④未能准确定位论证关系。

⑤没有准确定位论证关系，该点分析会评为零分。

孝行，却并不一定说明他没有孝心。其次，这些事例只是众多人中的一小部分而已，只举出这一小部分的例子并不能说明所有人的情况，单从这三个事例中就得出结论，显然是以偏概全。⑥

论证者的论证并不能使人信服。如果想要证明其结论，论证者还需要再完善其论证。

⑥将多个论证关系通过总结，放在一段里进行整体攻击，不推荐该做法。原因在于：一是总结论证关系有一定难度，既浪费时间，考生也不好掌握；二是官方标准答案均是按照论证缺陷逐个分列，方便阅卷者参考，这样混合一起容易失分。

本文可评 15 分。

参考范文

孝不应作为选拔官员的标准吗

上述论证通过一系列分析，试图论证不应把“孝”作为选拔官员的一项标准。但是，该论证在论证方法、推理过程中都存在不妥之处，分析如下：

“孝”作为选拔官员的一项标准并不代表思想意识停留在“封建时代”。“孝”不是“封建时代”独有的特征，没有依据表明只有“封建时代”的人们会尽孝心、行孝道，在 21 世纪的今天依然有许多人奉行“孝”的宗旨。既然如此，又怎能把“孝”直接与“封建时代”对号入座？

选拔和评价官员时将“孝”作为其中的“一项”标准并不意味着“偏重私德忽视公德”。“公德”和“私德”并不是对立存在的。把“私德”作为选拔官员的“一个”标准，并不排斥把“公德”作为另外“一个更重要的”标准。所以由“孝”这一标准的存在不能得出“忽视公德”的结论。

“忠于职守”不等同于“忠于君主”“忠于国家”。“职守”与“君主”“国家”是不同的概念，“职守”是一个较为抽象的概念，指自己的职位范畴，而“国家”和“君主”则是指组织或者是人。并且，忠于自己岗位的人，也可能在其他方面做出有损君主意志或损害国家利益的事。所以这是难以必然成立的。

岳飞未在母亲膝下尽孝不等于他“不孝”。孝包括孝心和孝行，不在父母身边推不出就没有孝心或没有孝行。他有可能在家时对母亲非常孝顺，出外征战也是母亲对他的希望，并且在外时他也有可能时刻惦记着母亲，叫妻子、孩子照顾母亲。因此，不必然推出他不孝。

在选拔官员中“拘泥于小节而不能注意大局”，未必会出现“将精英拒之门外，而庸才占据领导岗位”的现象。“精英”与“不孝”之间、“庸才”与“孝”之间没有一一对应的直接关系，将“怀鸿鹄之志的精英”全部视为不孝之徒，给“守望燕雀小巢的庸才”贴上有孝心、尽孝道的标签，是毫无根据的。

总之，若想得出该结论，还需提供更为有力的论据。

小试牛刀

1 » 分析下述论证中存在的缺陷和漏洞，选择若干要点，写一篇 600 字左右的文章，对该论证的有效性进行分析和评论。（论证有效性分析的一般要点是：概念特别是核心概念的界定和使用是否准确并前后一致，有无各种明显的逻辑错误，论证的论据是否成立并支持结论，结论成立的条件是否充分，等等。）

市场竞争有利于谁？有些人以为竞争有利于消费者。市场上不同的商家为了各自的利益而相互争斗，客观上会带来对第三方——消费者的好处，因为他们在竞争中相互压价，那么将使消费者获得便宜。

非常肯定地说，这种建立在把生产者与消费者相互割裂基础上的观点是极其错误的。消费者是谁？在现代社会，消费者不是什么第三方，他们之所以有消费能力，是因为他们作为公司的员工获得报酬。市场的主导消费者是谁？也是在单位默默工作以获得收入的劳动雇佣人。消费者即生产者，在市场竞争中，还会与消费者毫无切身利益关系吗？还会是消费者占得便宜吗？

两家电器公司价格大战，我作为 IT 公司的员工，感到占便宜，因为电器价格下降了。但是对于电器公司呢？价格战使利润率降低，使电器公司的员工丧失了提高工资的可能。利润是公司投资的来源，也是工资的来源，这损害了相关竞争公司的员工利益。我在为电器公司竞争感到占便宜的同时，IT 公司之间也在竞争，我如同那个电器公司的员工一样恨自己的公司，因许多竞争对手无法独占或大部分占领市场。所以谁也没有占便宜，因为市场竞争是普遍的。总的来说，市场竞争受益者是消费者是个伪命题。

那么市场竞争到底有利于谁？答案是有利于那些能够在市场竞争中取得优势的社会集团。而竞争中处于劣势的，总是大多数，它们只能分食较小的利润份额。那么它们的员工就要承担竞争不利的威胁——降低薪水。它们的境遇越是恶化，那么它们的员工的购买力就越低。但是处于竞争劣势中的总是大多数公司的员工，他们是消费中的主力军。总之，市场竞争有利于占据竞争优势的行业的员工——当他们作为消费者的时候，购买力会加强；不利于竞争劣势中的行业的员工——他们同样作为消费者存在的时候，购买力就弱。市场竞争只是私有制条件下各市场主体利益相互对抗的产物，本身便是内耗，将一种混乱和内耗罩上有利于消费者的光环，根本是靠不住的。

阅卷组提供的标准答案

①消费者之所以有消费能力，不一定是因为他们作为公司的员工获得报酬，或许其还有更为重要的收入来源，比如经营收入、理财产品等。

②价格战使利润率降低，但不代表利润也必然会下降；即使公司利润下降，也未必会影响员工的工资。

③市场竞争是普遍的就意味着没人能从竞争中获益吗？竞争的普遍性仅仅反映出市场竞争很常见，无处不在，但作为个体的消费者很可能从这些竞争中获益。

④前文断定没人能从市场竞争中获益，接着又断定竞争有利于在竞争中取得优势的社会集团，岂不前后自相矛盾？

⑤在市场竞争中处于劣势的集团，虽然只占较小的利润份额，但并不代表利润变少，当然更不能得出由此要降低员工的薪水这一结论。

⑥员工薪水降低，但总体的收入未必会下降，也未必意味着购买力会降低。

⑦企业之间的竞争很可能会鼓励企业去创新，从而使消费者受益，而非是内耗。

精｜点｜解｜析

第一步　论证结构分析

理由	结构词	结论
作为公司的员工获得报酬	之所以……是因为……	有消费能力
价格战使利润率降低	使	员工丧失了提高工资的可能
市场竞争是普遍的→谁也没有占便宜→市场竞争受益者是消费者是个伪命题（结构词：因为……所以……总的来说）		
在市场竞争中谁也没有占便宜	句子间关系	市场竞争有利于取得优势的社会集团
处于竞争劣势的是大多数，它们只能分食较小的利润份额	那么	员工就要承担竞争不利的威胁——降低薪水
境遇越是恶化	就	员工的购买力就越低
市场竞争只是私有制条件下各市场主体利益相互对抗的产物	便是	本身便是内耗

第二步　论证关系分析

论证关系①　作为公司的员工获得报酬→有消费能力

定位分析点	根据结构标志词“之所以……是因为……”，可确定论证关系。
切入思路	结论成立的条件不充分，即理由+？→结论（X+？→Y）。
分析	X+？→Y：消费者之所以“有消费能力”，不能简单归因于他们“作为员工获得报酬”，除此之外或许还存在其他收入来源，比如经营副业、投资银行理财产品、存款利息、股票、基金、期货获利等。

论证关系②　价格战使利润率降低→使员工丧失了提高工资的可能

定位分析点	由“使”确定论证关系。该论证“核心概念”界定不清，是否提高员工的工资，企业考量的是“利润”而非“利润率”。
切入思路	可尝试用“偷换概念”思路来分析，需指出“利润率”与“利润”的不同之处。
分析	偷换概念：“利润率”与“利润”不是同一概念。“利润率”是指剩余价值与全部预付资本的比率，是相对值；而“利润”是绝对值，利润的多少除了受利润率的影响，还受总销售量的影响。于是，价格战使“利润率”降低，但不代表“利润”也必然会下降。如果降低单价增加销量，同样也可以增加利润总额，不然，该如何解释“薄利多销”呢？所以，即使价格战使利润率降低，若是利润增多，也有提高员工工资的可能。

论证关系③　（市场竞争是普遍的→谁也没有占便宜）→市场竞争受益者是消费者是个伪命题

定位分析点	根据结构标志词“因为……所以……总的来说”，可以发现此处是连续论证 A→B→C。
切入思路	可考虑使用“滑坡谬论”思路来分析，依次分析每一个论证关系的有效性。
分析	滑坡谬论： A→B：“竞争是普遍的”就意味着“谁也没有占便宜”吗？未必。竞争的普遍性仅仅反映出市场竞争很常见，良性的市场竞争会实现优胜劣汰，不仅优势企业会获益，消费者也会获得物美价廉的产品和服务，又怎么能说没有人占便宜呢？ B→C：“受益”难道只能单单指“利益”上的获益吗？即使没人占利益上的便宜，但若通过市场竞争淘汰掉了市场上黑心、压榨员工的企业，那不仅对于黑心企业的员工，对于所有消费者都是有益的。

论证关系④　在市场竞争中谁也没有占便宜；市场竞争有利于取得优势的社会集团

定位分析点	根据“句子间的关系”可确定论证关系。
切入思路	可尝试使用“自相矛盾”的思路进行分析，需分析具体的矛盾之处。
分析	自相矛盾：材料先是提到“在市场竞争中谁也没有占便宜”，后又提到“市场竞争有利于取得优势的社会集团”，显然前后意思不一致，存在“自相矛盾”的嫌疑。既然没有占便宜的对象，何来有利于占优势的社会集团？

论证关系⑤　处于竞争劣势的是大多数，它们只能分食较小的利润份额→员工就要承担竞争不利的威胁——降低薪水

定位分析点	由“那么”确定论证关系。
切入思路	可利用“充分条件”的矛盾关系 P∧非 Q 质疑论证关系。
分析	P∧非 Q：即使处于竞争劣势的企业只能分食市场较小的利润份额，但不同规模的企业目标不同。即使中小型企业只能分得市场上的一小杯羹，但若是在小份额中稳步增长着利润额，那么它们的员工未必降低薪水，甚至还会提升薪水。

论证关系⑥　境遇越是恶化→员工的购买力就越低

定位分析点	由“就”确定论证关系。
切入思路	可利用“充分条件”的矛盾关系 P∧非 Q 质疑论证关系。
分析	P∧非 Q：员工“所在公司的情况”和“他们的购买力”未必成正比。现代生活压力大，很多企业员工在有正式工作的同时，可能还会有副业，还会有其他收入来源。若是正业的发展与薪水走下坡，但其他收入有所增长，那么他们的购买力反而可能更强。

论证关系⑦　市场竞争只是私有制条件下各市场主体利益相互对抗的产物→本身便是内耗

定位分析点	由“便是”确定论证关系。在论证关系中发现“核心概念”被偷换。
切入思路	可尝试从“偷换概念”入手分析，需分析出两个概念的不同之处。
分析	偷换概念：“市场竞争”不等同于“内耗”。市场竞争虽然是各市场主体利益对抗的产物，但企业之间的竞争很可能会激励企业去创新，提高生产效率，优化资源配置，促进企业成长，也会使消费者获得优良的产品和服务，而非是内耗。

第三步 成文

学员习文

值得商榷的论证

上述材料对“市场竞争是不利于消费者的”的结论进行了诸多论证。①然而，由于该论证过程中存在诸多的逻辑漏洞，所以其结论有待商榷。②分析如下：

首先，价格战使利润率下降未必会使电器公司的员工丧失提高工资的可能。③利润率是利润和成本的比值，而仅从价格下降的条件无法判断出利润和成本的变化情况。因为可能存在价格下降但成本也同时下降的情况。在成本下降幅度更大的情况下，利润率反而会上升。所以还需要更多的信息来判断利润率下降的情况。④

其次，公司并不一定是因为竞争对手所以无法独占或占领大部分市场的。⑤除了竞争对手，公司本身的产品质量、销售能力以及产品适应市场的能力都对公司本身的发展状况有着很大的影响，而不仅仅因为竞争对手的多少。

再次，公司的境遇越是恶化，他们的员工的购买力就会越低吗？显然是错误的。⑥个人的购买能力取决于多方面因素，比如个人的消费习惯、流动性偏好或是储蓄习惯，所以哪怕薪水不是很高，也可以使用信用支付的方式进行消费。

最后，市场竞争本身并不是一种内耗。市场竞争在某种程度上可以激励企业的创新能力和适应市场的能力，从而创造出更加适合市场和消费者的产品，这有利于整个市场的进步和发展。由此，消费者可以买到更为合适和可靠的产品。所以内耗的说法还值得商榷。⑦

①语句表达不通顺，建议删除一个“的”。

②首先，应把“由于”去掉，略显多余；其次，论证有效性分析不质疑结论，可把“所以其结论有待商榷”这句话删除。

③此处能够准确定位论证关系。

④分析内容未能质疑论证关系，更多地在针对前提进行分析，不符合命题要求。

⑤显然材料中未有相关论证关系，考生注意利用结构词梳理论证关系，否则定位的分析点很可能未被阅卷者采用，该点会被评为0分。

⑥公司的境遇恶化，员工收入低导致购买力低，具有一定可能性。我们质疑它，是因为该论证关系不具备必然性。考生认为该论证关系“显然是错误的”过于绝对化，存在失分的风险，建议改成“未必”或“不一定”。

⑦该点论证关系定位准确，分析充分，可借鉴。“所以内耗的说法还值得商榷”有质疑结论的嫌疑，本句可以删掉。

综上所述，作者对“市场竞争是不利于消费者的”这个结论的论证难以让人信服。

本文可评15分左右。

参考范文

市场竞争不利于消费者吗

针对“市场竞争是否有利于消费者”的论题，论证者展开了系列论证，其论证过程存在以下缺陷：

消费者之所以“有消费能力”，不能简单归因于他们“作为员工获得报酬”，或许他们还存在着其他收入来源，比如经营副业、投资银行理财产品、存款利息、股票、基金、期货获利等。

价格战使“利润率”降低，但不代表“利润”必然会下降，无法得出员工丧失了提高工资的可能这一结论。因为“利润率”是指剩余价值与全部预付资本的比率，是相对值；而“利润”是绝对值，利润的多少除了受利润率的影响，还要受总销售量的影响。如果降低单价增加销量，同样也可以增加利润总额，不然，该如何解释“薄利多销”呢？所以，即使价格战使利润率降低，若是利润增多，也有提高员工工资的可能。

“竞争是普遍的”就意味着“谁也没有占便宜”吗？未必。竞争的普遍性仅仅反映出市场竞争很常见，良性的市场竞争会实现优胜劣汰，不仅优势企业会获益，消费者也会获得物美价廉的产品和服务，又怎么能说没有人占便宜呢？此外，“受益”难道只能单单指“利益”上的获益吗？即使没人占利益上的便宜，但若通过市场竞争淘汰了市场上黑心、压榨员工的企业，那不仅对于黑心企业的员工，对于所有消费者都是有益的。

公司占行业“利润份额较小”，员工就会“降低薪水”吗？并非如此。即使处于竞争劣势的企业只能分食市场较小的利润份额，但不同规模的企业目标不同。若是中小型企业，即使它们只能分得市场上的一小杯羹，但能在小份额中稳步增长着利润额，那么它们的员工未必降低薪水，甚至还会提升薪水。

综上所述，上述论证漏洞百出，还需进一步完善。

2 **分析下述论证中存在的缺陷和漏洞，选择若干要点，写一篇600字左右的文章，对该论证的有效性进行分析和评论。（论证有效性分析的一般要点是：概念特别是核心概念的界定和使用是否准确并前后一致，有无各种明显的逻辑错误，论证的论据是否成立并支持结论，结论成立的条件是否充分，等等。）**

“勤俭节约”是中国人民的优良传统，也是近百年流传下来的革命传统。在中华人民共和国成立后的建设时期，尤其是20世纪50年代，国家百废待兴，就是靠全国人民发扬勤俭持家、勤俭建国的艰苦奋斗精神，才在一穷二白的基础上打下了工业化的基础。

时代车轮开进了21世纪，中国加入了世贸组织，实现了全面开放。与50年前相比，我们面对的国际形势已经发生了天翻地覆的变化。形势在变，任务在变，人的观念也要适应这种变化，也要与时俱进。比如，“勤俭节约”的观念就到了需要改变的时候了。

我们可以从个人、家庭、国家三个层面对“勤俭节约”的观念进行分析。

先从个人的角度谈起。一个人如果过分强调勤俭节约，就会过度关注“节流”，而不重视“开源”。“开源”就是要动脑筋、花气力，最大限度地发挥自己的能力合法赚钱。个人的财富不是省出来的，只靠节省，财富的积累是有限的；靠开源，财富才能滚滚而来。试想，比尔·盖茨的财富是省出来的吗？

再从家庭的角度分析。一个家庭如果过分强调勤俭节约，也就是秉持“勤俭持家”，对于上了年纪的老人，还是应该的，因为他们已经不能出去挣钱了。但对于尚在工作年龄的人，尤其是青年人，提倡勤俭持家有害无益。为了家庭的长远利益，缺钱的时候还可以去借钱，去抵押贷款。为了勤俭持家，能上的学不上，学费是省了，可孩子的前途就耽误了。即使是学费之外的学习费用，也不能一切节俭。试想，如果郎朗的家长当年不买钢琴，能有现在的国际钢琴大师郎朗吗？

最后从国家的角度审视，提倡“勤俭节约”弊远大于利。2008年以来的金融危机演变为世界性的经济危机，至今还没有完全走出低谷。2008年之前，中国的高速发展主要靠出口与投资带动。而今，发达国家一个个囊中羞涩，减少进口，甚至还要“再工业化”，把已经转移到发展中国家的企业再招回去，而且时常祭起贸易保护主义的大旗。中国经济已经不能靠出口拉动了。怎么办？投资率已经过高了，只能依靠内需。

如何刺激内需呢？如果每个个人、家庭都秉持勤俭节约的古训，内需绝对是刺激不起来的，也就依靠不上了，结果是只能单靠投资拉动，其后果不堪设想。所以，要刺激内需，必须首先揭示“勤俭节约”之弊端，树立“能挣敢花”之观念。

只要在法律的约束之下，提倡“能挣”就是提倡“奋斗”，就会给经济带来活力，就不会产生许多“啃老族”，也不会产生许多依赖救济的人，就会激励人们特别是年轻人的创新精神。国家的经济可以发展，科技也可以上去。提倡敢花就是鼓励消费，就能促进货币和物资流通，就不会产生大量的产品积压，从而也能解决许多企业员工的就业问题，使他们得到挣钱的机会，并进一步增加消费。试想，如果大家挣了钱，都不舍得花，会有多少人因此而下岗失业啊？本来以为勤俭节约是一种美德，结果是损害了他人。就在你为提倡节约每一度电而津津乐道的时候，有多少煤矿和电厂的工人因为领不到工资在流泪？

综上所述，“勤俭节约”作为一种传统已经过时了。在经济全球化的时代，如果继续秉持“勤俭节约”的理念，对个人，对家庭，特别是对国家弊大于利，甚至有害无利。

阅卷组提供的标准答案

①“形势在变，任务在变，人的观念也要适应这种变化，也要与时俱进。”由此得不出“‘勤俭节约’的观念就到了需要改变的时候了”这一结论，因为有些好的传统是需要保持和发扬的。

②“一个人过分强调勤俭‘节约’”并不一定导致“过度关注‘节流’，而不重视‘开源’”。因为“勤俭节约”中的“勤”就意味着要努力工作，和“开源”可以并行不悖。

③“个人的财富不是省出来的”论断错误。个人财富既要靠“开源”，也要靠“节流”。试想，如果比尔·盖茨不注意节俭，他创办公司的资本从哪里来？即使他成功之后有再多的财富可能也不够他挥霍，哪里还有钱像现在这样建立上百亿的基金回报社会呢？

④“勤俭持家”和“合理消费”并不矛盾，“勤俭持家”并不是说要将孩子上学的费用都取消。“勤俭持家”是“量入为出”，不能过度消费、超前消费。

⑤“提倡‘敢花’”未必就能“促进货币和物资流通”，也未必能消除“大量产品积压”，也可能会造成部分产品奇缺，部分产品过剩。一味提倡“敢花”，特别是无节制地借贷消费，正是引发2008年以来的金融危机的导火索。

⑥“就在你为提倡节约每一度电而津津乐道的时候，有多少煤矿和电厂的工人因为领不到工资在流泪？”对于中国经济社会来说，不可再生的资源紧缺是长期的制约因素，节约使用尤为重要。因提倡节约不可再生资源而带来的企业停产等问题，应该用产业升级或转产等方式解决，采用浪费资源的办法是饮鸩止渴。

精 | 点 | 解 | 析

第一步 论证结构分析

理由	结构词	结论
人的观念要与时俱进	就	“勤俭节约”的观念需要改变
一个人过分强调勤俭节约	如果……就……	会过度关注“节流”，而不重视“开源”
比尔·盖茨的财富不是省出来的	句子间关系	个人的财富不是省出来的

（续）

理由	结构词	结论
青年人提倡勤俭持家	句子间关系	有害无益
个人、家庭都秉持勤俭节约的古训	如果……绝对……	内需刺激不起来
揭示“勤俭节约”的弊端，树立“能挣敢花”的观念	要、必须	刺激内需
提倡敢花→就是鼓励消费→促进货币和物资流通→不会产生大量的产品积压→解决许多企业员工的就业问题→增加消费（结构词：就是……就能……就……从而……）		
为提倡节约每一度电而津津乐道	句子间关系	煤矿和电厂的工人领不到工资

第二步　论证关系分析

论证关系①　人的观念要与时俱进→“勤俭节约”的观念需要改变

定位分析点	由“就”确定论证关系。
切入思路	从论据不支持结论切入，可采用“让步攻击”的方法，即P∧非Q。
分析	P∧非Q：虽然人的观念要与时俱进，“去其糟粕之时，更应取其精华”。勤俭节约是我们中华民族的传统美德，无论在物质不富裕的过去，还是在生活水平不断提高的今天，勤俭节约的品质都应该保持和发扬，不应该随着时代的发展而改变。

论证关系②　一个人过分强调勤俭节约→会过度关注“节流”，而不重视“开源”

定位分析点	由“如果……就……”确定论证关系。
切入思路	常见逻辑错误分析：在论证关系中可发现“过分强调勤俭节约（关注节流）”与“重视开源”是相容关系，而非不相容关系。
分析	概念间关系分析：“开源”就是要动脑筋、花气力，最大限度地发挥自己的能力合法赚钱。而“勤俭节约”中的“勤”意味着要努力工作，显然和“开源”可以并行不悖。此外，“开源”与“节流”也非不相容关系，二者可共存，关注“节流”的同时也可以努力赚钱，即“开源”。

论证关系③　比尔·盖茨的财富不是省出来的→个人的财富不是省出来的

定位分析点	由句子间关系确定论证关系。
切入思路	常见逻辑错误分析：该论证由“个例”推理“整体”，可从“以偏概全”分析思路入手，指出个体的特殊性以及与整体的差异。
分析	以偏概全：比尔·盖茨的财富不是省出来的，不代表所有个人的财富都不是省出来的。因为并非每个人都像比尔·盖茨一样有能力赚钱，也许大多数人赚钱能力有限，个人财富积累的确是靠省出来的，显然，该论证有“以偏概全”之嫌。

论证关系④　青年人提倡勤俭持家→有害无益

定位分析点	由句子间关系确定论证关系。
切入思路	从论据不支持结论切入，可采用“让步攻击”的方法。
分析	让步攻击：如果一个青年人“勤俭持家”，将不该花的钱省下来，用在诸如学习、实践等更重要的地方，岂不是更加有利于他的发展，怎么能说是有害无益呢？

论证关系⑤　个人、家庭都秉持勤俭节约的古训→内需绝对刺激不起来

定位分析点	根据结构标志词“如果……绝对……”确定论证关系。
切入思路	从“条件关系”入手，可使用以下分析思路： ⓐ 论据不支持结论，采用“让步攻击”的方法，即 P∧非 Q。 ⓑ 结论成立条件不充分，即：P+? →Q。
分析	P∧非 Q：“勤俭节约”不代表“挣了钱不舍得花”，该花的必要支出还是会花，如果人口基数很大，消费总量未必少，也可达到刺激内需的目的。 P+? →Q：内需刺激不起来不能简单归因于个人、家庭都秉持勤俭节约的古训，与之相比更为重要的是市场不景气、失业率高、收入下滑等。

论证关系⑥　揭示“勤俭节约”的弊端，树立“能挣敢花”的观念→刺激内需

定位分析点	根据结构标志词“要、必须”可确定论证关系。
切入思路	建议采用“条件关系”分析思路： ⓐ 论据不支持结论，可采用“让步攻击”的方法，即 P∧非 Q。 ⓑ 结论成立条件不充分，即：P+? →Q。
分析	P∧非 Q：即使树立了“能挣敢花”的观念，但是这种观念未必会落实到实际行动中，如果人们在实际生活中更多偏重于储蓄，那么未必能刺激内需。 P+? →Q：要刺激内需不一定需要揭示“勤俭节约”的弊端，树立“能挣敢花”的观念，首先需要人们“能挣”，这需要提高人们的工资；“敢花”，则需要人们有消费需求，需要保证产品品质，能够满足人们需求，同时政府还可以提供相应的消费津贴等刺激需求。

论证关系⑦　提倡敢花→就是鼓励消费→促进货币和物资流通→不会产生大量的产品积压→解决许多企业员工的就业问题→增加消费

定位分析点	根据结构标志词“就是、就能、就、从而、使”可以发现该论证过程存在连续的不合理的推理关系，误把“可能性”当成了“必然性”。

（续）

切入思路	常见逻辑错误分析：滑坡谬论，依次分析每一个论证的有效性。
分析	滑坡谬论：论证者以提倡敢花为前提，中间经过多个推理，最终无法得出增加消费的结论。提倡敢花不一定鼓励消费、促进货币和物资流通，因为“提倡”只是外在因素，具体消费与否主要取决于人们的内在因素。即使他们消费了，但如果购买的不是过剩产品，那么依旧可能产生大量的产品积压，进而也解决不了许多企业员工的就业问题，使他们也得不到更多的赚钱机会，最终导致无法进一步增加消费。

论证关系⑧　为提倡节约每一度电而津津乐道→煤矿和电厂的工人领不到工资

定位分析点	由句子间关系确定论证关系。
切入思路	从论据不能支持结论（割裂关系）入手分析。
分析	割裂关系：煤矿和电厂工人领不到工资更可能是由于企业管理者管理不善，导致经济效益差，给工人发不起工资，或者是由于经济不景气，大量工厂开工不足，能源需求量减少，严重影响了煤矿和电厂的经济效益。

第三步　成文

学员习文

“勤俭节约”的传统真的已经过时了吗①

在上述论证中作者试图证明勤俭节约已经过时，在经济全球化的时代继续坚持该传统无论对个人、对家庭还是对国家都是弊大于利的。

为了证明这一结论，引用了郎朗、比尔·盖茨的例子。但是由于整个论证中存在不少逻辑错误，所以结论难以必然成立。②

首先，材料中指出“就是靠全国人民勤俭持家，才在一穷二白的基础上打下了工业化的基础”，这样的推理是难以必然成立的。③因为打下工业化基础可能存在其他原因，④比如合理借鉴其他国家的成功经验，或者大胆创新敢于实践，抑或是工业生产效率高等等。所以原结论很难必然成立。

①可将“的传统”三字去掉，题目简单明了。

②开头过长，这不是“凤头”。考生没有提炼全文的结论，也没有有效地归纳前提。可根据本书的写作公式对开头进行调整。

③该论证关系存在于背景信息，是材料展开论证的前提，而非本材料论证关系，考生体会一下如何定位分析点。

④大家试想，即便“存在他因”，就能否认该原因推出结论的必然性？多因一果，存在每个因都是果的充分条件，质疑力度有限。考生理解一下我们提供的分析思路，推出结论条件不充分，即多种因素共同作用推出结论，单一因素不足以支持结论。考生比较一下两种思路的不同。

再者，作者从家庭角度说老年人应勤俭节约，青年人则相反。这似乎与上文有自相矛盾之嫌。⑤作者肯定勤俭持家对老年人的重要性，即肯定了这个品质在当代的意义，与文章结论恰恰相反。并且，从青年人不应该勤俭持家就推出这个品质在当代过时是以偏概全的，正如文章所说，像老年人等其他人群正是需要这种品质的呀！⑥

再次，作者由发达国家囊中羞涩，减少进口，得出中国经济不能靠出口拉动的结论，⑦这一推理有待商榷，暂且不论发达国家是否“羞涩”到无法满足中国出口需求的程度，发达国家也不是中国出口目的地唯一选择。中国大可以选择其他发展中国家作为产品输出地。况且，即使需要拉动内需，这一任务与勤俭持家并不矛盾。⑧

最后，“敢花”能解决就业问题，勤俭节约反而祸害了他人，⑨有些牵强。如果企业管理者存在消极预期，那么即使人人都敢花，企业也未必会雇佣更多的员工。员工下岗失业的原因是多方面的，⑩不能简单归因于大家不舍得花钱。况且勤俭节约也许并不是在所有方面都舍不得花钱，而是在节约的基础上更合理地支配收入。

综上所述，该论证不严谨，存在诸多逻辑缺陷，是一份缺乏说服力的论证。

⑤上文何处？自相矛盾一定要将“矛盾”双方准确指出。事实上，文中此处并不存在自相矛盾。

⑥老年群体能作为代表吗？本段分析有强词夺理之嫌，论证关系定位不准确，分析不当，本点很难得分。

⑦回溯原文，我们根据标点“。”可知，二者并非推导关系，而是并列关系，该处论证关系定位显然不够准确。

⑧且不论分析是否合理，论证关系定位错误，基本无分。

⑨“祸害他人”扩大了文中论证。考生需注意表达的“度”。

⑩把这句话改为“原因是多方面共同作用的结果”更为恰当，请结合对本文第一个点的评析，认真理解。

本文可评为6分左右。

参考范文

“勤俭节约”过时了吗

论证者通过一系列论证得出结论，认为“勤俭节约已经过时了”。然而，该论证存在以下缺陷：

“人的观念要与时俱进”并不意味着“‘勤俭节约’的观念就需要改变”。勤俭节约是我们中华民族的传统美德，无论在物质不富裕的过去，还是在生活水平不断提高的今天，勤俭节约的品质都应该保持和发扬，不应该随着时代的发展而改变。

"一个人过分强调勤俭节约"并不一定会导致"过度关注'节流'，而不重视'开源'"。"开源"就是要动脑筋、花气力，最大限度地发挥自己的能力合法赚钱。而"勤俭节约"中的"勤"意味着要努力工作，显然与"开源"并行不悖。此外，"开源"与"节流"并非不相容，二者可共存，关注"节流"的同时也可以努力赚钱，即"开源"。

"青年人提倡勤俭持家"未必"有害无益"。如果一个青年人"勤俭持家"，将不该花的钱省下来，用在诸如学习、实践等更重要的地方，岂不是更加有利于他的发展，怎么能说是有害无益呢？

论证者以"提倡敢花"为前提，中间经过多个推理，最终无法得出"增加消费"的结论。提倡敢花不一定鼓励消费、促进货币和物资流通，因为"提倡"只是外在因素，具体消费与否主要取决于人们的内在因素。即使他们消费了，但如果购买的不是过剩产品，那么依旧可能产生大量的产品积压，进而也解决不了许多企业员工的就业问题，使他们也得不到更多的赚钱机会，最终导致无法进一步增加消费。

综上所述，上述论证是欠妥当的，无法得出"勤俭节约已经过时了"的结论，其还需进一步完善。

3›› 分析下述论证中存在的缺陷和漏洞，选择若干要点，写一篇600字左右的文章，对该论证的有效性进行分析和评论。（论证有效性分析的一般要点是：概念特别是核心概念的界定和使用是否准确并前后一致，有无各种明显的逻辑错误，论证的论据是否成立并支持结论，结论成立的条件是否充分，等等。）

甲：有人以中医不为西方人普遍接受为由，否定中医的科学性，我不赞同。西方人不能普遍接受中医是因为他们不理解中国的传统文化。

乙：西医是以科学研究为根据的，科学研究的对象是普适的自然规律。因此，科学没有国界，科学的发展不受民族或文化因素的影响。把中医的科学地位归咎于西方科学界不认可中国文化，是荒唐的。

甲："科学没有国界"是一个广为流传的谬误。如果科学真的没有国界，为什么外国制药公司会诉讼中国企业侵犯其知识产权呢？

乙：从科学角度讲，现代医学以生物学为基础，而生物学建立在物理、化学等学科基础之上。中医不以这些学科为基础，因此它与科学不兼容，只能说是伪科学。

甲：中医在中国有几千年的历史，治好了很多人，怎么能说它是伪科学呢？人们为什么崇尚科学，是因为科学对人类有用。既然中医对人类有用，凭什么说它不是科学？西医自然有长于中医的地方，中医也有长于西医之处。中医体现了对人体完整系统的把握，整体观念、系统思维，就是西医所欠缺的。

乙：我去医院看西医，人家用现代科技手段从头到脚给我检查一遍，怎么没有整体观念、系统思维呢？中医在中国居于主导地位的时候，中国人的平均寿命只有三十岁左右，现代中国人平均寿命约七十岁左右，完全拜现代医学之赐。

阅卷组提供的标准答案

甲的漏洞主要有：

①“如果科学真的无国界，为什么外国制药公司会诉讼中国企业侵犯其知识产权呢?”这句话混淆了“科学”与“知识产权”这两个不同的概念，把“科学无国界”偷换成“知识产权无国界”。

②“科学对人类有用”没错，但“既然中医对人类有用，凭什么说它不是科学?”这句话把“有用”不当地等同于“科学”；从“科学皆有用”不能推出“有用皆科学”。

乙的漏洞主要有：

① 从“科学研究的对象是普适的自然规律”推不出“科学的产生和发展不受民族或文化因素的影响”。

② 从“中医的发展不以生物学、物理、化学等学科为基础”得不出它与现代科学不兼容的结论。

③ 即便中医与现代科学不兼容，也不能推出它是伪科学。“伪科学”不是“科学”的补集。比如，京剧艺术不是科学，但也不能说它是“伪科学”。

④“西医用现代科技手段从头到脚检查一遍”，是在操作上覆盖了身体的每个部分，并不意味着整体观念、系统思维。

⑤ 现代中国人均寿命提高是多种因素作用的结果，归因于一种因素，并不恰当。

精 | 点 | 解 | 析

第一步　论证结构分析

理由	结构词	结论
西方人不理解中国传统文化	是因为	不能普遍接受中医
科学研究的对象是普适的自然规律→科学没有国界→科学的发展不受民族或文化因素的影响（结构词：因此……）		
科学无国界	如果	外国不应诉讼中国企业侵犯知识产权

（续）

理由	结构词	结论
中医不以这些学科为基础→它与科学不兼容→是伪科学（结构词：因此……）		
科学对人类有用+中医对人类有用	是因为、既然	中医是科学
从头到脚检查一遍	怎么没有	整体观念、系统思维
现代医学	拜……之赐……	平均寿命增加

第二步　论证关系分析

论证关系①　西方人不理解中国传统文化 → 不能普遍接受中医

定位分析点	由“是因为”确定因果关系。
切入思路	考虑使用结论成立条件不充分分析思路，即：理由+？→结论。
分析	理由+？→结论：“西方人不能普遍接受中医”并不一定是因为“不理解中国传统文化”，更可能是受众多因素共同影响，比如，中医方面专业书籍外文译著较少，西方人理解起来有一定难度，因此学通中医的外国人可能很少，因而难以普及；或中西方人士的体质有较大差异，西方人体质不适合中医疗法等。

论证关系②　科学研究的对象是普适的自然规律→科学没有国界→科学的发展不受民族或文化因素的影响

定位分析点	由“因此”确定论证关系。
切入思路	常见逻辑错误分析：该论证关系显然是连续推理A→B→C，建议使用滑坡谬论分析思路，依次分析每一个论证关系的有效性。
分析	滑坡谬论：科学研究的对象是普适的自然规律，说明它是客观存在的，但它不等同于科学本身。科学的发展受一个国家科学观、发展阶段、文化发展水平的影响。更何况，即使科学没有国界，但是科学家是有国界的。而科学的发展是由科学家在推动，那么它就会受到民族或文化因素的影响。

论证关系③　科学无国界→外国不应诉讼中国企业侵犯知识产权

定位分析点	由“如果”确定论证关系。
切入思路	常见逻辑错误分析：在论证关系中可发现核心概念即“科学”与“知识产权”被偷换，可尝试使用“偷换概念”的思路进行分析。需分析出两个概念的不同之处。
分析	偷换概念：科学和知识产权是两个不同的概念。科学是一门具有理性思维的学科，而知识产权是指知识所有权，即权利人对其智力成果享有的专有权利。可见，科学无国界不代表知识产权无国界。那么外国制药公司就有理由诉讼中国企业侵犯其知识产权。

论证关系④　中医不以这些学科为基础→它与科学不兼容→是伪科学

定位分析点	根据结构指示词“因此；不兼容……只能是……”确定此处是连续推理 A→B→C。
切入思路	常见逻辑错误分析：滑坡谬论，需依次分析每一个论证关系的有效性。
分析	滑坡谬论：“中医不以这些学科为基础”难以说明“它与科学不兼容，只能是伪科学”。判断科学的依据是证伪、重复验证、自身不矛盾等，而非是以“这些学科”为基础。此外，中医与现代医学不兼容只能说明中医可能不是科学，并不能证明中医一定就是伪科学，还有可能是非科学。科学与伪科学是反对关系，不是矛盾关系。比如文学、艺术不是科学，难道是伪科学吗？

论证关系⑤　科学对人类有用+中医对人类有用→中医是科学

定位分析点	根据结构指示词“是因为”“既然”确定论证关系。
切入思路	常见逻辑错误分析：在论证关系中显然把“充分条件”误用为“必要条件”，可采用“条件关系误用”分析思路。
分析	条件关系误用：“科学”是“有用”的充分条件，而不是必要条件，因此并不能反推出“有用的”都是“科学”，因此，中医对人类有用，也就不能推出中医是科学。例如，水、石头、氧气等对人类有用，但它并不是科学，而是一种物质。

论证关系⑥　从头到脚检查一遍→整体观念、系统思维

定位分析点	由结构指示词“怎么没有”确定论证关系。
切入思路	常见逻辑错误分析：该论证混淆了“从头到脚检查”与“整体观念、系统思维”，可尝试使用“混淆概念”的思路进行分析。需分析出两个概念的不同之处。
分析	混淆概念：“从头到脚检查一遍”并不等同于诊断具有“整体观念、系统思维”。前者是指用现代科技手段从上到下的检查流程；而后者是指医生在进行诊断时，从病人体质、患病病因、特殊症状等方面全面考虑病人病情并做出专业判断，而不仅仅是从物理层面上“从头到脚”检查一遍。

论证关系⑦　现代医学→平均寿命增加

定位分析点	根据“拜……之赐……”确定论证关系。
切入思路	可尝试使用结论成立条件不充分进行分析，即：理由+？→结论。
分析	理由+？→结论：“人平均寿命增加”不能简单归因于“现代医学”，还需综合考虑其他因素，如科学技术的进步、生活水平的提高、生活品质的改善等。显然现代医学只是其中一个原因，但不是唯一原因。

第三步　成文

学员习文

中医具有科学性吗[1]

上述论证中，“甲、乙两人对于中医是否具有科学性”展开了辩论，但两人辩论过程都存在一系列缺陷，分析如下。

首先，文中谈到“科学没有国界”是一个广为流传的谬误。如果科学没有国界，为何外国制药公司会诉讼中国企业侵犯其知识产权呢？作者把科学与知识产权的概念混为一谈。科学无国界并不是知识产权无国界。此处论证明显不为读者所信。[2]

其次，乙提到中医不以物理、化学等学科为基础，因此它与科学不兼容，只能说是伪科学。[3]中医与科学不兼容，但它不是伪科学。可能科学的补集并非伪科学，科学与伪科学不能构成全集。[4]所以，此处论证还有待商榷。

再次，甲谈到了人们崇尚科学的原因是科学对人类有用。中医对人类有用，凭什么它不是科学。[5]很明显我们都知道中医对人类有用，但是有用的并非都是科学，科学只是其中一个子集而已。[6]

另外，乙在文中最后谈到了中医主导时人均寿命只有三十岁左右，现代中国人均寿命约七十岁左右，完全拜现代医学之赐。[7]此处有些过于绝对。影响人均寿命延长的原因有很多，比如：生活水平的提高、健身水平的提高等。现代医学只是其中一个因素，并不能代表全部，因此此处也有缺陷。

综上所述，没有充分的论据说明“中医是否具有科学性”，该篇论证有待进一步完善。

①辩论型论证有效性分析题目不宜写成后“吗”式。根据论证有效性分析题型的特点，我们需分析各方的论证关系，若只质疑一方，相当于支持另一方，如这个题目，感觉在支持中医不具有科学性。可改为：“欠妥当的中医科学性之辩。”

②本段存在两个问题，第一是对于原文的概括不够简练，既不是高度概括，也不是原文引用，行文不够流畅；第二是并没有对两个混淆的概念进行有效的分析。

③此处未能有效整理出论证关系，而且缺少评价，需进一步完善。

④分析单薄，不深入，前后语言重复，此时可采用打比方、例证等方法增加分析内容。

⑤如果是概括性的引用，此处可改为：认为中医对人类有用就一定是科学？

⑥分析内容不够丰富，质疑力度较弱。

⑦“引”太长，可概括为：中国人平均寿命增加完全拜现代医学之赐。

本文可评12分。

参考范文

无效的中医科学性之辩

在上述材料中，甲、乙双方针对“中医的科学性”进行了激烈的辩论。然而，该辩论过程存在一些缺陷，现分析如下：

“西方人普遍不能接受中医”并不一定是因为“不理解中国传统文化”，还可能是因为其他因素。比如，中医方面专业书籍外文译著较少，西方人理解起来有一定难度，因此学通中医的外国人可能很少，因而难以普及；或中西方人士的体质有较大差异，西方人体质不适合中医疗法等。

“中医不以这些学科为基础”难以说明“它与科学不兼容，只能是伪科学”。判断科学的依据是证伪、重复验证、自身不矛盾等，而非是否以这些学科为基础。此外，中医与现代医学不兼容只能说明中医可能不是科学，并不能证明中医一定就是伪科学，还有可能是非科学。科学与伪科学是反对关系，不是矛盾关系。伪科学显然不是科学的补集，科学的补集是非科学。比如文学、艺术不是科学，难道是伪科学吗？

“科学对人类有用以及中医对人类有用”就能说明“中医是科学”吗？未必。“科学”是“有用”的充分条件，而不是必要条件，并不能反推出“有用的”都是“科学”，因此，中医对人类有用，也就不能推出中医是科学。例如，水、石头、氧气等对人类有用，但它并不是科学，而是一种物质。

总之，在整个辩论过程中，甲、乙双方都未能守住各自阵地，存在一定的纰漏，其论证还需完善。

4 ›› 分析下述论证中存在的缺陷和漏洞，选择若干要点，写一篇 600 字左右的文章，对该论证的有效性进行分析和评论。（论证有效性分析的一般要点是：概念特别是核心概念的界定和使用是否准确并前后一致，有无各种明显的逻辑错误，论证的论据是否成立并支持结论，结论成立的条件是否充分，等等。）

2010 年 9 月 17 日，北京发生“惊天大堵”。当日，北京一场细雨，长安街东西双向堵车，继而蔓延至 143 条路段严重堵车，北京市交管局路况实时显示图几乎通盘红色。央视著名主持人白岩松以“令人崩溃”“惨不忍睹”的字眼来形容。全国工商联房地产商会理事陈宝存在接受媒体采访时称，北京“首堵”已成常态，不“迁都”已经很难改变城市的路况。

12 月 13 日，上海学者沈晗耀在接受媒体采访时表示：要解决北京集中爆发的城市病，迁都是最好的选择，并提出未来的新首都应选在湖南岳阳或河南信阳。有人将其表述称之为“迁都治堵”。12 月 15 日，沈晗耀告诉《郑州晚报》记者，媒体“曲解”了他迁都的本意，他的设想是在中部与西部、南方和北方连接处的枢纽地区建设“新首都”，培育符合市场经济规律的“政策拉力”，以此根本改变中国生产力分布失衡的状况。治疗北京日益严重的城市病，只是迁都后的一个“副作用”。沈晗耀说，他所认为的新都选址，不应该是一个已经成型的大中型城市，而是再造一个新城。与大多数建议者一样，沈晗耀将“新都”的选址定在了中原地区或长江流域，较好的两个迁都地址：“一个是湖南岳阳，一个是河南信阳。距离武汉二三百公里的地方都是最佳的选择。”他的理由是，这些地方水资源充沛、交通便利、地势平坦。更重要的理由是，迁都能够带动中西部的发展，有利于经济重心的转移。

其实，1980 年就有学者提出将首都迁出北京的问题。1986 年，又有学者提出北京面临迁都的威胁，一度引起极大的震动。2006 年，凶猛来袭的沙尘暴将“迁都”的提议推向高潮。当年 3 月，参加全国人大会议的 479 名全国人大代表，联名向全国人大常委会提出议案，要求将首都迁出北京。此后，北京理工大学教授胡星斗在网上发出酝酿已久的迁都建议书：“中国北方的生态环境已经濒临崩溃。我们呼吁：把政治首都迁出北京，迁到中原或南方。”并上书中央、全国人大、国务院，建议分都、迁都和修改宪法。2008 年，民间学者秦法展和胡星斗合作撰写了长文《中国迁都动议》，提出“一国三都”的构想，即选择佳地建立一个全新的国家行政首都，而上海作为国家经济首都，北京则只留文化职能，作为文化科技首都。

网络上，关于迁都引发的争议，依旧在热议，甚至已有“热心人士”开始讨论新首都如何命名。但现实是，每一次环境事件都会引发民间对于迁都的猜想和讨论，不过，也仅仅限于民间。

阅卷组提供的标准答案

① 不能因为一次较大的拥堵就说北京的拥堵已成常态，这一说法缺乏相关权威的数据作为支撑。

② 如果真如材料中所言，首都是拥堵的主要原因，那么迁都后又会制造出一个新“首堵”。

③ 解决北京集中爆发的城市病的方法有很多，迁都只是其中的一种方法，未必是最佳选择。

④ 中国生产力分布失衡的状况可能并不是首都所在何处造成的。换句话说，就算

改变首都的位置，培育“政策拉力”，也不一定就能改变目前生产力失衡的现状。

⑤“水源充沛、交通便利、地势平坦”可能是一个城市所在地的标准，但是可能不是一个国家首都所在地最重要的因素。

⑥迁都可以让经济重心发生转移，这只是相关人士的主观臆断和美好愿望而已，缺乏相关有力论据的支持。

⑦北京出现“沙尘暴”并不意味着要“迁都”。“沙尘暴”只是偶然出现的恶劣天气，是一个特殊事件，不能因为一个偶然因素就决定迁都。

⑧不能因为一次沙尘暴就推出北方的生态环境面临崩溃。事实证明，2006 年的特大沙尘暴是偶发事件，并非北京的常态。显然有“以偏概全”之嫌。

⑨建设“一国三都”的设想可能不符合中国行政管理的传统，不一定能“治城市病”。

精｜点｜解｜析

第一步　论证结构分析

理由	结构词	结论
2010 年 9 月 17 日北京发生“惊天大堵”	句子间关系	北京“首堵”已成常态
北京“首堵”已成常态	句子间关系	不“迁都”很难改变城市的路况
迁都	最好的选择	解决北京集中爆发的城市病
在枢纽地区建设“新首都”，培育符合市场经济规律的“政策拉力”	根本	根本改变中国生产力分布失衡的状况
水资源充沛、交通便利、地势平坦	理由是	距离武汉二三百公里的地方是首都最佳的选择
迁都	能够	带动中西部的发展，有利于经济重心的转移
沙尘暴	句子间关系	迁都
凶猛来袭的沙尘暴	句子间关系	中国北方的生态环境已经濒临崩溃
“一国三都”	句子内容涉及“方法”与“目的”	治城市病

第二步　论证关系分析

论证关系① 2010 年 9 月 17 日北京发生“惊天大堵”→北京“首堵”已成常态

定位分析点	由句子间关系确定论证关系。
切入思路	常见逻辑错误分析：该论证由“个例”推理“整体”，可从“以偏概全”分析思路入手，分析个体的特殊性以及与整体的差异。
分析	以偏概全：材料中相关人士不能因为一次较大的拥堵就说北京的拥堵已成常态，这一说法缺乏相关权威的数据作为支撑。只举证 2010 年 9 月 17 日这一日北京发生大堵显然过于单薄，有“以偏概全”之嫌。

论证关系② 北京“首堵”已成常态→不“迁都”很难改变城市的路况

定位分析点	由句子间关系确定论证关系。
切入思路	使用论据不支持结论分析思路，可采用“让步攻击”的方法。
分析	让步攻击：如果真如材料中所言，首都是拥堵的主要原因，那么就算迁都也毫无用处，因为无论迁都到哪个地方，最终都会因为该地是首都的原因而再次造成拥堵，这岂不是徒劳?

论证关系③ 迁都→解决北京集中爆发的城市病

定位分析点	根据结构标志词“最好的选择”可以确定论证关系。
切入思路	使用“条件关系”分析思路，从结论成立条件不充分进行分析，即：P+? →Q。
分析	P+? →Q：解决北京集中爆发城市病的方法有很多，如建立智能交通、限制外来人口、采取生态环境治理与保护等，这些方法对于解决北京爆发的城市病都具有可行性，迁都只是其中的一种方法，未必是最佳选择。

论证关系④ 在枢纽地区建设“新首都”，培育符合市场经济规律的“政策拉力”→根本改变中国生产力分布失衡的状况

定位分析点	根据结构标志词“根本”可以确定论证关系。
切入思路	此处可使用以下分析思路： ⓐ 论据不支持结论，可采用“让步攻击”的方法。 ⓑ 结论成立条件不充分，即：理由+? →结论。

（续）

分析	让步攻击：就算改变首都的位置，培育“政策拉力”，也不一定就能改变目前生产力失衡的现状。可能会带动人才流动和经济重心的转移，使迁入地生产力上升，而迁出地的生产力下降。这不仅不能改变中国生产力分布失衡的状况，反而可能会导致新一轮的生产力分布失衡。 理由+？→结论：想要根本改变中国生产力分布失衡的状况，只凭在枢纽地区建设“新首都”这一项举措是不够的，还需要国家倡导各地区均衡发展，对生产力不发达地区给予大力扶持等。

论证关系⑤　水资源充沛、交通便利、地势平坦→距离武汉二三百公里的地方是首都最佳的选择

定位分析点	根据结构标志词“理由是 ”可以确定论证关系。
切入思路	此处可用以下分析思路： ⓐ 论据不支持结论，可采用“让步攻击”的方法。 ⓑ 结论成立条件不充分，即：理由+？→结论。
分析	让步攻击：即使水资源充沛、交通便利、地势平坦，但如果该地区的文化底蕴不够，气象灾害经常发生，经济发达程度不高，国民认可度不高，那么选择其作为首都还需斟酌。 理由+？→结论：“水源充沛、交通便利、地势平坦”可能是一个城市所在地的标准，但不一定是一个国家首都所在地最重要的因素。是否可以成为首都还取决于其他更重要的条件和因素，比如文化因素、历史传承、国民的心理认同等。

论证关系⑥　迁都→带动中西部的发展，有利于经济重心的转移

定位分析点	根据结构标志词“能够”可以确定论证关系。
切入思路	此处使用结论成立条件不充分进行分析，即：理由+？→结论。
分析	理由+？→结论：迁都可以让经济重心发生转移，这只是相关人士的主观臆断和美好愿望而已，缺乏相关有力论据的支持。能否成为经济重心更主要地取决于该地区的交通状况、自然资源等诸多因素，首都所在只是其中一个因素而已。

论证关系⑦　沙尘暴→迁都

定位分析点	由句子间关系确定论证关系。
切入思路	常见逻辑错误分析：该论证由“个例”推理“整体”，可从“以偏概全”分析思路入手。需指出个体的特殊性以及与整体的差异。

（续）

分析	以偏概全：北京出现“沙尘暴”并不意味着要“迁都”。“沙尘暴”可能只是偶然出现的恶劣天气，是一个特殊事件，是生态条件遭受破坏导致的，也许北京大多数时候天气状况良好，因此并非需要迁都。况且不能因为一个偶然因素就决定迁都，如果是这样，那么北京出现禽流感是不是也需要迁都呢？

论证关系⑧　凶猛来袭的沙尘暴→中国北方的生态环境已经濒临崩溃

定位分析点	由句子间关系确定论证关系。
切入思路	常见逻辑错误分析，该论证由“个例”推理“整体”，可从“以偏概全”分析思路入手。需指出个体的特殊性以及与整体的差异。
分析	以偏概全：不能因为一次沙尘暴就推出北方的生态环境面临崩溃。事实证明，2006年的特大沙尘暴是偶发事件，并非北京的常态。而且北京只是北方的一个城市，有可能北方的其他地方环境良好，没有沙尘暴。显然该论证有“以偏概全”之嫌。

论证关系⑨　“一国三都”→治城市病

定位分析点	由句子内容涉及“方法”与“目的”，可确定论证关系。
切入思路	使用论据不支持结论进行分析，可采用“让步攻击”的方法。
分析	让步攻击：“一国三都”的设想不符合中国行政管理的传统，可能会造成办事效率低下、机构臃肿、管理疏漏频发等弊端，不但不能治城市病，还有可能引发新的“城市病”。所以“一国三都”不一定能“治城市病”。

第三步　成文

学员习文

“迁都”能改变北京的“城市病”吗①

相关学者通过对北京集中爆发的“城市病”进行分析，提出整治方案，大部分学者认为通过“迁都”或建设“一国三都”能够解决当前问题是最好的选择②。该推理过程过于草率，失之偏颇。

根据上述材料所述，北京“首堵”已呈常态，

①准确把握了材料的论证核心。

②语句不通顺，还需整理，可将“是最好的选择”去掉。

不“迁都”很难改变城市路况。[3]但是“迁都”并不一定能改变北京的路况，或许仅仅只能持续现有状况。况且，若想改变城市路况并非只有“迁都”一种方法，还有很多其他更优的方法。[4]

其次，一些学者提出在中部与西部、南方与北方连接处建设“新首都”，利用其地理位置的优势，培育符合市场经济规律的“政策拉力”，以此根本改变中国生产力分布失衡的状况。[5]“新首都”未必会培育出思想的“政策拉力”，或许，培育“政策拉力”会需要很长的时间，造成经济滞后[6]。若想通过此项政策改变生产力分布失衡，仅仅是设想，无可行性经验，可能达不到预期的理想状态，还会造成其他生产力衰退。[7]

第三，有人认为，一些水资源充沛、交通便利、地势平坦的地方是“新都”的最佳选择。一个首都的选址、建立，并不仅仅依靠这些地理环境因素就能决定，更多的还要受人文、历史、政治等因素影响。[8]

第四，“中国北方的生态已濒临崩溃，要把政治首都迁出北京，迁到南方”。环境恶化主要与北方地区水土流失严重、土地沙漠化现象有关，与首都所在无关[9]。并非北京导致环境恶化或者恶化必须迁都。若迁都南方，南方自然条件是否有利于建都仍有待考虑。[10]

综上所述，无论如何热议“迁都”一事均仅限于民间，大家对“新都”的猜想、建议与讨论，均为一种理想状态的构思，缺乏实践性与可行性。所以，北京迁都到其他地方这种想法是不可行的，未免太过于草率。[11]

③该点缺少对论证有效性分析“评价”的部分，前后的衔接有些突兀。

④此处需明确相关方法，否则分析会有“空洞”之嫌，可能会失去该点一半的得分。

⑤该点“引”的部分太长，需精练，而且还缺少“评价”。

⑥武断下结论，纠正别人的同时自己也犯下错误。

⑦分析不具体，感觉就是凑字数。

⑧本点分析针对性强，但是字数偏少，还需丰富内容。

⑨该句论断过于绝对。

⑩分析理由可再具体些，适当增加分析内容。

⑪结尾尚可，在语言的精练、准确方面还可以继续打造。

本文可评为 18 分。

参考范文

“迁都”能“治城市病”吗

“迁都”能“治城市病”吗？上述论证在论证方法、推理过程中都存在不妥之处，未能给我们一个合理的答案。

“北京‘首堵’已成常态”成为“迁都”的理由难以让人信服。治理交通拥堵的方法有很多种，如实行单双号轮流出行、大力发展公共交通、改善路面状况等。况且，如若首都是拥堵的主要原因，“迁都”何尝不是“迁堵”？岂非徒劳？

“在枢纽地区建设新首都”真的能“改变中国生产力分布失衡”的情况？未必。生产力分布失衡是我国历史发展的结果，首都的位置对其产生的影响可能有限。国家的宏观调控政策、政治因素、资源及人口因素等都会影响生产力的分布。换句话说，就算改变首都位置也未必能平衡生产力的分布。

“湖南岳阳、河南信阳水源充沛、交通便利、地势平坦”未必适宜作为“最佳的新都地址”。某个地区被选为首都，要考虑到历史文化、政治经济、民众的诉求等综合因素。因此，不能单靠自然条件的优越就将其设为“新都”。如此简单的分析是值得商榷的。

北京发生“沙尘暴”未必就需“迁都”。“沙尘暴”如若只是偶然出现的恶劣天气，是一个特殊事件，并非北京的常态。况且不能因为一个偶然因素就决定迁都，如果是这样，那么北京出现禽流感是不是也需要迁都呢？

建设“一国三都”未必是“治城市病”的有效方法。“一国三都”并不符合行政管理的传统，可能会导致办事效率低下、机构臃肿、管理疏漏频发等诸多弊端，不但不能治“城市病”，反而可能引发新的“城市病”。另外，迁都必然需要大量的经费，如果造成不良的后果，那将是巨大的损失，对周边城市居民生活也有潜在的危害。

综上所述，有关“迁都”治“城市病”的相关建议还需进一步完善。

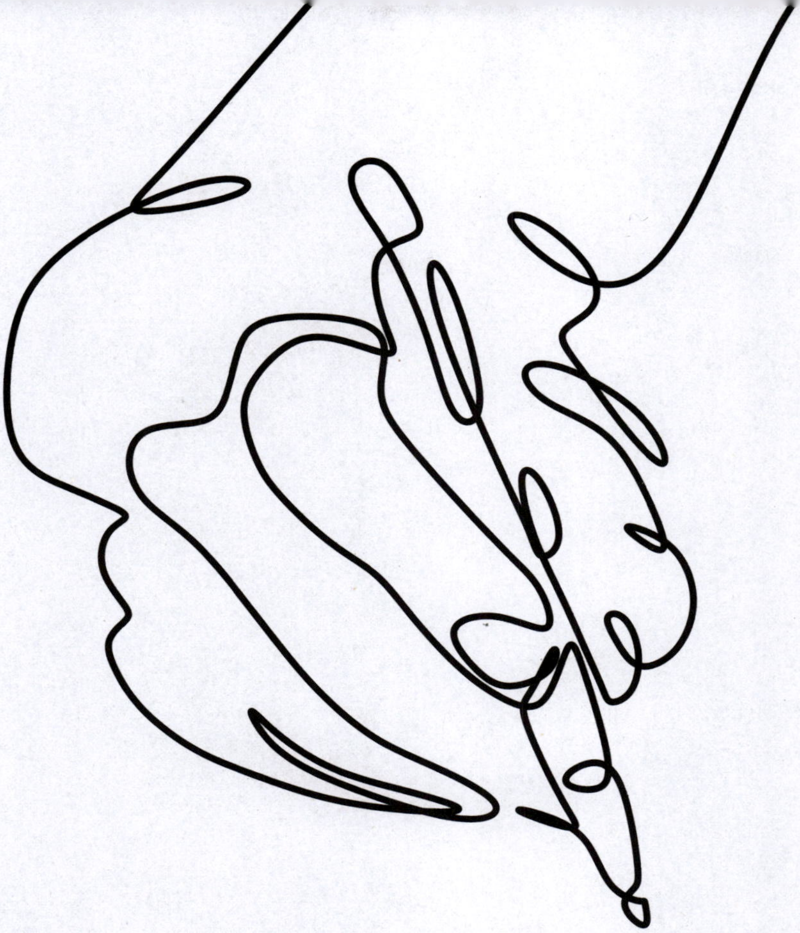

2

第二部分

论说文

2026
写作精点

第三章
论说文基本认知

第一节
论说文的本质特征

论说文是一种以有逻辑的思维、严密的论证和概括的语言来阐述或证明某种观点的旨在使人信服的文体。具体说：

——论说文是直接表达作者的观点、主张的文体。

——逻辑（概念、判断、推理）是它的思维形状。

——论说（分析、阐述）是它的主要表达方式。

——概括、严密是它的语言特点。

——说理是它的本质。

——以理服人、使人信服是论说文写作的目的。

说理，就是揭示和阐释事物内在的因果关联，或者辨析事物的是非得失。“说理”是人的本能，也是社会交往的基本方式。俗话说，万事不离一个“理”字，又说“有理走遍天下”。即使是一个蛮不讲理的人，看起来也有他信服和坚持的“理”，也不愿意给人留下“蛮不讲理”的印象；即使讲的是歪理，也总是装得“合情合理”，希望以理“服”人。

做任何事，人都要为自己的行为找到理由。缺乏理由的言行，总是意味着某种不合法、不合理、不合适。人们总在找理由，无论是光明正大的理由，还是自我狡辩的歪理邪说。人类是一种需要理由的动物。

讲的是不是“理”，是不是“在理”，是不是用“合理的方式”说理，都必须接受客观标准的检验，也就是要看是否符合“公共说理”。

鑫全精点 | 说理的“公共性”

首先，说的道理要具有“公共性”，也就是要合乎“公共价值”，不能局限于个人或者团体的立场与利益。

其次，用来说理的事实根据与知识都必须是公共的，即公众所认可的事实与知识。

最后，用来说理的逻辑必须是公众认可的，比如要合乎形式逻辑与辩证的基本规则。

下面，我们通过一篇例文让大家对论说文有初步认知。

根据下述材料，写一篇 700 字左右的论说文，题目自拟。

孟子曾引用阳虎的话：“为富，不仁矣；为仁，不富矣”。(《孟子·滕文公上》)这段话表明了古人对当时社会上为富为仁现象的一种态度，以及对两者之间关系的一种思考。

【2015 年管理类联考论说文写作真题】

从“为富不仁”到“富而好仁”

人们常常把那些唯利是图、骄奢淫逸、贪婪成性等缺乏社会责任感的富人的行为称之为为富不仁。

“为富不仁”是一种人治社会的道德判读，并不符合法治社会的认知方式。**现代市场经济之上的法治社会假定每个人都是法律地位完全平等的“经济人”。每个“经济人”要围绕稀缺的资源展开公平竞争，以获得最大限度的收获。**[㊀]但是富人和穷人市场竞争的起点是公平的，穷富都是公平竞争的结果。在这场竞争中，只要双方按规则出牌，就没有“仁”与“不仁”的问题。在法治社会中，富人的钱再多也是其私有财产，只要没有被司法机构宣布为非法，如何处理是富人的私权，社会不得干预。

但是，如果一个社会中的富人对穷人冷酷无情，那也不是一个成熟社会应有的行为。富人们是竞争的胜者，坐拥巨大财富，如果对社会的贫者冷酷无情，“朱门酒肉臭，路有冻死骨”，尽管这种行为不违法，但显然也会引发公众的反感乃至愤怒，引发贫富对立，社会失序。

㊀ 出自本书个人成长类常见背景知识和素材（P186）。

诺贝尔经济学奖获得者诺斯说过："如果社会创造出一个对海盗的激励，商人就会变成海盗；如果社会创造出一个对商人的激励，海盗就会变成商人。"**人的行为都是制度约束的结果，好的善的制度会引导人们的行为更趋理性与文明，坏的恶的制度则会引导人们的行为滑向愚昧与野蛮。**㊀因此，合理的制度会正向激励富人，而不合理的制度会反向激励富人。自利的本性决定了他们不愿做对自身利益没有好处的事情，因此我们要做的是改进我们的相关具体制度，而不是仅仅从道德层面指责富人为富不仁。

首先，应当在社会中弘扬节俭奉献、乐善好施的价值观并使之成为社会的主流价值。让社会的富人们主动担负起社会责任，从而实现社会财富的向下转移。其次，应当进行相互关联的制度安排，鼓励富人将财富回报社会。再次，应当从制度层面上保证富人的私有财产权不受任何外在力量的威胁。"人怕出名猪怕壮"，在财产权得不到有效制度保护的社会，富人们会理性地选择藏富，不会也不敢轻易行善。最后，应当从制度层面上堵塞财富的非正当获得途径。让富人的财富来源更加光明，这样才有利于激励富人们乐善好施、热心公益。

为富不仁，但为富者亦可好仁。

【鑫全精点】一篇高分论说文，往往长于观点有新意、有内涵、有品质，而非套话、模板。考生研习本文的几个论点，体会高分论点的特点：①"为富不仁"是一种人治社会的道德判读，并不符合法治社会的认知方式。②如果一个社会中的富人对穷人冷酷无情，那也不是一个成熟社会应有的行为。③人的行为都是制度约束的结果，好的善的制度会引导人们的行为更趋理性与文明，坏的恶的制度则会引导人们的行为滑向愚昧与野蛮。

第二节
论说文大纲认知

论说文的考试形式有两种：命题作文和基于文字材料的自由命题作文。每次考试为其中一种形式。要求考生在准确、全面地理解题意的基础上，对命题或材料所给观

㊀出自本书个人与社会类常见背景知识和素材（P194）。

点进行分析，表明自己的观点并加以论证。文章要求思想健康、观点明确、论据充足、论证严密、结构合理、语言流畅。

提示 管理类联考 199 科目与经济类联考 396 科目论说文大纲要求基本一致。

论说文大纲明确了以下内容：

（1）两种命题形式

命题作文和基于文字材料的自由命题作文。

• 命题作文。通常命题形式有两种：①“以××为题”，不能改变给定题目。如以“由三鹿奶粉事件所想到的”为题（2009 年 MBA 联考真题），此时考生的作文题目只能是“由三鹿奶粉事件所想到的”，不能改变。②“以××为话题”，可以在紧扣主题的前提下改变题目。

• 基于文字材料的自由命题作文，即给材料作文。要求考生根据材料提供的线索合理推理，确定材料主题，而后展开论证。

（2）审题准确

“要求考生在准确、全面地理解题意的基础上，对命题或材料所给观点进行分析，表明自己的观点并加以论证。”

审题准确是写好一篇优秀应试文章的关键，文章写作方向错了，后面的所有努力都是无用功。审题是应试最基本、最首要的一项工作，审题准确，正确地了解题意、把握试题要求，是行文的前提。应试的第一步就是先看考题，通过对考题的审视、思考、分析，了解文章的基本要求，大致明确文章的中心任务和立意方向，这就是审题。

根据下述材料，写一篇 700 字左右的论说文，题目自拟。

发散性思维是指不依常规，寻求变异和多种答案的思维形式。具有这种思维形式的人，其言行往往会与众不同。

【2024 年管理类联考真题】

审题： 这是一个典型的“观点型审题”材料。材料的观点句为最后一句：具有这种思维形式的人，其言行往往会与众不同。观点句中核心概念为这种思维，即发散性思维。其他则是对观点的解释，对发散性思维的进一步说明。

针对观点句进行解释，并据此立意：①创新，个人成长的内在逻辑；②推陈出新，优秀管理者的刚需。

建议考生尽量针对观点句立意，避免偏题。以下为几位考生的考场审题。其中，针对性立意较为准确；接近性立意不算偏题，但并非最佳立意。请考生仔细体会。

❖ **考生考场审题：**

针对性立意	创新，个人成长的刚需。(针对解释①) 企业管理者需要多角度思考问题。(针对解释②)
接近性立意	企业勇于革新。(和解释①较接近) 进步需要标新立异。(和解释②接近)
偏题	增强能力，不断前进。(偏题) 勇于拼搏，寻找更好的自己。(偏题)

(3) 观点明确、思想健康

论说文是作者为表达自己的观点，采用一定的论证方法对论点进行论证的文体。论说的观点需满足以下三个要求。

第一，观点要正确，思想要健康。写论说文的目的是为了宣传真理、明辨是非、分清正误、区别美丑，所以，思想观点正确是首要的。例如："读书可以明智"就是合理的观点，而"只要奋斗就能成功"显然归因过于简单，就不恰当。

第二，观点要鲜明。考生在文章中必须旗帜鲜明地表明自己的观点，毫不含糊地说出自己的见解，使读者一目了然，明确理解。

第三，观点要集中。在一篇文章中，只能提出一个中心论点，全篇文章始终围绕一个论点展开论述，把道理说深说透。

如一篇题为《敬业与乐业》的文章的中心论点是"我确信，敬业与乐业四字是人类生活不二法门"，分论点是"敬业的作用和必要性""乐业的作用和必要性"。**中心论点的表述必须是肯定的语气，是一个明确的判断句**，可用"……是……""……应该/必须……""……能够/将会……"等格式表示，如"人，应该敬业乐业"。

(4) 结构合理

结构要板块清晰，一目了然，不能信马由缰，杂乱无章。阅卷老师在高速阅读的情况下，希望能在很短的时间内看清作者的思路，看清全文的布局安排；阅读一个段落，要能迅速看出这一段写了什么，段与段之间是否界限分明。如果看不清段与段之间的联系，不可能打高分。

（5）论据充足

论据分为事实论据和理论论据。事实论据，一般指有代表性的事例或史实，以及统计数字等；理论论据一般指哲学基本原理、自然科学的原理、定律、公式，以及经典名言、谚语和格言等。“论据充足”既强调了论据应该充分证明论点，也强调了论据应该全方位、多角度、多层次为证明论点服务。考试大纲中明确提出“论据充足”的要求，有力纠正了考生写作中泛泛而谈的现象，使论说文写作更合乎规范，既要求论说文有鲜明的中心，又要求有充实的内容，做到“言之有物”，增强文章的说服力和感染力。

（6）语言流畅

语言流畅，就是要求语言运用规范、准确、连贯、得体，读起来文通字顺，通畅流利。此外，语言要有文采，这是在“语言通顺”的基础上提出的高一层次的语言标准。或是词语生动，或是句式灵活，或是善于运用修辞手法，或是文句有意蕴，这些都是有文采的表现。

第一，语言规范。在写作中，要做到符合语言规范的要求须注意三个方面：一是用词要体会词义的轻重、词语适用范围的大小、词语的感情色彩，不能随自己心意生造词语；二是句子不能有成分残缺、搭配不当和误用关联词语等毛病；三是一般不使用方言俚语。

第二，语言准确。要符合语言准确的要求就要注意将表程度的形容词和副词表达准确。如：“发牢骚，是人们将内心积压的意见、见解、看法说出来，虽然有时态度或形式有些不太合适，但终究是一些真实的意见，当然里面不免有些偏激的成分，但是我们干部一定要认真地对待啊！”这段文字中，作者掌握的分寸就比较好，“有些不太合适”“里面不免有些偏激的成分”，两个“有些”马上界定了牢骚的特点，使人们更清楚地认识到了“牢骚”的弊端。这正是语言“准确”的集中体现。

第三，语言连贯。要做到这点应注意以下几个方面：一是文章中的每一段文字，都要统一于一个话题，围绕着一个中心；二是一段话要按照各句与中心的关系以及各句之间的关系合理地组织起来，可以根据人们认识事物的客观规律、句子的意思和思路的展开依次排列，也可以凭借语法手段（关联词、方位词、数词、代词等）来组合各个句子；三是句子之间要有语言和语气上的联系，如用主语承前省略、利用代词呼应、使用关联词语、适当重复上下文的内容等方法来确保语言呼应；四是增添必要的过渡性语言，避免由于思维的速度大大高于表达的速度而带来的中间环节被省略或淡化了的“跳跃”现象。

下面我们以论说文《持续创新，企业发展的内在驱动力》为例，说明大纲要求。

持续创新，企业发展的内在驱动力

当企业处于危机之中，对于管理者而言，只有持续创新，才有可能走出危机，让企业实现可持续发展。

持续创新，有助于提高企业的核心竞争力。核心竞争力是企业长期形成的，蕴含于企业内质中的，企业独具的，支撑企业过去、现在和未来的竞争优势。只有进行持续创新，才能使得企业获得技术积累，提高企业产品的市场占有率，从而塑造企业的核心竞争力，使企业在竞争环境中长时间处于主动，帮助企业实现顾客最为关注的、核心的、根本的利益，从而促进企业不断发展。

试想，如果企业管理者放弃在危机中持续创新，选择了“躺平”，任凭自生自灭，那么面对对手的竞争，产品往往会丧失优势，不断丢失市场份额，企业最终走向破产。正如华为的管理者任正非，如果在危机中他放弃持续创新，华为就不会不断地生产出满足市场需求的产品，赢得消费者信赖，何来持续发展一说？

然而，不少企业管理者面对行业危机，却常常难以持续创新，由此错失良机，一蹶不振。这主要有两个原因。第一，企业管理者缺乏战略管理能力。战略管理能力是指洞察既定环境复杂程度和减少这种复杂性的能力，管理者缺少这种能力，就难以洞察到消费者需求和市场变化，不能针对这些变化持续创新。第二，组织内部存在惰性。组织惰性是指组织内普遍存在的保持既定行为方式和消极应对环境的倾向，其将导致组织的内在活力下降，丧失创新能力；缺乏改变现状的胆略与热情，在与竞争对手过招时缺乏主动性和创新性。

针对上述问题，可以通过构建学习型组织解决。首先，通过多种途径提高管理者的战略管理能力，使其意识到市场环境在不断变化。针对这些变化持续创新，有利于企业更好发展。其次，组织成员共享知识和信息，去除限制因素障碍，提升“群体智力”和持续的创新能力，激发员工活力，不再“躺平”，以持续创新。

当企业陷入危机，只有管理者持续创新，才能破釜沉舟，置之死地而后生。

（1）观点鲜明

全文中心论点的表述是一个明确的判断句：“只有持续创新，才有可能走出危机，让企业实现可持续发展。”随后围绕中心论点从“为什么”“怎么办”展开论证。思路如下：

持续创新的重要性（提高企业的核心竞争力）⟶ 反证若不持续创新的弊端；

——→ 不少企业管理者面对行业危机，却常常难以持续创新的原因（递进论证）；

——→ 联系现实，提出解决问题的办法。

每段观点均采用判断句的形式表现出来。

（2）结构合理

全文的布局安排清晰明确；阅卷者能迅速看出每一段写了什么，段与段之间界限分明，段与段之间的逻辑联系清晰可循。

段 落	目 的	分析思路
2	立	持续创新，有助于提高企业的核心竞争力。
3	反	反证持续创新的必要性。
4	难	①企业管理者缺乏战略管理能力。②组织内部存在惰性。
5	怎么办	构建学习型组织。

（3）论据充足

文中使用的理论论据：核心竞争力、战略管理能力、组织惰性、构建学习型组织等。本文没有全篇使用理论论据，也没有硬扣观点，而是让论据全方位、多角度、多层次为证明论点服务。总体感觉：自然、合理、有深度。

（4）语言流畅

全文读起来文通字顺，表述简洁明白（尤其开篇和结尾简洁有力）。本文还具有以下特点：语意通畅连贯，词汇丰富，表达具体、细腻、生动形象，能把作者的思想感情有条不紊地表达出来，使读者读后的感受与作者期望表达的意境一致。

第四章
论说文写作要点

写作是一项综合能力，但为了开展训练，可以把论说文写作能力进行分解，分成一个个写作能力的“格”，例如：

审题立意	整体把握材料、选好角度、发现矛盾、提炼观点
谋篇布局	拟题目、写开篇、写主体论证段、写结尾
选择论证结构	掌握“单要素”“双要素”“二选一”结构及社会现象类结构
使用论证方法	理论论证、事例论证…… 概念分析、因果分析、假设分析、辩证分析…… 缘事说理、公共说理、二元对立、多元思辨、演绎推理、归纳推理、初步证伪……

“格”的确定，是为了方便写作训练。所谓“训练”，“训”是教师的行为，“练”指学生的写作实践。“训”是手段、途径，“练”的进步、提高才是目的。在多年的辅导过程中，我们发现，考生接受的“训”多，缺少“练”，特别缺少教师“一对一”批改作文，进而进行专业的指导。㊀

第一节
审题立意

准确的审题立意，首先需要确定材料的类型，而后根据材料中的线索，提炼主题。

㊀鑫全工作室为了弥补这一缺憾，特别开设了“中文写作一对一批改班”，取得了较好的效果。考生可关注微信小程序“考研有问必答”，选择中文写作一对一批改服务。

一、观点型材料审题

观点型材料审题立意的方法是：

——找出观点句：

观点句的位置	①“有人说：……。”说的内容通常是观点的表达
	②材料的开头或结尾
	③对给定事实进行评价的地方

——从观点句中找出核心词。

——围绕核心词拟题。

鑫全精点｜审题时如何处理核心词

核心词如果是本义，无须改变它，直接将其作为主题便可。核心词如果考的不是本义而是比喻义或引申义，需要结合原材料内容，将其转为本义，然后围绕其拟题即可。

示例 1　根据下述材料，写一篇 500 字左右的论说文，题目自拟。

投下一着好棋，有时可以取得全盘主动。但是，光凭一着好棋，并不能说有把握赢得最后胜利，还必须看以后的每着棋下得好不好。

【1998 年 10 月 MBA 联考真题】

精｜点｜解｜析

【审题思路】

——找出观点句：

本段的首句表达了观点。但考生需要注意材料中的转折词“但是”，转折词的表达强调后者，故应转移关注点。由“还必须”可确定观点句在该材料的结尾，即“还必须看以后的每着棋下得好不好”。

——确定核心词：

“每着棋”，显然该词表达的不是本义而是引申义，该词可引申为：人生中的每一步、每个细节、每个过程等。

——围绕核心词拟题：《步步为营》《把握细节》《重视过程》等。

示例 2　根据下述材料，写一篇 700 字左右的论说文，题目自拟。

亚里士多德说："城邦的本质在于多样性，而不在于一致性。……无论是家庭还是城邦，它们的内部都有着一定的一致性。不然的话，它们是不可能组建起来的。但这种一致性是有一定限度的。……同一种声音无法实现和谐，同一个音阶也无法组成旋律。城邦也是如此，它是一个多面体。人们只能通过教育使存在着各种差异的公民统一起来组成一个共同体。"

【2016 年管理类联考真题】

精 | 点 | 解 | 析

【审题思路】

——找出观点句：

由"亚里士多德说"确定寻找观点句的方向。分析材料可看出第一句话"城邦的本质在于多样性，而不在于一致性"为亚里士多德观点的核心，其余内容则是对观点句的解释，也就是为什么城邦的本质在于多样性，而不在于一致性。

——确定核心词：根据观点句，可以确定核心词为"多样性"。

——围绕核心词拟题：《多样性》《多样性与一致性》《求同存异》等。

鑫全精点 | 结合材料主要内容审题

本题若只从"多样性"入手展开论证，也没有问题。本材料选取自亚里士多德的《城邦论》，就选取部分而言，亚里士多德更多强调的是"多样性"，就此立意符合命题要求。

二、故事型材料审题

故事型材料审题立意的方法是：

——找到故事结果（一般会在材料开头或结尾）；

——找出导致结果的原因或方法，从中确定核心词；

——围绕核心词拟题。

鑫全精点 | 故事型材料的特点

故事型材料不同于观点型材料的地方在于，故事型材料有完整的起因、经过和结果，而观点型材料通常不具备以上特征。

示例 根据下述材料，写一篇 700 字左右的论说文，题目自拟。

《动物世界》里的镜头：一群体型庞大的牦牛正在草原上吃草。突然，不远处来了几只觅食的狼。牦牛群奔跑起来，狼群急追……终于，有一头体弱的牦牛掉队，寡不敌众，被狼分食了。

《动物趣闻》里的镜头：一群牦牛正在草原上吃草。突然，来了几只觅食的狼。一头牦牛发现了狼，它的叫声提醒了同伴。领头的牦牛站定与狼对视，其余的牦牛也围在一起，站立原地。狼在不远处虎视眈眈地转悠了好一阵，见没有进攻的机会，就没趣地走开了。

【2009 年 10 月 MBA 联考真题】

精 | 点 | 解 | 析

【审题思路】

——找到故事结果：材料①（一头体弱的牦牛）被狼分食了；材料②（狼）没趣地走开了。

——找出导致结果的原因或方法：材料①牦牛掉队，寡不敌众；材料②领头的牦牛站定与狼对视，其余的牦牛也围在一起，站立原地。

——确定核心词：寡；领头的牦牛（引申义为领导者）。

——围绕核心词拟题：《合作》《团队协作》《领导者的力量》等。

庖丁解牛

1 » 阅读以下材料，正确审题立意。（2022 年管理类联考真题）

鸟类会飞是因为它们在进化中不断优化了其身体结构。飞行是一项特殊的运动，鸟类的躯干进化成了适合飞行的流线型；飞行也是一项需要付出高能量代价的运动，鸟类增强了翅膀、胸肌部位的功能，又改进了呼吸系统，以便给肌肉持续提供氧气。同时，鸟类在进化过程中舍弃了那些沉重的、效率低的身体部件。

2 » 阅读以下材料，正确审题立意。

著名作家曹禺先生说过这样一段话：我看，应该给“眼高手低”正名，它是褒义词，而不是贬义词。我们认真想一想，一个人做事眼高手低是正常的，只有眼高起来，手才能跟着高起来。一个人不应该怕眼高手低，怕的倒是眼也低手也低。我们经常是眼不高，手才低的。

3 » 阅读以下材料，正确审题立意。

有盲子道涸溪，桥上失坠，两手攀楯，兢兢握固，自分失手，必坠深渊。过者告曰：“毋怖，第放下即实地也。”盲子不信，握楯长号。久之，力惫，失手坠地，乃自哂曰：“嘻，蚤知即实地，何久自苦耶？”

4 » 阅读以下材料，正确审题立意。（2021 年管理类联考真题）

我国著名实业家穆藕初在《实业与教育之关系》中指出，教育最重要之点在道德教育（如责任心和公共心之养成，机械心之拔除）和科学教育（如观察力、推论力、判断力之养成）。完全受此两种教育，实业界中坚人物遂由此产生。

5 » 阅读以下材料，正确审题立意。

南美洲有一种奇特的植物——卷柏。说它奇特，是因为它会走。卷柏生存需要充分的水分，当水分不充足时，它就会自己把根从土壤里拔出来，让整个身躯卷成一个圆球状。由于体轻，只要稍有一点风，它就会随风在地面打滚，一旦滚到水分充足的地方，圆球就会迅速打开，根重新钻到土壤里，暂时安居下来。当水分又一次不足，住得不称心如意的时候，它就会继续游走，以寻求更好的生存环境。

难道卷柏不走就不能生存了吗？一位植物学家做了一个实验：用挡板圈出一块空地，把一株卷柏放到空地中水分最充足的地方，不久卷柏便扎根生存下来。几天后，当这里水分减少时，卷柏便拔出根须，准备飘移。但实验者用挡板对其进行严格控制，限制了它游走的可能。结果实验者发现，卷柏又重新扎根生存在那里，而且在几次将根须拔出又不能移动的情况下，便再也不动了。而且，卷柏此时的根已经深深扎入泥土，长势比任何时期都好，也许它发现，根扎得越深，水分越充足……

精点解析

1.【类型】 观点型材料

【审题思路】

——找出观点句：鸟类会飞是因为它们在进化中不断优化了其身体结构。

——从观点句中找出核心词：优化。

——围绕核心词拟题：《不断优化，个人成长的有效路径》《优化结构，企业成长的刚需》。

2.【类型】 观点型材料

【审题思路】

——找出观点句：我们经常是眼不高，手才低的。

——从观点句中找出核心词："眼不高""手才低"。

——围绕核心词拟题：《高瞻远瞩》《为"眼高手低"正名》《"眼高"才能"手高"》等。

3.【类型】 故事型材料

【审题思路】

——找到故事结果：久之，力惫，失手坠地。

——找出导致结果的原因或方法，从中确定核心词："盲子不信""何久自苦"。

——围绕核心词拟题：《学会信任》《学会放下》（内心执念导致无法放下，导致自苦）。

4.【类型】 观点型材料

【审题思路】

——找出观点句：完全受此两种教育，实业界中坚人物遂由此产生。

考生注意：此两种教育是道德教育（如责任心和公共心之养成，机械心之拔除）和科学教育（如观察力、推论力、判断力之养成）。本材料要求考生分析和论证两种教育要素和企业家之间的重要关系。

——从观点句中找出核心词：道德教育（简称"德"）和科学教育（简称"智"）。

——围绕核心词拟题：《德智双行，卓越企业家的刚需》。

5 ›› 【类型】 故事型材料

【审题思路】

——找到故事结果：卷柏长势比任何时期都好。

——找出导致结果的原因或方法：

a. 实验者用挡板对其进行严格控制，限制了它游走的可能。

b. 卷柏的根深深扎入泥土。

核心词："挡板"，此处可以引申为困难、障碍等；"深深扎入"，可以引申为深入或沉潜。

——围绕核心词拟题：《面对困难要勇往直前》《唯有深入，方得始终》《沉潜刚克》等。

小试牛刀

1 ›› 阅读以下材料，正确审题立意。（2013 年经济类联考真题）

被誉为清代"中兴名臣"的曾国藩，其人生哲学很独特，就是"尚拙"。他曾说："天下之至拙，能胜天下之至巧，拙者自知不如他人，自便会更虚心。"

2 ›› 阅读以下材料，正确审题立意。

张爱玲说："出名要趁早啊！来得太晚的话，快乐也不那么痛快！"孔子说："三十而立，四十而不惑，五十而知天命。"美国的一位"摩西奶奶"，76 岁开始绘画，80 岁举办画展，轰动美国，享誉全球。摩西奶奶说："现在就是最好的时光。对一个真正有追求的人来说，生命的每个时期都是年轻的、及时的。"

3 ›› 阅读以下材料，正确审题立意。（2023 年经济类联考真题）

一种社会事务，往往涉及诸多因素（如春运涉及交通设施、气候条件、民俗文化、经济环境、科学技术等），所以要依赖诸多部门的通力合作才能处理好。

4›› 阅读以下材料，正确审题立意。（2006 年 10 月 MBA 联考真题）

可口可乐与水

在 20 世纪 80 年代，可口可乐公司处在一个失去发展空间的悲观情景当中：它以 35%的市场份额控制着软饮料市场，这个市场份额几乎是市场和管制的最高点；另一方面，更年轻、更充满活力的百事可乐展开积极的进攻，可口可乐似乎只能采取防守的心态，最多是为一两个百分点展开惨烈的竞争。

尽管可口可乐的主管、员工很有才干，工作努力，甚至士气也很好，但是，从根本上讲他们是悲观的，他们看不到如何逃出这句话所描绘的宿命：在顶峰上唯一可能的路径就是往下。

郭思达（Roberto Goizueta）在接任可口可乐 CEO 后，在高层主管会议上提出了这样的一系列问题：“世界上 44 亿人口每人每天消耗的液体饮料平均是多少？”

答案是：“64 盎司。”（1 盎司约为 31 克）

“那么，每人每天消费的可口可乐又是多少呢？”

“不足 2 盎司。”

“那么，在人们的肚子里，我们的市场份额是多少？”郭思达最后问。

通过这些问题，郭思达给所有人带来了观念的革新。这样，人们关注的核心问题不再是可口可乐在美国可乐市场的占有率，也不再是在全球软饮料的市场占有率，而变成了在世界上每个人要消费的液体饮料市场的占有率。这个问题的答案是，可口可乐的市场份额少到可以忽略不计。

“郭思达引导可口可乐的主管们看到：他们的敌人不是百事可乐，而是咖啡，是牛奶，是茶，他们的敌人是水。”管理学者、《执行》作者拉姆·查兰这样分析说，“郭思达把可口可乐的市场重新定位了，而这一市场的巨大空间远远超出任何人的想象。”可口可乐被无可限量的前景唤醒。

5›› 阅读以下材料，正确审题立意。（2004 年 10 月 MBA 联考真题）

在滑铁卢战役的第一阶段，拿破仑的部队兵分两路。右翼由拿破仑亲自率领，在利尼迎战布鲁查尔；左翼由奈伊将军率领，在卡特勒布拉斯迎战威灵顿。拿破仑和奈伊都打算进攻，而且，两个人都精心制定了对各自战事而言均为相当优秀的作战计划。但不幸的是，这两个计划均打算用格鲁希指挥的后备部队，从侧翼给敌人以致命一击，但他们事前并没有就各自的计划交换意见。当天的战斗中，拿破仑和奈伊所发布的命令又含糊不清，致使格鲁希的部队要么踌躇不前，要么在两个战场之间疲于奔命，一天之中没有投入任何一方的作战行动，最终导致拿破仑惨败。

精 | 点 | 解 | 析

1 » 【类型】　观点型材料

【审题思路】

——找出观点句：其人生哲学很独特，就是“尚拙”。“他曾说……”明显是对第一句话的解释，从解释立意即可，不要过度引申，导致偏题或跑题。

——从观点句中找出核心词：“尚拙”“至拙”“至巧”。

——围绕核心词拟题：《尚拙》《至拙胜至巧》等。

2 » 【类型】　观点型材料

【审题思路】

——找出观点句：现在就是最好的时光。对一个真正有追求的人来说，生命的每个时期都是年轻的、及时的。

——从观点句中找出核心词：现在就是最好的时光（把握当下）。

——围绕核心词拟题：《把握当下》。

3 » 【类型】　观点型材料

【审题思路】

——找出观点句：要依赖诸多部门的通力合作才能处理好。

——从观点句中找出核心词：通力合作。

——围绕核心词拟题：《合作，和谐社会的刚需》；或者围绕“通力合作”拟其他相关题目也可。

4 » 【类型】　故事型材料

【审题思路】

——找到故事结果：可口可乐被无可限量的前景唤醒。

——找出导致结果的原因或方法，从中确定核心词：

a. 郭思达给所有人带来了观念的革新。

b. 郭思达把可口可乐的市场重新定位。

核心词："革新""定位"。

——围绕核心词拟题：《观念革新》《精准定位》等。

5» 【类型】 故事型材料

【审题思路】

——找到故事结果：拿破仑惨败。

——找出导致结果的原因或方法，从中确定核心词：

a. "事前并没有就各自的计划交换意见"说明"沟通"这一管理职能出了问题；

b. "格鲁希的部队要么踌躇不前，要么在两个战场之间疲于奔命"说明在这场战役中，组织者违背了统一指挥原则，同时在"协调"方面有重大失误。

核心词："沟通""协调"。

——围绕核心词拟题：《有效沟通与协调》《有效管理》（从计划、沟通、协调入手）。

第二节
论说文结构

结构，就是文章思想内容的组织安排和表现形式，包括层次和段落、过渡和照应、开头和结尾。文章的结构，是构思的结果，是思路的再现。这就是说：思路决定结构，结构是思路的表现。

论说文的结构，反映了人们认识事物的规律：提出问题→分析问题→解决问题。论说文的基本结构由"引论、本论、结论"三部分组成。一般来说，引论就是开头，本论就是主体，结论就是结尾，即开头部分必须提出论题或论点，主体部分应选用材料并分步论证观点，结尾部分归纳总结，见下表：

<table>
<tr><th>论证单元</th><th colspan="2">写作要求</th></tr>
<tr><td>引论</td><td colspan="2">第一段：从题目材料入手→导出话题→中心论点；中心论点要求健康向上，是一个命题，或者是一种明确的“主张”，即叫人支持什么、做什么，或反对什么、不做什么；段落短小。</td></tr>
<tr><td rowspan="4">本论</td><td>第二段</td><td>文章的最主体部分；完成对中心论点的证明；与上一部分构成递进关系；注意文采，段首中心句要明确。</td></tr>
<tr><td>第三段</td><td rowspan="3">须分几个分论点（建议为四个）来论证中心论点的正确性。分论点之间相互独立，不能重复交叉；尽量像中心论点一样是明确的、揭示本质的命题，而不是一个比喻。每一个分论点对应一段文字，这些文字构成一个完整的论证单元。
论证单元格式由以下三个部分构成：①段首中心句，提出分论点。②论证过程，以事例、数字、理论等论据，按演绎、归纳、引申、析例等方式论证。③结尾，总结并回归中心论点，与中心论点挂钩。</td></tr>
<tr><td>第四段</td></tr>
<tr><td>第五段</td></tr>
<tr><td>结论</td><td colspan="2">第六段：从中心论点回归题目，并适当升华主题；段落短小。</td></tr>
</table>

下面我们通过一个例子，讲解本论部分的论证间的逻辑关系。

例：根据以下材料，写一篇 700 字左右的论说文，题目自拟。

在历史长河中，有关宗教的庙宇与雕像在风雨中颓毁坍塌，而经典之篇则与世长存。文字是人类文明最上乘的结晶，它如此精微，如此难以把握，如此透彻，又如此无孔不入，穿透人的感知。可以说，如果有一种信仰能让全世界不同国家、不同民族毫无争议地共同信守的话，那就是阅读了。

第十二次全国国民阅读调查显示，中国成年国民年人均阅读纸质书仅 4.56 本，远低于韩国的 11 本，日本的 8 本，美国的 7 本。总体上看，中国阅读水平近年来有所回升，但跟发达国家相比仍有差距。

精 | 点 | 解 | 析

材料的核心概念是“阅读”，考生只需以“阅读”为论题联系现实展开论证即可。论证的展开采用演绎逻辑的思路：**立：**话题的重要性（说明论证的价值和意义）→**难：**话题如此重要，人们为什么不愿做或者做不好（从个体角度出发分析）→**难：**话题如此重要，人们为什么不愿做或者做不好（从社会角度出发分析）→**怎么办：**迎难而上，针对“难”提出解决问题的办法和措施。

第二段：会怎样（谈影响，讲价值与影响）——锁定现象看影响

读书让人变得更加优秀；人均读书量低将导致国民文化、科学素质偏低，陷入道德、信仰缺失的窘境，影响、制约国家竞争力发展，等等。

第三段：为什么（难：为什么不愿）——透过现象看本质

中国人年人均读书量低的本质是社会的价值取向在异化，急功近利的观念正逐渐侵蚀、占据着许多人的思想，浮躁、急于求成之风盛行。

第四段：为什么（难：为什么不愿）——由现象探究原因

中国人人均阅读量低的原因：国民难以静心阅读，没有阅读习惯，对阅读意义认识不到位；政府对国民阅读的推动不力，图书馆（尤其是农村）严重不足，等等。

第五段：怎么办——抓住问题（针对原因分析）找办法

可采取以下几种措施：国家颁布促进国民阅读的政策和法规；教育、文化、社区等政府部门经常性地组织各级各类阅读活动；学校、家长着力激发学生阅读兴趣，培养孩子从小养成良好的阅读习惯，等等。

我们以上述逻辑思路为基础，根据具体的审题结果和论证需要提供了单要素、双要素和二选一结构模板供考生学习和参考。

一、“单要素”结构

当我们审题立意为“单要素”并展开论证时，常常选用该结构。如《沉潜，个人自我完善的刚需》。

公式一

第一段	第二段	第三段	第四段	第五段	第六段
破题	立：重要性 分析话题价值和意义。	反：必要性 无之不行，必要关系证明。	实施难点 正：为何不做或做不好。 反：为什么要做。	怎么办 迎难而上，针对实施难点展开论证。	结尾
	为什么			怎么办	

例： 阅读下面的材料，并据此写一篇不少于 600 字的论说文，题目自拟。

法国科学家约翰·法伯曾做过一个著名的“毛毛虫实验”。这种毛毛虫有一种“跟随者”的习性，总是盲目地跟着前面的毛毛虫走。法伯把若干个毛毛虫放在一只花盆的边缘上，首尾相接，围成一圈。他在花盆周围不远的地方，撒了一些毛毛虫喜欢吃的松叶。毛毛虫开始一个跟一个，绕着花盆，一圈又一圈地走。一个小时过去了，一天过去了，毛毛虫们还在不停地、固执地团团转。一连走了七天七夜，终因饥饿和筋疲力尽而死去。这其中，只要有任何一只毛毛虫稍稍与众不同，便会立刻吃到食物，改变命运。

【2019 年经济类联考真题】

文章结构

第一段：破题（引材料+立论）

毛毛虫盲目地跟随，不停地、固执地团团转，最终沦落到饿死的结局（引材料）。不难看出，只有拒绝盲从，走出圈子，方能改变命运。人何尝不是这样？（立总论点）

第二段：重要性

拒绝盲从有利于个人成长（分论点）。个人成长是一个从量变到质变的过程。叔本华曾说：“要么孤独，要么庸俗。”一个人只有做到了不盲从，才能真正拥有自我，不会被他人左右思想，如此便会推动个人系统机体不断适应环境，并与环境形成良性互动。在这个过程中，个体不断完善和成熟，从而助力个人成长。

第三段：必要性

盲从的人只是一具躯壳。（分论点）当他们以别人为方向一拥而上时，结果往往步入“泥潭”，走进人生的“死胡同”；当他们对外来观点照单全收时，就会失去思想和行动的主心骨，成为他人思想的附庸；而若任由盲从之风弥漫整个社会，则会给人们带来淹没感，**扼杀创新的勇气和锐气**。

第四段：实施难点

一是从众心理（难点①），是指个人的观念与行为由于群体的引导和压力，不知不觉或不由自主地与多数人保持一致的社会心理现象。有人觉得做一个追随者可以更简单、更轻松做事，也有人害怕与众不同会被群体孤立而选择“失声”。**二是大多数人缺少理性的分析和判断的能力**（难点②）。在信息爆炸的时代，信息鱼龙混杂，有些人缺乏理性分析和判断的能力，内心对未知充满恐惧，从而屈服于“盲从”带来的虚假安全感。

第五段：怎么办

首先，要具备批判性思维（针对难点①），突破思维局限，勇敢地跳出盲从带来的“舒适区”。敢于提出自己独特的见解和看法，坚持真理，求真务实，大胆开拓，勇于创新。**其次，要培养独立精神**（针对难点②），这会增强自己的分析和判断能力，坚持独立思考，辨伪存真，找到正确的路。

第六段：结尾

生活是立体的画卷，风光与陷阱同在。在遇到“毛毛虫困境”的时候，**不要盲从，要及时地跳出去，才能获得新生**（呼应总论点）。

二、“双要素”结构

当我们审题立意为一个“双要素”并展开论证时，常常选用该结构。如《多样性与一致性》《规则保护创新》等。

双要素有两种论证结构：

其一，A∧B（见公式二），先论证要素 A 的重要性或必要性，再论证要素 B 的重要性或必要性，之后分析二者关系，提出建议和措施。

其二，A→B（见公式三），先论证要素 B 的重要性或必要性，再论证 A→B 的关系，之后分析 A→B 的难点，最后提出解决难点的建议和措施。

考生注意，若将 A∧B 、A → B 作一整体关系论证，亦可采用单要素结构（见公式一）。

公式二（A∧B）

第一段	第二段	第三段	第四段	第五段	第六段
破题	要素 A 重要性或必要性	要素 B 重要性或必要性	二者关系 相辅相成或并行不悖或对立矛盾……	怎么办 如何协调二者关系	结尾
	为什么			怎么办	

例： 根据以下材料，写一篇 700 字左右的论说文，题目自拟。

孟子曾引用阳虎的话："为富，不仁矣；为仁，不富矣。"（《孟子·滕文公上》）这段话表明了古人对当时社会上为富为仁现象的一种态度，以及对两者之间关系的一种思考。

【2015 年管理类联考真题】

文章结构

第一段：破题（引材料+立论）

"为富，不仁矣；为仁，不富矣。"**（引材料）**这句话反映了当时的一种认知，但时至今日，这种观点显然不符合现实**（过渡）**，当今社会应该**为富且为仁****（立总论点）**。

第二段：要素 A

人应当为富**（要素 A 重要性）**。在改革开放初期，伟人邓小平曾经说过："白猫黑猫，能抓老鼠的都是好猫，我们需要让一部分人先富起来，先富才能带动后富。"的确如此，每个人对新事物、新发明的敏感程度是不同的，有些人善于发现商机、把握商机，那么他们就可以首先创造财富。而在他们创造财富的过程中，需要有人帮助他们进行生产，这就给全社会提供了更多的劳动机会，帮助更多的人提升生活水平。

第三段：要素 B

人应当为仁**（要素 B 重要性）**。为仁有助于形成良好的社会秩序。一方面，为仁要求一个人遵守道德准则，为人处世不逾矩。而在这样一个信息不对称的大环境下，"为仁"之人无论是受雇于人还是与他人合作，都能向对方传递低风险成本的讯号，自然能够收获大量的青睐，开拓更广阔的平台。另一方面，一个以"为仁"为主要基调的社会能够节省那些打击不仁行为的成本，优化社会资源的配置，创造良好的社会秩序。

第四段：二者关系

"为仁"是基石，"为富"是养分，二者相辅相成，缺一不可。只有在"仁"的准则上追求"富"，在"富"的过程中不忘"仁"，两者才能齐头并进。如今，愿意伸出援手"为仁"的企业家越来越多，一旦哪里出现灾害或困难，他们率先捐款捐物，支持重建，而这些善行也能换来其个人及品牌形象的提升和物质的回报，人民群众用购买其相关品牌商品的实际行动来支持这些"仁"的榜样。

第五段：怎么办

要想为富者且为仁，首先，**社会要发挥教育功能**（**如何协调二者关系**），加大宣传力度，形成“为富亦可为仁”的市场导向，助推良好的社会风气，使得全社会都认可它。其次，**通过建立相应的激励机制和奖励制度**（**如何协调二者关系**），让富人看到“为仁”的价值所在，那么在未来需要富人“为仁”的时刻，他们便不会认为“为仁”无法为他们带来好处，反而会乐于“为仁”。

第六段：结尾

在现代社会中，**为富且可为仁**（**呼应总论点**）。

公式三（A→B）

第一段	第二段	第三段	第四段	第五段	第六段
破题	**重要性** 要素 B 的价值	**合写：为什么** **A→B**	**A→B 的难点**	**怎么办** 迎难而上	**结尾**
	为什么			怎么办	

例：根据以下材料，写一篇 700 字左右的论说文，题目自拟。

知识的真理性只有经过检验才能得到证明。论辩是纠正错误的重要途径之一，不同观点的冲突会暴露错误而发现真理。

【2020 年管理类联考真题】

文章结构

第一段：破题（引材料+立论）

知识的真理性只有经过检验才能得到证明。论辩是其主要途径之一，在不同观点的冲突下通过论辩发现真理（**引材料**）。由此可见，论辩是发现真理的重要手段（**立总论点**）。

第二段：要素 B 的价值

知识的真理性是构建和谐社会的纽带。真理是人们对客观事物及其规律的正确反映，是使拥有独特思想和多元价值观的社会成员消除分歧达成一致的标准。用知识的真理性可以构建规则，实现社会的和谐统一。因此，追求真理应是和谐社会每个公民必备的素养。

第三段：为什么 A→B

论辩是检验知识真理性的重要途径。由于受到知识和认知模式的限制，社会成员对事物和价值往往有歧见，论辩可以使不同的思想和价值观相互碰撞，使人们纵观他人的观点，反思自己的思想。通过不同观点的冲突来暴露错误，在自我审查中进行不断的校准，从而发现真理。

第四段：难点

通过论辩发现真理的过程并不是一帆风顺的。主要体现为：**其一，本位主义**。当个人或团队的目的建立在自私的动机之上时，其往往表现为服务于一个人或其集团既定利益的理念的技巧性操作，其过程与结果必定远离真理。**其二，公正性**。世界是由许多具有不同观点和思维方式的人们组成的，如果人们仅仅从特定的群体出发，如仅仅从有限的立场来思考问题，就不能获得真理。

第五段：怎么办

通过论辩获得真理，**需要培养社会成员的批判性思维**。批判性思维就是通过一定的标准评价思维，改善思维，是反思性的思维，其目的是为了追求真理。批判性思维是个人自治的基础，自治使一个人较少依赖并因此较少受到他人的指示和影响，做到自我审查、自我校准。自我审查即反思自己的动机、心态和价值观，避免偏见，做到公正、客观、尊崇真理；自我校准即揭露错误和不足。“见贤思齐焉，见不贤而内自省也”，通过校准错误发现真理。

第六段：结尾

论辩，是获得真理的内在逻辑（呼应总论点）。

三、“二选一”结构

“二选一”结构（通常含有“有人主张……；有人主张……”等两个不同的观点）。通常材料没有明确的倾向性，考生可根据自己的擅长选择其中一个方向展开论证。

鑫全精点｜易错点提醒

1. “二选一”类型材料，选择哪方面都不偏题，言之有理便可；
2. 通常不要骑墙头，即不要对两方观点同时支持，展开论证。

其常见结构如下：

公式四

第一段	第二段	第三段	第四段	第五段	第六段
破题	踩：为什么不选	立：为什么选	难：选择后的难点	怎么办	结尾
	为什么			怎么办	

例：阅读下面的材料，以“是否应该对穷人提供福利”为题，写一篇不少于 600 字的论说文。

国家是否应该对穷人提供福利存在较大的争议，反对者认为：贪婪、自私、懒惰是人的本性，如果有福利，人人都想获取。贫穷在大多数情况下是懒惰造成的。对穷人提供福利相当于把努力工作的人的财富转移给了懒惰的人。因此穷人不应该享受福利。支持者则认为：如果没有社会福利，穷人没有收入，就会造成社会动荡，社会犯罪率会上升，相关的管理支出也会增加，其造成的危害可能大于提供社会福利的成本，最终也会影响努力工作的人的利益。因此，为穷人提供社会福利能够稳定社会秩序，应该为穷人提供福利。

【2017 年经济类联考真题】

文章结构

第一段：破题（引材料+立论）

人们对“国家是否应该对穷人提供福利”存在较大的争议。反对者认为，对穷人提供福利相当于把努力工作的人的财富转移给了懒惰的人（引材料）。但我认为，国家应该为穷人提供福利（立总论点）。

第二段：踩（为什么不选）

不可否认，不为穷人提供福利，或许会提高穷人自力更生、追求致富的动力。但如果没有社会福利，穷人缺乏基本生活保障，就会造成社会动荡，社会犯罪率上升，相关的管理支出也会增加，其造成的危害可能大于提供社会福利的成本，最终也会影响努力工作的人的利益（让步攻击）。

第三段：立（为什么选）

为穷人提供福利，有利于维护社会和谐（分论点）。福利能够缩小贫富差距，在一定程度上缓和不同阶层之间的矛盾，增强社会的凝聚力。为穷人提供福利，可减轻穷人在生活上的后顾之忧，增加穷人的安全感、幸福感，从而使社会变得井然有序，降低社会交易成本，提升社会生产效率，促进社会稳定和谐。

第四段：难点

但令人深思的是，为穷人提供福利也会引发一系列的问题，主要表现为：**其一，观念危机**。由于福利制度给人们提供了比较全面的服务，一些穷人宁肯靠国家补助过日子也不愿努力寻找工作，滋长了懒惰和不思进取的思想。**其二，制度漏洞**。制度执行部门工作不力或福利制度的相关规定存在漏洞，致使有些穷人实施诈骗行为，骗取福利。

第五段：怎么办

针对上述问题，应采取以下措施：首先，**发挥社会教育功能**（分论点）。通过教育使穷人树立正确的价值观，摆脱“等、靠、要”的思想，激发他们的志气，做好扶志工作。把贫困人群主动脱贫的志气“扶起来”，增强他们脱贫增收的主观能动性。其次，**完善社会福利制度**（分论点）。改善并优化现有的社会福利相关制度，强化各行政执行部门的互利合作意识，提升他们的工作效率；同时做好福利发放工作的过程监督与管理，避免违法行为的发生，将福利政策落到实处，使社会福利发放给真正的穷人。

第六段：结尾

从长远来看，**国家应该为穷人提供福利**，这样才能促进社会的进步（呼应总论点）。

四、社会现象类结构

社会现象是近几年来 396 联考常考的一种题型，有时候该现象能够凝练出一个观点，此时可按照上面所列的对应结构写。但是，有时候该现象围绕某一话题，不易凝练为一个核心词。此时在考场时间比较紧的情况下，要想快速成文，可以按照公式五进行写作，针对该现象展开论证。

公式五

第一段	第二段	第三段	第四段	第五段	第六段
破题	说危害	造成危害的原因（个人层面）	造成危害的原因（社会层面）	怎么办	结尾
	为什么			怎么办	

例： 根据下述材料，写一篇700字左右的论说文，题目自拟。

近日，网上一段“为偶像打投倒牛奶”视频曝光，不少惊呼心痛的网友质疑，“我们现在已经可以这样浪费了吗?”这一事件反映出某些平台和商家利用粉丝的盲目追星心理，引导其进行不理智的消费。针对这一问题，大家议论纷纷。

请针对这一现象，发表你的观点和看法。

文章结构

第一段：破题

“为偶像打投倒牛奶”视频曝光后，引发网友热议，这一事件反映出粉丝盲目追星的心理，某些平台和商家更是利用粉丝这种心理，进行错误引导，引发严重后果（引材料）。所以，追星要适度，切不可盲目（立总论点）。

第二段：危害

盲目追星行为给社会带来负能量。**一方面，盲目追星向社会传导错误价值观**，尤其是对于青少年来说，价值观还未完全确立，容易受外界影响，这种盲目的追星行为将冲击青少年的价值观；**另一方面，这种行为会形成不良的示范作用**，引发其他平台、商家甚至更多追星一族的模仿，在社会上形成不良风气。

第三段：造成危害的原因（个人层面）

在**个人层面**，首先是**粉丝群体的盲目从众**。粉丝跟风随大流，看到他人为偶像买牛奶助力，未经思考就盲目跟随他人行为进行购买。其次是**商家的经济人心理**。部分商家以自身经济利益最大化为目标，为获取利润不择手段，利用粉丝盲目追星的心理，引导其进行不理智的消费，从中获利。

第四段：造成危害的原因（社会层面）

在社会层面，**其一，相关监管制度不完善**。监管不力使得部分商家有机可乘，钻制度的漏洞，打擦边球。**其二，演艺行业风气日益浮躁化**。浮躁的行业风气使得部分从业人员着急出道、寻求快速变现，由此大肆鼓动和诱导粉丝非理性消费。

第五段：怎么办

为避免类似现象再度发生，可以做到如下几点：第一，**我们要避免从众心理**，理性思考，适度追星，以偶像的正面言行为榜样，激励自己；第二，**商家不要一味逐利**，不要只看重利润而放弃基本的社会责任；第三，**完善监督制度**，加大惩罚力度，不给别有用心的商家可乘之机；最后，**应该加强行业自我净化**，通过社会舆论等手段，降低行业浮躁风气对从业人员的影响，使得明星群体能静下心来，冷静对待与粉丝的关系。

第六段：结尾

理性才是最好的追星方式，公序良俗是应援绝不能突破的底线，以文明指引行为、以理性涵养心态、以睿智带动行动，才能真正激荡起公共文化空间的正能量。**故不要盲目追星**（呼应总论点）。

庖丁解牛

1. 根据以下材料，写一篇 700 字左右的论说文，题目自拟。

小鹏汽车成立于 2014 年，是一家专注未来出行的科技公司。公司自成立以来，不断进行科技创新，坚持通过自主研发，以领先的软件、数据及硬件技术为核心，为自动驾驶、智能网联和核心汽车系统带来创新，为中国消费者带来广受欢迎的智能电动汽车，从而使企业在 2021 年进入胡润世界 500 强，并成为全球最具价值的 500 家公司之一。

2. 阅读以下文字，写一篇 700 字左右的论说文，题目自拟。

泉水在地下蓄积，一旦有机会，它便骄傲地涌出地面，成为众人瞩目的喷泉，继而汇成溪流，奔向远方。但人们对地下的泉水鲜有关注，其实，正是因为有地下那些默默不语的泉水的不断聚集，才有地上那一股股清泉的不停奔涌。

3. 根据以下材料，写一篇 700 字左右的论说文，题目自拟。

庄子在《人间世》中有一则故事：南伯子綦到商丘去游玩，看到了一棵巨大而茂盛的树。这棵树与众不同，千乘车马都可以在它的绿荫下荫庇。然而子綦上前仔细地观看，发现这棵树枝丫弯弯曲曲不能做栋梁；木心是空的不能做棺材；舔一下树叶，嘴就会受伤而溃烂；闻一闻气味，就会使人大醉三日醒不来。于是子綦得出结论：这是一棵无用的树，所以能够长得这样高大。

4》根据以下材料，写一篇700字左右的论说文，题目自拟。

有人针对企业计划是否应该有弹性这一话题展开了一系列争论。有人认为计划应该有弹性，这是适应不确定性、充分发挥计划职能的重要手段。而有人则认为计划不应该有弹性，计划一旦制定，应该从始至终很好地去执行，否则就会出现混乱。

5》阅读以下材料，写一篇700字左右的论说文，题目自拟。

当前，网购、网约车、网上银行等互联网服务全方位地从虚拟数据世界介入现实生活中。人们已经习惯为了获取便利高效的服务，在网络上录入自己的姓名、电话、住址、银行卡号等隐私信息。

随着生物科技的发展，指纹、面容等个人生物信息也被作为特殊密钥，用于消费支付和解锁登录等。可是，在人们享受着大数据时代前所未有的便捷时，可能未曾想到自己在网络中的所有活动都被数字化留存，这些数字信息借由机器和技术的力量，有将公众变成"透明人"的风险，这种信息泄露将会严重影响我们的生活。

精|点|解|析

1》文章结构：公式一

破题（引材料+立论）

小鹏汽车自成立以来，通过科技创新使产品广受消费者欢迎，成为全球最具价值的500家公司之一**（引材料）**。可见，科技创新是企业发展的内在驱动力**（立总论点）**。

第二段：重要性

创新有助于企业成长（分论点）。企业成长如同人的成长一样，是一个从量变到质变的过程。科技创新作为一种成长基因，能推动企业系统机体新陈代谢，不断适应环境，并与环境形成良性互动。这将有利于企业内部结构的不断完善、成熟，使企业功能优化，从而促进企业成长。

第三段：必要性

试想，**如果小鹏汽车不进行科技创新**，不坚持以领先的软件、数据及硬件技术为核心，就不能为自动驾驶、智能网联和核心汽车系统带来创新，那么就不会赢得消费者的青睐，**也不会在激烈的市场竞争中占有一席之地**。

第四段：难点

然而，企业科技创新并非易事。究其原因，主要有以下两个方面：**一方面，人才**

的缺乏（分论点）。科技创新需要相关领域的人才作为支撑，需要一大批具有科研和原创能力的人。而企业现有的人力在知识技能、文化技术及专业领域的认知上都有一定的局限性，不能满足企业科技创新的要求。**另一方面，环境的不确定性**（分论点）。企业所面临的环境的动态性、复杂性，会给企业经营带来风险，科技创新有可能会为企业带来沉没成本，影响企业的收益。这使得企业在科技创新方面表现得非常审慎。

第五段：怎么办

企业要做好科技创新，应采取以下措施：**首先，完善人才管理机制**（分论点）。针对企业所需的科技创新型人才，通过提高薪酬、完善待遇等进行引进。同时企业还要与高校、科研院所开展深度合作，建设人才培养基地，形成科技创新人才培养链条。**其次，主动应对不确定性**（分论点）。企业要建立符合市场规律的管理逻辑，寻求机会，借助科技创新不断提升客户价值。企业不能因惧怕沉没成本的出现，就拒绝科技创新，而是要客观评估环境中的机会与风险，在科技创新方面有更多的投入。

第六段：结尾

总之，**科技创新**，为企业发展提供不竭动力，使企业基业长青（呼应总论点）。

2›› 文章结构：公式一

第一段：破题（引材料+立论）

泉水在地下蓄积，一旦有机会，它便会骄傲地涌出地面，成为众人瞩目的喷泉，继而汇成溪流，奔向远方（引材料）。可见，深厚积累，铸就一鸣惊人（立总论点）。

第二段：重要性

深厚积累有助于个人成长（分论点）。个人的成长是一个从量变到质变的重要过程。深厚积累能够使人们不断增加自身的学识，从而能够更加客观地看待问题，提高自我认识，形成正确的价值观念、生活方式及遵循正确的道德准则。同时，深厚积累作为一种成长“基因”，能够推动个人系统机体不断适应环境，并与环境形成良性互动，也让个体不断完善和成熟，行为不断优化，最终促进个人的成长。

第三段：必要性

如果一个人不懂得厚积，只想一步登天，急于求成，**就会走向失败**。现实中就有一些人一味追求成功，而忽视成功的过程是积累的过程，结果适得其反，不进反退，离成功的终点越来越远。

第四段：难点

知易行难。人们难以做到深厚积累，原因在于：**首先，现在的社会存在着浮躁性**

（分论点），它是一些人对社会事务或群体利益、个人利益在表达关注和追求时，所呈现出的某种盲目性、非理智性的反应。它会促使社会中的人形成急功近利、好大喜功的病态心理，让社会充满着不良的风气，从而阻碍人们追求厚积薄发这种优秀的品质。**其次，个人的功利心太强也会影响一个人的心性**（分论点），让一个人迷失自我，急功近利，忽略成功源于一次次的积累，而不是简单的一蹴而就。

第五段：怎么办

真正要做到深厚积累，**一方面，需要人们具有工匠精神**（分论点），有着几十年如一日的坚持与韧性，心无旁骛，在一个专门的领域不断积累优势，在充满荆棘的道路上稳扎稳打，潜心修炼，放下浮躁之心，耐心做事，等待着成功的到来。**另一方面，要淡泊名利**（分论点），不要过分地追求名和利，应该保持一颗平常心，看淡个人的得失，享受努力的过程，在一次次的突破中走向成功。

第六段：结尾

不积跬步，无以至千里；不积小流，无以成江海。唯有厚积薄发，方能成功（名言诗词结尾）。

3» 文章结构：公式二

第一段：破题（引材料+立论）

一棵既不能做栋梁也不能做棺材的树，看似“无用”，却能为千乘车马荫庇，变成了“有用”之物（引材料）。由此可见，**无用亦有用**（立总论点）。

第二段：要素 A

无用之用，亦可有用（分论点）。所谓无用，常常是相对当下而言的，然而相对长远来看，原来无用的东西却往往可能发挥出巨大作用。当下的无用可能是因为物体真正的用处被其他事物所掩盖，只有透过外在的表象，剥开层层遮掩，才能展现出无用之物的用处。就好像法拉第发现电磁感应，起初只局限在实验室里，曾被讥讽“毫无用处”。法拉第回应说：“那么刚出生的婴儿又有什么用处呢？”随着时间的推移，人们逐渐发现了这一现象的本质，即电磁原理，并将其应用在电动机上，由此人类进入了电气时代。由此可见，无用亦可有用。

第三段：要素 B

有用之用，亦可无用（分论点）。事物有用是针对当下的时代和情形而言，在当今社会，人们普遍急功近利，对事物的使用有时不遵循客观规律，导致有用也成了无用。对个人而言，如果为了应试而去学习，使得不愿意从基础知识学起，导致其根基不牢，即使通过了考试，也没有真正掌握这门知识，那么此刻他所学知识也就是无用的。由此可见，如果只是为了当下和眼前的利益，而去追逐有用的事物，那么有用亦可无用。

第四段：二者关系

无用和有用构成了“用”的全部（分论点）。二者是对立统一的关系，在一定条件下可以相互转化。没有“有用”，无所谓“无用”；没有“无用”，也无所谓“有用”。无用亦可有用，有用亦可无用。

第五段：怎么办

首先，要透过现象看本质（分论点）。对于有用的事物要遵循其客观规律，做到使有用之用最大化。**其次，要目光长远，脚踏实地（分论点）**，不要急功近利，只看眼前的用处和收益，不要因小弃之，要注重积累，让无用变有用、小用变大用。

第六段：结尾

任何事物都有其有用或无用的一面，它们并非对立的，而是可相互转化的，即**无用亦可有用，有用亦可无用（呼应总论点）**。

4» 文章结构：公式四

第一段：破题（引材料+立论）

有人认为计划应该有弹性，这是适应不确定性、充分发挥计划职能的重要手段。而有人则认为计划不应该有弹性。计划一旦制定，应该从始至终很好地去执行，否则就会出现混乱（引材料）。我同意前者的观点（立总论点）。

第二段：踩（为什么不选）（可采用让步攻击的方法）

不可否认，计划一旦制定，应该从始至终很好地去执行，否则就会出现混乱。**但是**企业的各项计划是根据企业的外部环境和内部条件制定出来的，是客观反映于主观的产物，而人们对客观的认识或反映是不能穷尽的，再好的计划也不可能完全与客观实际相一致。同时，客观条件也在不断变化，如果一个计划没有弹性，在执行初期可能是最优的，但在中期或者后期可能变得不优或者根本不适用了（让步攻击）。

第三段：立（为什么选）

弹性计划，有利于企业更好地应对环境的不确定性（分论点）。企业在经营过程中，会面临环境的不确定性。实施弹性计划，有利于企业及时纠偏，在面对不确定性带来的风险时，使企业能够认准目标，当机立断，及时纠正计划中不切实际的部分，用正确的行动方案调动员工的积极性，降低经营风险。

第四段：难点

实施弹性计划并非易事，缘由如下：**其一，管理者能力不足**（分论点）。管理者缺乏洞察既定环境复杂程度和减少这种复杂性的能力，不能理解事物的相互关联性从而找出关键影响因素，无法根据环境的变化实施弹性计划。**其二，组织的惰性**（分论点）。组织内普遍存在保持既定行为方式和消极应对环境变化的倾向。组织的内在活动力下降，看重眼前利益，得过且过；习惯于按部就班办事，对风险十分敏感，害怕负责任，不敢实施弹性计划。

第五段：怎么办

首先，管理者应该提高自身能力（分论点），意识到万物唯变，能够敏锐地洞察到企业或外部环境的变化，对环境中的不确定性有充分的认知，针对这些变化实施弹性计划，这样更有利于企业获得成功。**其次，企业应构建学习型组织，增加计划的弹性**（分论点）。组织成员共享知识和信息，在解决问题时，能够摒弃旧的思维方式和常规程序。引导成员在发现环境的变化时，不是简单地沿用既有的规范来进行决策和行动，而是要对根深蒂固的观念和规范提出挑战。每个人在组织中大胆质疑的“前提”下提高计划水平和计划能力。

第六段：结尾

企业要想获得可持续发展，**实行弹性计划**才是关键（呼应总论点）。

5 文章结构：公式五

第一段：破题（引材料+立论）

在大数据时代下，很多对个人数据信息的收集、利用行为都伴随着侵犯隐私的风险（引材料）。所以我们要避免成为大数据下的“透明人”（立总论点）。

第二段：危害

随着移动互联网的快速发展，各类智能软件已广泛应用在人们的生活中，**“大数据”使人们成为“透明人”**，软件使用者的个人信息也被不法分子盗取利用。侵犯（包括出售、非法提供和获取）公民个人信息的犯罪行为迅速蔓延，严重危害公民信息安全，并引发电信诈骗、非法拘禁、敲诈勒索、暴力追债、人肉搜索、恶意注册账号等多种犯罪，**严重危及人民群众的生命财产安全**（分论点）。

第三段：原因

我们之所以会成为大数据下的“透明人”，主要由以下原因导致：

首先，**信息提供者缺乏隐私保护意识**（分论点）。人们已经习惯了在网上录入自己的姓名、电话等隐私信息，却未曾想到自己在网络中的所有活动都被数字化留存，这种信息泄露将会严重影响人们的生活，为人们的财产、人身安全带来巨大威胁。

第四段：原因

其次，**信息收集者泄露隐私信息**（分论点）。在商业利益诱惑下，许多信息收集者将所收集的消费者隐私信息数据用于其他用途或是出售给第三方，导致大量隐私信息泄露。况且有些组织会恶意攻破信息收集者的数据库，即使平台有保护意识，但缺乏成熟的数据保护技术，致使信息依旧被盗。

第五段：怎么办

那么如何避免公众成为大数据下的“透明人”呢？**一方面，要发挥政府引导功能**（分论点）。政府要引导公众主动拒绝不良网站、企业等非法收集个人信息的要求。鼓励公众对于侵犯个人隐私的行为勇于发声，拿起法律武器捍卫自己的隐私权利。**另一方面，要制定专门的个人信息及隐私权保护制度**（分论点）。用制度规范个人信息的采集、利用以及保护，限制信息收集者出售信息的行为。制度也应设定信息收集平台的行为边界，如果越界，就会对这种违规行为进行惩戒。同时收集信息的平台也要提升技术水平，强化数据库监管，加强数据库安全维护。

第六段：结尾

人们要提高自己的隐私保护意识，平台更要保护好他人的信息，只有这样才能**避免公众成为大数据下的“透明人”**（呼应总论点）。

小试牛刀

1 » 阅读以下材料，围绕企业管理，写一篇 700 字左右的论说文，题目自拟。

在人的一生中，有些人只做一件事。如袁隆平院士一生致力于杂交水稻研究，创建了超级杂交稻技术体系，使我国杂交水稻研究始终居于世界领先水平。

2 » 阅读以下材料，写一篇 700 字左右的论说文，题目自拟。

一条街上有两家餐馆，一家叫“老味道”，一家叫“梦里时光”。“老味道”经营的是传统美食，餐馆的格局多少年来没有任何变化，十几道招牌老菜更是始终屹立不倒，它的广告语是“您吃的这道菜，和您爷爷的爷爷吃的那道菜，完全一个味儿”。

“梦里时光”走的是新式餐饮的路子，它隔一段时间就要对店面重新设计，菜品则是花样翻新，层出不穷，甚至宣称“如果一个月内你吃到了和上次一样的菜，这道菜我请了”。

两家餐馆比邻而处，生意都十分兴隆。

3 » 根据以下材料，写一篇 700 字左右的论说文，题目自拟。

自由包括行为和精神世界的双重解放，是人类穷尽所有资源和毕生精力追求的生存意义。然而，有不少人曲解甚至误解了自由的内涵，认为为实现自己利益的最大化而恣意妄为也属于自由的范畴。所以，才有了公共场所言行不端、交通违章，甚至是令人痛恨的食品安全危机。殊不知，这样的“自由”逾越了应有的界限，侵犯了他人的权益，践踏了社会空间的公共责任。自由不等于任性，必须有秩序的约束。

4 » 阅读以下材料，写一篇 700 字左右的论说文，题目自拟。

很多企业在发展过程中会遇到这样的问题，面对激烈的市场竞争，究竟要不要将技术研发放在首位。有人认为技术研发是企业生存和发展的重要保证，将技术研发放在首位是应对市场竞争的必然选择；也有人认为技术研发需要投入大量的时间，获得回报的周期长，存在一定风险。对此，你怎么看？

5 » 阅读以下材料，写一篇 700 字左右的论说文，题目自拟。

在一些热衷网购的朋友眼里，浏览评论区里的评价，是决定要不要下单购物的重要参考。可最近遭遇的一件事却让消费者很受伤：有人在网上看中一款不粘锅，评论区里好评滚滚，但收到以后，不仅没有不粘的效果，质感也很差。网上的评论为啥不靠谱？事后，这位朋友了解到，网上不少商户的“好评”都是花钱买来的，就是所谓“刷单”。刷单不仅欺骗了消费者，也给商户带来很大的伤害。

精 | 点 | 解 | 析

1 » 文章结构：公式一

第一段：破题（引材料+立论）

袁隆平院士一生只做一件事，致力于杂交水稻研究，使我国的杂交水稻研究处于世界领先水平（引材料）。由此可见，专注是个人成长的刚需（立总论点）。

第二段：重要性

专注，能够助力个人成长（分论点）。个人成长是一个从量变到质变的过程。专注作为一种成长“基因”，使人心无旁骛，不断磨炼自己，打造自身能力，从而推动个人系统机体不断适应环境，并与环境形成良性互动，积极根据环境的反馈完成自我迭代，成为个体渴望成为的人。此外，专注让个体在思想上不断完善和成熟，在行为和能力上不断优化，从而促进个人成长。

第三段：必要性

试想，**如果袁隆平院士一生没有专注于水稻研究**，就无法创建出超级杂交稻技术体系，也不可能创下世界纪录，难以使我国杂交水稻研究始终居于世界领先水平，**何来为解决全球粮食安全问题做出巨大贡献一说？**

第四段：难点

然而，知易行难，始终保持专注绝非易事。一方面，**人们存在经济人心理**（分论点）。这种心理使得人们总想少付出多收获，并为此不择手段，且面临不同选择的机会时总是选择能够带来利益最大化的机会，这导致人们为了利益，把精力分散至不同的领域，从而专注力不足。另一方面，**社会浮躁的影响**（分论点）。它使得人们心浮气躁，在追求专注时，呈现出某种盲目的、非理性的反应，这导致人们盲目跟风，无法做到专注。

第五段：怎么办

那么，如何使人们保持专注呢？首先，**社会应当发挥教育功能**（分论点）。通过社会舆论、榜样感化和思想教育等手段，使人们在内心形成“坚守精神”和“工匠精神”，这样有利于专注意识的培养。其次，**个人应做到自治**（分论点）。自治可使一个人较少依赖他人，较少受他人的指示与影响，最终达到自我审查、自我校准的目的，有利于保持独立精神，培养专注力。

第六段：结尾

人的时间是有限的，只有通过专注和聚焦的力量才能使个人从平凡走向卓越（呼应总论点）。

2 » 文章结构：公式二

第一段：破题（引材料+立论）

“一个味”与“不重样”，二者代表的不仅是传统美食与新式餐饮的经营理念，也是传统与创新两大看似对立的阵营（引材料）。两家餐馆比邻而处却又生意兴隆，这说明：传统与创新并非一定要分个高下，二者和平共处方能成就时代盛宴（立总论点）。

第二段：要素 A

传统是必不可少的，我们需要“老味道”（分论点）。“老味道”不仅指餐馆中舌尖上的味道，还包括很多其他内容，比如纸质阅读、名著经典、书写在古籍上的文字、诗词中蕴藏的古韵等。传统是民族的血脉根源，是一个国家繁荣昌盛的文化底蕴。如果失去了传统，这个国家便失去了精神家园。龚自珍“灭人之国，必先去其史”的说法，也正出于此。

第三段：要素 B

创新也是不可或缺的，我们也需要“梦里时光”（分论点）。《周易》曰：“变则通，通则久。”变通与创新的智慧自古至今都有。创新带来的红利为每个人所共享，带给我们的是切实的便利。支付宝是创新的支付方式，网购是创新的购物方式，共享单车是创新的出行方式。这些创新事物的出现无疑让我们的生活更加便捷。

第四段：二者关系

传统与创新不是非此即彼的关系，两者可以相辅相成（分论点）。继承传统为改革创新打下基础。创新是在传统的基础上的改进、完善，从而带来更大的突破；改革创新为继承传统提供活力，经过创新的传统更具有生命力，更能被人们接受和发扬。因此，只有传统与创新有机结合，社会才更加丰富多彩，充满生机和活力。

第五段：怎么办

想要更好地促进二者协调发展，应从以下方面着手（分论点）：在坚持传统的基础上进行创新，这样方能保证“渠长水清”；要在创新的基础上守住传统，这样方能保证“源头活水”。弘扬传统并非抨击创新，而促进创新也非讽刺传统。人们要懂得欣赏传统之美，还要包容地欣赏创新之美。

第六段：结尾

只有传统与创新交相融合，才能造就时代的盛宴（呼应总论点）。

3 文章结构：公式三

第一段：破题（引材料+立论）

自由是人类生存的意义。然而，有不少人曲解了自由的内涵，一味追求自身利益的最大化，但这样的“自由”逾越了应有的界限，侵犯了他人的权益（引材料）。所以，自由不等于任性，必须受秩序的约束（立总论点）。

第二段：重要性（要素 A 与要素 B 的关系）

自由的实现有赖于秩序的建立（分论点）。秩序以自由为其存在的目的，人的每一种自由的行使，都不可能无视他人同样存在的自由，当每个人的自由都能够受到秩序的约束时，就可以避免因彼此发生冲突而无法自由的情况。因此，秩序是自由的前提，也是自由发展的保障。

第三段：必要性（要素 A 与要素 B 的关系）

缺乏秩序约束的自由犹如脱缰的野马，是极度危险的（分论点）。从随意插队、当众喧哗打闹、损害公共财物、办事求人托关系等生活琐事，到冷漠围观，甚至为了发泄情绪在网上肆意谩骂、攻击他人，严重破坏网络生态环境，这些无一不折射出脱离了秩序的自由最终只能影响他人、贻害社会。

第四段：难点

然而，并不是每个人都能在秩序的约束下行使自由：**一方面，有些人过分追求个人利益最大化**（分论点），将个人自由凌驾于他人自由之上，丢掉了自由的界限；**另一方面，现行制度过于温柔**（分论点），对失序行为缺乏相应的惩治。

第五段：怎么办

我们需要做到个人的自治（分论点）。"见贤思齐焉，见不贤而内自省也。"**一是反省自己的动机和价值观**，寻求榜样的力量，换位思考，将他人的自由作为个体自由的界限，将社会的秩序作为个体自由的界限。**二是加大执法与监督的力度**。道德永远是模糊的、弹性十足的，只有规则才能保障秩序的正常运行，让人们在公共环境中更有尊严。所以，对于严重失序行为，最好的方式就是给出"强规则"。

第六段：结尾

孟子云：不以规矩，不能成方圆。唯有以秩序作为约束，才能实现真正意义上的自由（引名言结尾）。

4 文章结构：公式四

第一段：破题（引材料+立论）

面对要不要将技术研发放在首位，有人认为将技术研发放在首位是应对市场竞争的必然选择；也有人认为技术研发存在风险（引材料）。而我认为，技术研发是企业成功的不二法则（立总论点）。

第二段：踩（为什么不选）（可采用让步攻击的方法）

不可否认，企业进行技术研发确实需要投入大量时间，存在一定风险，但是技术研发成果给企业带来的效益远远大于企业投入的时间成本。技术研发能够推动企业系统机体不断扩张、新陈代谢，不断适应市场环境，并与环境形成良性互动，更好地应对激烈的市场竞争，使企业实现从量变到质变的飞跃。

第三段：立（为什么选）

技术研发有利于提高企业的核心竞争力（分论点）。核心竞争力是企业长期形成的，支撑企业过去、现在和未来竞争优势，并使企业在竞争环境中能够长期取得主动的核心能力。技术研发能够帮助企业获得难以被竞争对手复制和模仿的差异化优势，从而形成一种人无我有的有利局面，提高企业的核心竞争力，使企业在激烈的市场竞争中脱颖而出。

第四段：难点

然而，很多企业却并不重视技术研发，原因在于：一方面，**市场环境具有不确定**

性（分论点），这会给企业的技术研发带来一定风险，导致企业无法准确预测市场动向，一旦研发失败，就意味着企业出现沉没成本，影响企业收益，所以，部分企业在技术研发上表现得非常审慎。另一方面，**管理者短视**（分论点），奉行短期主义，不具备大局意识，企业行动更多体现为短期行为。面对企业技术研发问题，总是患得患失，不去提升看待问题与处理问题的高度；面对眼前利益又显得迫不及待，总是为短期利益而放弃技术研发。

第五段：怎么办

要解决企业在技术研发上遇到的问题，可以从以下几个方面入手：**第一，主动应对不确定性**（分论点），建立符合市场规律的企业管理逻辑，站在顾客一端来预测市场，把握市场动向，使企业的技术研发更有预见性和规律性。**第二，管理者要培养长远意识**（分论点），目光当长远，基于客户洞察，以市场前瞻形成未来目标，倒逼企业资源配置和战略管理长期化，打破短期主义的束缚，“不求近功，不安小就”，企业才能更好地进行技术研发。

第六段：结尾

技术研发是企业获得发展的重要途径，只有将技术研发放在首位才能助力企业走向成功（呼应总论点）。

5» 文章结构：公式五

第一段：破题（引材料+立观点）

随着淘宝、京东等各大网购平台的流行，网络刷单的行为时有发生。有专门的人员被安排在网上给商家刷销量、刷好评（引材料）。然而，被刷单操控的评价，伤害了消费者，也让互联网经济繁荣的信任基石被动摇（立总论点）。

第二段：危害

刷单的危害有目共睹（分论点）。对于消费者来说，一旦上当受骗，一般不会再次选择该商家，甚至可能放弃整个电商平台，这也是平台客户流失的一个原因。对于商家来说，通过刷单，虽然暂时提升了自己的排名，但如果商品和服务质量不过关，“刷”出来的人气只能是短暂的虚假繁荣，其结果是既浪费钱，又浪费精力，害人害己。

第三段：原因（商家角度）

对于入驻平台的商家而言，只有自己所售商品能优先呈现到消费者面前，才有竞争优势（分论点）。许多电商平台在同类商品的呈现方式上，把销量和好评列为排序条件，销量高和好评多的商品能够被消费者搜索到的机会多。而卖家具有经济人心理，追求短期经济利益最大化，为了让自己的商品在众多商品中脱颖而出，主动迎合电商平台排序设计，提高销量和好评。刷单可以让卖家在短时间内取得销量和好评，采取刷单提升店铺评级的速度比正常经营店铺快至少 10 倍。

第四段：原因（平台角度）

电商平台对卖家及商品判断标准的单一性，让刷单行为有了可乘之机（分论点）。对于电商平台而言，短期来看，卖家雇人刷单从总体上会提高平台的人气，能吸引更多的卖家入驻平台开店，也能吸引消费者选择该平台购物。而正处于吸引投资阶段的平台，对刷单行为更是睁一只眼闭一只眼。更有甚者，一些平台高管迫于内部绩效考核的压力，会暗示商家实施刷单行为。

第五段：怎么办

有效遏制刷单可以采取以下措施：首先，对于入驻平台的商家而言，要引导其正确认识成功，避免因利益驱使的短视主义（分论点），不被眼前的暂时利益所蒙蔽，自觉践行诚信经营的理念并且积极探寻合适的经营发展战略，提高产品质量；**其次，对于电商平台而言，应该建立起一套完善的平台监管机制**（分论点），严厉打击虚假刷单、以假乱真、以次充好等损害消费者利益的行为，积极建立并维护一个风清气正的互联网购物环境，让诚信经营的理念蔚然成风。

第六段：结尾

无论是网店店主还是个人买家，都要对自己的网上行为负责，**坚守诚信底线，珍惜网络信用，让刷单行为无处遁形**，让消费者更容易分辨出真正受到好评的网店，享受更加优质的产品和服务（呼应总论点）。

第三节
论说文写作技巧

一、论说文拟题技巧

论说文拟题应遵循以下三点要求：

①标题范围尽量要小。要从命题材料的观点出发，立出符合材料观点的题目，不要太大太泛；要合理创新，不要落入俗套。如果标题太大，可以采用副标题的方式加以限制，这是一种补救方式，最好不要出现。

②标题不能过长。标题过长会显得松散，没有力量。在遵循拟题要求的前提下，拟一个好的标题须讲究一点艺术。论说文不像记叙文那样具有浓厚的文学意趣，因而更应强调拟题的艺术。

③标题可以材料中的关键信息作为题目，也可以根据材料所蕴含的中心思想立意。任何类型的材料都会有中心思想，在写作时，可以直接将材料中的观点提炼形成题目，让阅卷老师看见题目就知道文章的中心，从而使得作文观点鲜明。

下面给大家讲解一下拟题的方法。

1. 主谓拟题法

《×××，企业成功的刚需》《×××，成功企业的内在逻辑》《×××，企业成功的本质特征》《×××，使企业从优秀到卓越》《×××，社会和谐的刚需》《×××，社会发展的刚需》《×××，成功者的本质特征》

2. 直接表态法

《盲目追星，不可取》《危机感，不可失》《团队精神，不可无》《盲目从众，不可有》

3. 并列组合法

《个人价值与集体价值》《多样性与一致性》《为富与为仁》《规则与创新》

二、论说文开篇攻略

论说文的开篇一般情况下要写成“凤头”，要简单明了，言简意赅，切忌啰唆，**字数最好控制在60字以内，即3行**。要让阅卷者通过简短的语言表达，看出你的写作意图（文章的总论点）。

对于考生，想要写好论说文开篇（即开头段）部分，首先要做到能够准确地抓住材料观点，并干净利落地切入主题。

下面给大家介绍论说文的开篇写法，它由三个部分组成。

第一部分：引述命题材料（通常是必需环节）

引述材料要注意从提出论点的需要出发，抓住材料的中心，用简明的语言准确表述。

对于材料，不必过于注重其情节过程的完整性，应着眼于挖掘材料与论点相通的语意信息，以揭示材料中足以显现的论点。具体做法为不照抄材料，只重点引用立意之所需，表述语言要充满理性色彩，使说理向深层迈进。

第二部分：过渡（不是必需环节）

过渡句就是从材料到文章立意的过渡，它的任务就是阐发题干材料与文章立意之间的关系，目的是告诉阅卷者，你的观点是从原材料自然地引发出来的。

第三部分：立论（通常是必需环节）

立论，就是明确地告诉阅卷者文章的立意，把自己的总论点亮出来。

引述材料时要尽量把立意的核心意思和关键概念预埋进来，为接下来的文章立意做引子，过渡要自然且简短明快，把预埋下的伏笔和引子进一步揭示出来，由材料的观点顺利过渡到自己的观点，达到破题的目的。

纵观管理类和经济类联考的所有历年真题，可发现开篇可汇总为以下常见的三种结构：

1. 观点型材料开篇

观点型材料，开篇在引述材料观点的基础上，用简明、准确的语言归纳出自己的立论，即文章的中心论点。**（引观点→立论）**

例：根据以下材料，写一篇700字左右的论说文，题目自拟。

知识的真理性只有经过检验才能得到证明。论辩是纠正错误的重要途径之一，不同观点的冲突会暴露错误而发现真理。

【2019年管理类联考真题】

【示例】知识的真理性需要经过检验，而论辩是检验真理的重要途径。（摘录命题材料中的观点）由此可见，论辩是检验真理的内在逻辑。（立论）

2. 故事型材料开篇

故事型材料的开篇写法，通常要完成以下几部分内容：①谁+②做了什么+③有什么结果→立论。

例：根据下述材料，写一篇700字左右的论说文，题目自拟。

巴西热带雨林中的食蚁兽在捕食时，使用灵活的带黏液的长舌伸进蚁穴捕获白蚁，但不管捕获多少，每次捕食都不超过3分钟，然后就去寻找下一个目标，从来不摧毁整个蚁穴。而那些未被食蚁兽捕获的工蚁就会马上修复蚁穴，蚁后也会开始新一轮繁殖，很快产下更多的幼蚁，从而使蚁群继续生存下去。

【2021年经济类联考真题】

【示例】食蚁兽（谁）每次捕食时间都不会超过3分钟，且从来不摧毁整个蚁穴，让蚁群持续繁衍生息（做了什么），为其带来更大的价值（结果）。这也给我们带来了启示：走可持续发展之路，势在必行！（立论）

3. “二选一”材料开篇

“二选一”命题材料通常提供两个不同的观点供选择，考生只需要把两个话题的关键内容直接摘录下来，而后提出立论理由，完成“‘二’是什么？为何选‘一’？”的立论逻辑，即引（“二”是什么）→立论（为何选“一”）。

例：根据以下材料，写一篇700字左右的论说文，题目自拟。

有人说，机器人的使命，应该是帮助人类做那些人类做不了的事，而不是代替人类。技术变革会夺取一些人低端烦琐的工作岗位，最终也会创造更高端更人性化的就业机会。例如，历史上铁路的出现抢去了很多挑夫的工作，但又增加了千百万的铁路工人。人工智能也是一种技术变革，人工智能也将促进未来人类社会的发展。有人则不以为然。

【2018年管理类联考真题】

【示例】有人认为人工智能会推动人类社会的发展，有人则不以为然（“二”是什么）。而我认为，人工智能技术将是照亮又一个新时代的火种（为何选“一”）。

庖丁解牛

论说文开篇练习

1›› **根据以下材料，写一篇 700 字左右的论说文，题目自拟。**

我国著名实业家穆藕初在《实业与教育之关系》中指出，教育最重要之点在道德教育（如责任心和公共心之养成，机械心之拔除）和科学教育（如观察力、推论力、判断力之养成）。完全受此两种教育，实业界中坚人物遂由此产生。

【2021 年管理类联考真题】

【示例】我国著名实业家穆藕初指出，兼受道德教育（即德）与科学教育（即智）使实业界中坚人才辈出（摘录命题材料中的观点），由此可见，德智双行是成功企业家的刚需（立论）。

2›› **根据以下材料，写一篇 700 字左右的论说文，题目自拟。**

杰克·韦尔奇接任美国通用电气公司总裁后，实行了“全员决策”制度，使那些平时没有机会互相交流的职工、中层管理人员都能出席决策讨论会。“全员决策”的开展，打击了公司中官僚主义的弊端，减少了烦琐程序，避免企业中的权力过分集中，让每一个员工都能体会到自己也是企业的主人，从而真正为企业的发展做贡献。

“全员决策”的实行，使公司在经济不景气的情况下取得巨大发展。杰克·韦尔奇本人也被誉为全美最优秀的企业家之一。

【示例】杰克·韦尔奇（谁）通过“全员决策”制度（做了什么），使企业在经济不景气的情况下取得了巨大发展（结果）。不难看出，全员决策是企业发展的内在驱动力（立论）。

3›› **根据以下材料，写一篇 700 字左右的论说文，题目自拟。**

近年来，新业态、新模式如雨后春笋般不断出现，给人们生活带来便利的同时，也带来了许多新问题，甚至威胁到人们的安全。有人认为这是“成长的烦恼”，人们要有一颗包容新事物的心；有人认为应当取缔。

【示例】对于新业态、新模式如雨后春笋般不断出现，有人认为人们要有一颗包容新事物的心，有人认为应当取缔（“二”是什么）。其实，帮助新生事物克服“成长的烦恼”，才能最大程度地孕育出新动能（为何选“一”）。

三、论说文结尾攻略

写好论说文的结尾，会使文章结构严谨，余音绕梁。论说文的结尾除了服务于文章的内容和中心外，还受“开头”的制约。结尾不宜过长，要为“豹尾”，**字数最好控制在 40 字以内**，要求简练、有力。

论说文的结尾是对全文论证的总结。在这一部分，考生要对全文进行总结概括，归纳出自己的基本观点。不管采取哪种方式结尾，**都要能“结”得住，断得下，能够点明意旨，升华主题，呼应前文，强化形象**。

结尾可以采用以下形式：

1. 呼应总论点结尾

大部分论说文都是通过总结论点来自然结束的，因而论说文的结尾，一般都会重申文章开头提出的观点。

例：综上所述，只有德智双行，企业家才能从优秀走向卓越。

这个结尾对其开篇做了回应，其开篇如下：

我国著名实业家穆藕初认为道德教育和科学教育助力于实业中坚者。由此可见，德智双行是卓越企业家的刚需。

【2021 年管理类联考真题】

2. 呼吁号召结尾

呼吁号召结尾一般是针对生活中某种突出的问题，在提出相应的对策之后，呼吁人们应该怎么做，特别适合“社会热点现象”类的命题。

例：因此，治理高校的学术造假，呼唤我们重建和弘扬大学精神。社会期待着高校的学术回归理性和尊严，也期待着大学精神的重塑。

【2010 年 1 月管理类联考真题】

3. 反问结尾

反问往往有加强效果的作用，运用反问的方式，能强调自己的观点，引起读者的思考。

例：决定你上限的，不是能力，而是格局。由此可见，立志怎能不高远？

【2015 年经济类联考真题】

4. 名言警句式结尾

用名言警句结尾，一方面，能佐证你的观点，使文章更有说服力；另一方面，能让读者，特别是阅卷者看到你的知识积淀和文学素养。

例：“独脚难行，孤掌难鸣。”在竞争中企业若能学会使用合作这一利器，把握时代发展潮流，定能实现互利共赢。

【2013 年 1 月管理类联考真题】

四、展开分论点的方法

1. “重要性”分论点的解析方法

利用论证关系解析“重要性”分论点是最常用的方法，也比较重要，考生需要掌握。前提**（X，即立论主题）**→结论**（Y，立论主题的好处、重要性等）**，就构成了我们所定义的论证。如：承担社会责任（X，即立论主题）有利于塑造企业的品牌（Y，立论主题的好处、重要性等）。

> 这类分论点的论证方法是：①Y 的内涵（定义）是什么？+②Y 的作用或意义是什么？+③X 为什么能推出 Y？（注：①和②略写，可同时论，也可以只论其中之一；③详写）

【示例】**走可持续之路（X）有利于企业的长远发展（Y）（分论点：X→Y）**。长远发展是每个企业追求的目标**（Y 的内涵）**。而**可持续发展战略（X）**可以将企业当前利益与长远利益有机结合，使企业在经营过程中不会一味地消耗现有资源来获得短期利益，而是将现有资源合理分配，通过转型升级来实现赋能升值，从而使企业逐渐提升竞争力并能够更好地适应环境，与环境形成良性互动，助力企业的长远发展**（Y）（X 与 Y 之间的关系）**。

【示例】**培养员工主人翁精神（X），能增加组织的向心力（Y）（分论点：X→Y）**。**培养员工“主人翁”精神（X）**，会让员工像关心自己的成果一样关心团队成果，提升团队合作意识，**增加个体对组织的向心力（Y）（X 与 Y 之间的关系）**。**组织的向心力强能够激发员工的积极性和创造性，达到个体目标与组织目标相一致的效果，最终形成协同效应，促进企业良性发展（Y 的好处）**。

2. “必要性”分论点的解析方法

必要性就是“必须要有的”。必要性是相对于选择性而言的一种倾向，是达到一定目标所需要的条件、因素（没有不行）。在论证必要性时，考生一定要侧重于论证没有该因素，结果就不可能出现。

论证必要性的方法主要有两种：一种是反证，即反面证明，亦称“逆证”，是通过断定与论题相矛盾的判断（即非 X）的虚假来确立论题的真实性的论证方法。另一种是假设。假设论证法就是针对之前列举的事，从反面进行假设，进而推论论据的真实性、可靠性，从而有力地论证中心论点。此类分析法常用“假设没有某种情况会怎样呢?”。

一般情况下，文章中的必要性不用写太长（大概 3~4 行即可），所以可以不写出分论点，直接写出推理过程即可，也可以采取“就地取材”的方法，即就材料论材料。

【示例】不懂感恩（非 X），只知道一味地索取，交往双方之间就会出现极大的不平衡，就个人来说，会导致双方关系的破裂，从而再也无法从对方处得到帮助（非 Y）；在社会层面，会导致社会资源的倾斜，进而引发民愤，会极大地破坏社会的和谐稳定（非 Y）。[反证]

【示例】试想，如果郭思达面对可口可乐存在的问题时，没有给所有人带来观念的革新（非 X），那么人们关注的核心问题依然可能是可口可乐在美国可乐市场的占有率，在全球软饮料市场的占有率，而不会变成在世界上每个人要消费的液体饮料市场的占有率，那么其无可限量的前景就不会被唤醒（非 Y）。[反面假设]

3. “难点”分论点的解析方法

难点即难以做到它（核心论点）的原因，也就是该论点虽好，但是为什么大家不愿意做或者做不好。在写文章时，一般难点写 5~7 行即可，可以写两个难点或只写一个难点，只要言之有理便可。

考生需要注意，如果写两个或两个以上的难点，且论点间没有交集，这样的论证更全面、更合理，易得高分。

【示例】**知易行难，企业进行决策时很难做到真正的兼听**，其原因主要有二：**其一，企业决策框架不透明**（企业原因）。目前国内大多数企业组织架构复杂，企业内部沟通效率低下，重大决策往往由管理者在办公室决定，企业员工只需按要求执行决策内容，无法提供个人建议。**其二，管理者个人主义意识强烈**（个人原因）。“兼听”

要求管理者走下神坛，倾听员工意见，对于大多数管理者来说，这种决策模式无疑是挑战自己的权威。如果管理者自身难以接受，“兼听”模式自然难以推行。

4. “案例分析”解析分论点

“案例分析”就是我们通常讲的“例证”，为了让大家恰当运用“例证”，为现场作文“锦上添花”，也区别于传统的“凑例”，我们称之为“案例分析”。

（1）“例理”分开

“例理”分开，通常由两段组成，“例”一段，“理”一段。“例”即例证，用事实证明观点（论证关系：X→Y）。“理”即理证，用理论证明观点（论证关系：X→Y）。这种写法容易获得阅卷者的青睐，建议考生掌握。

【示例】**肯德基**针对其在发展过程中遇到的问题**对症下药**（X），找到了适合在香港经营的方法。这使得肯德基发展成了香港四大快餐连锁店之一，也为它在中国各地的发展打下了基础。如今，肯德基已经**成为家喻户晓的快餐品牌**（Y）。［例证：X与Y之间的关系］

企业管理者懂得对企业存在的问题对症下药，助力企业成长（分论点：X→Y）。企业成长如同人的成长一样，是一个从量变到质变的过程（Y的定义）。每个企业在成长过程中都会遇到一些问题，**管理者针对这些问题对症下药**（X），就能帮助企业解决棘手问题，使企业更好地选择适合市场发展需求的经营模式，进而抛弃原先固有的经营模式和营销策略，**使企业得以健康快速地成长**（Y）。［理证：X与Y之间的关系］

（2）“例理”结合

“例理”结合，通常将理证和例证写在一段中，一般是先说理（理证），再说例（例证）。当然写作方法不唯一，也可以先说理（观点），再举例，然后再说理（总结）。

【示例】**观念革新能提高企业的核心竞争力**（分论点：X→Y）。核心竞争力是企业长期形成的，蕴含于企业内质中的，企业独具的，支撑企业过去、现在和未来的竞争优势，并供企业在竞争环境中能够长时间取得主动的核心能力。［理证：理论证明］肯德基通过观念革新，使人们接受新的文化，并且形成一种差异优势，和其他快餐业的差异优势就是使人们在自己的文化氛围中同时接受新的快餐文化，此种差异化优势能促进企业的发展，形成独特的核心竞争力，使企业矗立于行业的前端。［例证：事实证明］

5. “为什么（难点）”和“怎么办”呼应

“为什么（难点）”和“怎么办”部分实质上也是在解析分论点。通常将“难点”和“怎么办”紧密结合起来，完成了“难点”也就完成了“怎么办”，文章论证遵循了演绎论证的分析思路。

【示例】**然而很多企业对于研发新产品却并不“感冒”，表现在对研发过程中风险的厌恶。其一，由于企业管理者能力不足，**没有把握消费者需求的能力，导致研发结果可能无法与市场有效对接，企业研发活动无法变现为利润，导致企业沉没成本出现。这致使一些企业不愿意研发新产品。**其二，政府对于知识产权保护力度不足，**研发成果得不到有效保护，也使得一些企业在面临研发的时候“止步不前”。**［企业不愿研发新产品的原因在于：内部原因①企业管理者能力不足；外部原因②政府对知识产权保护力度不足］**

上述的风险可以通过以下措施得到有效的控制。首先，建立学习型组织，提高管理者能力，让企业进行专业的市场调研。只有充分了解消费者需求，让产品和市场有效对接，研发才可以变现为利润。**其次，政府应加强专利保护，**使企业研发活动变得有利可图，激励企业增加研发投入。**［应对措施：针对内部原因①建立学习型组织；针对外部原因②政府应加强专利保护］**

第四节
论说文说理与素材

分析管理类（199 科目）和经济类（396 科目）联考论说文历年真题，不难发现，论说文写作命题方向主要涉及以下三个方面：

“企业认知”类命题（199 科目重点方向，396 科目较少涉及）：着重考查考生发现、分析和解决企业管理问题的能力，从而达到评价考生管理潜质的目的。

“社会认识”类命题：重在引导考生思考社会问题，展开认知探究。该类命题没有明确的特征，但是考生通过训练通常都能进行有效的判别。经过多年发展，该类考试命题不断细化，角度通常有社会发展、公平与效率、真理与实践、秩序与自由、社会和谐等。命题要求考生能正确地对社会功能、社会制度和社会变革进行思考。

“个人认知”类命题： 重在引导考生思考个人成长问题，提升认知探究。命题要求考生能正确地对个人与社会、个人与成功、个人素质与素养等进行思考。

鑫全精点 | 背景知识和素材有多重要

要想把论说文写好，除了需要顺利“入格”，掌握我们之前讲的方法和技巧之外，更为重要的是要明了“话题”的内涵，能够将考查的知识融会贯通，真正形成自己的观点，并针对拟定的主题展开论证。要想做到这一点，就需要补充一定的专业知识和常识。本节总结了论说文考试所涉及的常见背景知识和素材，考生务必认真学习并消化，这是获取高分的关键。

一、企业认知类常见背景知识和素材

1. 基本认知

(1) 企业

企业是指在商品经济范畴内，按照一定的组织规律有机构成的经济实体，一般以营利为目的，以实现股东、客户、员工、社会大众的利益最大化为使命，通过提供产品或服务换取收入。

(2) 管理

管理是指一定组织中的管理者，通过实施计划、组织、领导、协调、控制等职能来协调他人的活动，使别人同自己一起实现既定目标的活动过程。管理是人类各种组织活动中最普通和最重要的一种活动。

(3) 企业战略

企业战略是指企业在实现其使命过程中所追求的长期结果，是在一些最重要的领域对企业使命的进一步具体化。它反映了企业在一定时期内经营活动的方向和所要达到的水平。

2. 企业发展目标

(1) 企业成长

企业成长如同人的成长一样，是一个从量变到质变的过程。成长“基因”能推动企业不断适应环境，并与环境形成良性互动，从而避开环境威胁，获取企业发展机会。成长“基因”有利于企业规模的扩大，内部结构的不断完善和成熟，企业功能的优化，系统机能的不断扩张与新陈代谢，从而促进企业成长。

(2) 核心竞争力

核心竞争力是企业长期形成的，蕴含于企业内质中的，企业独具的，支撑企业过去、现在和未来的竞争优势。塑造企业核心竞争力能使企业在竞争环境中长时间取得主动，帮助企业实现顾客最为关注的、核心的、根本的利益。核心竞争力是难以被竞争对手所复制和模仿的差异化优势。

(3) 客户忠诚度

客户忠诚度是指客户因为接受了产品或服务，满足了自己的需求而对品牌产生的心理上的依赖及行为上的追捧。企业应以满足客户的需求和期望为目标，有效地消除和预防客户的抱怨和投诉、不断提高客户满意度，在企业与客户之间建立起一种相互信任、相互依赖的“价值共同体”。

(4) 企业长远发展

关注长远发展，企业会着力于未来规划，设置一条适合未来发展的路径，使企业发展有序进行，避免走入误区。企业会注重员工的价值，使每个人的潜能都能得到充分发挥；企业能够事先洞察市场走向，走出红海，寻找蓝海，然后通过自己的努力，最终获得长远发展。

(5) 企业的护城河

企业的护城河主要来源于：无形资产、客户忠诚度、资源与经验、独特的商业模式和企业文化等。护城河可以帮助企业构建竞争对手进入市场的壁垒，在市场中抢占先机，赢得主动，实现长期的发展和扩张，从“量”和“质”两个方面推动企业发展。

3. 企业发展困境

(1) 环境的不确定性

不确定性一是来自企业所面临环境的动态性，二是来自企业所面临环境的复杂性。

不确定性会给企业带来经营的风险，意味着企业存在出现沉没成本的可能，会影响企业收益的实现。收益性与风险性共存使得企业在应对风险上表现得非常审慎，尤其那些缺乏内部知识资源的企业更是如此。

（2）组织的惰性

组织惰性是指组织内普遍存在的保持既定行为方式和消极应对环境的倾向，表现为：组织的内在活动力下降，丧失了创新能力；缺乏改变现状的胆略与热情，看重眼前利益，得过且过；习惯于按部就班办事，在与竞争对手对垒过招时缺乏主动性、创造性；对风险十分敏感，害怕负责任；决策活动往往议而不决，踌躇不定。

（3）管理者能力不足

战略管理能力是指洞察既定环境复杂程度和减少这种复杂性的能力，具体包括：理解事物的相互关联性从而找出关键影响因素的能力；权衡不同方案优劣和内在风险的能力；发现环境中要素间的因果关系的能力；能对未来进行有效预测的能力；能够有效制定组织未来行动方案的能力。

战术管理能力包括：团队管理能力；沟通协调、解决冲突能力；挖掘需求、有效响应、持续共赢能力；计划管理能力，包括计划制订、时间管理、有效执行能力；培养下属、提升下属工作积极性的能力。

管理者能力不足将严重影响企业发展。

（4）员工能力不足

员工能力，即员工所拥有的特定领域的经验和学习能力，以及用知识指导自己行为的能力。员工能力不足将影响企业发展。

（5）管理者的短视

企业管理者奉行短期主义，不具备大局意识，企业行动更多体现为短期行为。面对企业发展问题，总是患得患失，不去提升看待问题与处理问题的高度；面对眼前利益又显得迫不及待，总是为短期利益而放弃长远发展。

4. 企业应对困境的措施

（1）有效应对不确定性

以不变应万变。建立符合市场规律的企业管理逻辑，永远站在顾客那一端来寻求市场机会，不断提升顾客价值。

以变制变。按一定的时间间隔开发新产品或服务、开展新业务或进入新市场，以使企业的运作产生一种适当的节奏，使其更有规律性和预见性。

（2）发挥组织文化的作用

导向作用，主要体现在两个方面：一是对组织成员行为和心理上的指导；二是通过整体的价值认同来引导成员。

凝聚功能，指组织文化不仅在组织内发挥作用，还会以各种微妙的方式沟通组织成员的思想情感，融合他们的理想、信念，培养和激发其群体意识。

激励和约束功能。激励功能是指通过文化的塑造和内在指导，最大程度地激发每个组织成员的主动性、创造性、积极性。约束功能是指组织文化对每一个成员思想心理和行为都具有很强的约束和规范性。

调适功能，是指帮助新加入的成员更好地适应组织，使自己的个人价值能够尽快与组织需要相匹配。

（3）构建学习型组织

个体之间要不断去学习、探索，改变心智模式。组织成员共享知识和信息，去除其中的限制因素障碍，获得组织肌体的修复，找到合适的成长路径。团队智慧大于个人智慧的平均值，企业通过学习提升“群体智力”和持续的创新能力，以做出正确的组织决策，通过集体思考和分析，构建持续发展的组织模式。

组织要对环境中的机会和威胁有充分的认知。组织成员在解决问题时能够摒弃旧的思维方式和常规程序。发现错误时，不是简单地沿用既有的规范来进行决策和行动，而是要对根深蒂固的观念和规范提出挑战。在组织中，每个人在大胆质疑的“前提”下提高组织管理水平和管理能力。

（4）长远意识

管理者目光当长远。基于客户洞察，以市场前瞻形成未来目标，倒逼企业资源配置和战略管理长期化，打破短期主义的束缚，“不求近功，不安小就”，企业才能不断突破成长瓶颈，在竞争中脱颖而出。

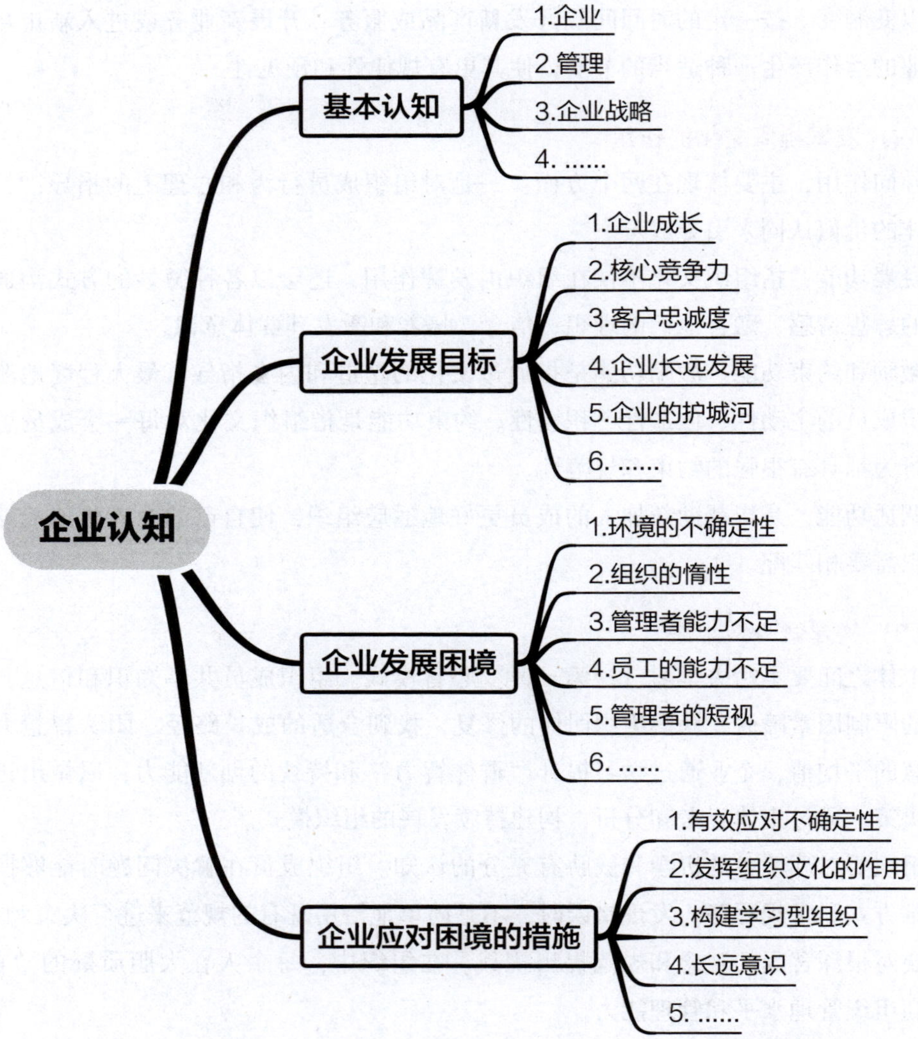

企业认知类例题

根据以下材料，写一篇 700 字左右的论说文，题目自拟。

一家企业遇到了这样一个问题：究竟是把有限的资金用于扩大生产呢，还是用于研发新产品？有人主张投资扩大生产，因为根据市场调查，原产品还可以畅销三到五年，由此可以获得可靠而丰厚的利润。有人主张投资研发新产品，因为这样做虽然有很大的风险，但风险背后可能有数倍于甚至数十倍于前者的利润。

【2007 年管理类联考论说文真题】

审题思路

该题为观点型材料，审题立意方法如下：

——找出观点句：“究竟是把有限的资金用于扩大生产呢，还是用于研发新产品？”我们很容易判断该命题形式属于“二选一”类型。材料没有明确的倾向性，考生可根据自己所长选择其中一个方向展开论证。

——从观点句中找出核心词：“扩大生产”“研发新产品”。一般“二选一”的材料如果没有明确的倾向性，考生可根据个人掌握的素材展开论证。

——围绕核心词拟题：《研发新产品，企业成长的刚需》《扩大生产，企业发展的内在逻辑》等。

论证与结构

题目涉及两方不同的观点，可采用“二选一”结构。

段落	论证目的	分析思路
1	破	引出话题
2	踩	为什么不选择“扩大生产”？紧扣材料，从“还可以畅销三到五年”“可靠而丰厚的利润”入手进行反驳。
3	立	为什么选“研发新产品”？从有利于企业成长的角度入手构建论点。
4	难	“研发新产品”难点何在？紧扣材料，从“风险”入手构建论点。
5	怎么办	针对“难”，提出应对措施。
6	结	概括与总结总论点。

参考范文

研发新产品，企业成长的内在逻辑

有限的资金究竟是用于扩大生产还是用于研发新产品？我认为，应用于研发新产品，研发新产品是企业成长的内在逻辑。

扩大生产，根据市场调查，虽然仍可获得三到五年的利润，但是产品是有生命周期的，消费者的喜好以及需求会随着时间的变化而发生变化，仅靠一个产品的成功或产品一时的成功，企业很难长久持续发展。

研发新产品可以增强企业的核心竞争力。核心竞争力是企业长期形成的，蕴含于企业内质中的，企业独具的，支撑企业过去、现在和未来的竞争优势。研发新产品能使企业在竞争环境中长时间取得主动，帮助企业实现顾客最为关注的、核心的、根本的利益，取得难以被竞争对手所复制和模仿的差异化优势，从而获得核心竞争力。由此，企业可以获得持续发展的动力来源。

然而很多企业对于研发新产品却并不“感冒”，表现在对于研发过程中不确定性的厌恶。不确定性会给企业带来经营的风险，意味着企业可能出现沉没成本，影响企业收益目标的实现。收益性与风险性共存使得企业在应对研发风险上表现得非常审慎，尤其那些缺乏内部知识资源的企业更是如此。

但是，上述的风险可以通过以下措施得到有效的控制。首先，以不变应万变。建立符合市场规律的企业管理逻辑，永远站在顾客那一端来寻求市场机会，不断研发新产品，满足顾客需求，提升顾客价值。其次，以变制变。按一定的时间间隔研发新产品或服务、开展新业务或进入新市场，以使企业的运作产生一种适当的节奏，使其更有规律性和预见性。

由此可见，研发新产品让企业从优秀走向卓越。

二、企业社会责任类常见背景知识和素材

1. 社会责任认知

企业的社会责任要求企业必须超越把利润作为唯一目标的传统理念，强调对人的价值的关注，强调对环境、对消费者、对社会的贡献。企业实现企业经济责任、社会责任的动态平衡，可以提升企业的竞争力，为企业树立良好的声誉和形象，从而提升企业的品牌形象，获得所有利益相关者对企业的良好印象，增强投资者信心，更加容易地吸引到企业所需要的优秀人才，并且留住人才等。

2. 企业社会责任缺失的危害

①危害社会效率。社会效率与社会成本呈负相关的关系。企业失范行为使社会成本增加进而使社会效率降低，企业信用降低导致交易成本增加。

②危害社会公平。企业失范行为破坏了社会市场经济秩序，致使市场充满了不公平的竞争，不仅结果不公平，而且机会和规则均不公平。

③危害社会道德。企业失范行为危害社会道德的建设。企业的不良行为会导致从众心理，造成其他企业甚至个人的模仿，最终危害到社会道德的存续与进步。

3. 企业家精神

企业家精神是优秀企业的基因，是企业的无形生产要素。一方面，企业社会责任是企业家精神的重要内容和体现；另一方面，企业社会责任归根到底要靠具有社会责任意识的企业家来推动。简言之，企业家精神要靠企业社会责任来引领，企业社会责任要靠企业家精神来推动。

4. 监管措施

要完善政府监管体制，制定相关奖惩条例，加大违法成本，让企业遵守法律，不钻法律的空子。政府还应发挥舆论监督的作用。政府应当科学地把握规范与发展之间的辩证关系，实现发展与规范同时进行。政府在市场监管活动中要惩恶扬善、激浊扬清，强化企业的社会责任。

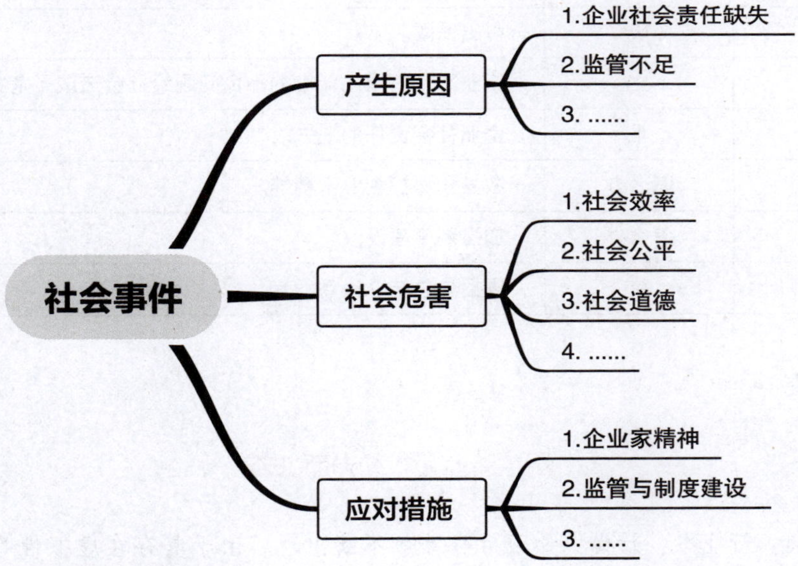

企业社会责任类例题

根据以下材料，写一篇700字左右的论说文，题目自拟。

近年来，新业态、新模式如雨后春笋般不断出现，给人们生活带来便利的同时，也带来了许多新问题，甚至威胁到人们的安全。有人认为这是“成长的烦恼”，人们要有一颗包容新事物的心；有人认为应当取缔。

审题思路

该题为观点型材料，审题立意方法如下：

——找出观点句："有人认为这是'成长的烦恼'，人们要有一颗包容新事物的心；有人认为应当取缔。"

——从观点句中找出核心词："包容""应当取缔"。一般"二选一"的材料如果没有明确的倾向性，考生可根据个人掌握的素材展开论证。一般来说，直接"取缔"一个新生事物过于偏激，较适合选择"包容"。

——围绕核心词拟题：对于与社会现象有关的话题，最好针对现象展开论证，不适宜脱离现象另择主题展开论证。具体到本题，可命名为《用"新监管"助力新业态》。

论证与结构

根据"二选一"题型论证特点，本题论证逻辑思路如下：

段落	论证目的	分析思路
1	破	引出话题。
2	立	新业态、新模式伴生的不良问题给社会造成了危害。
3	难	企业社会责任的缺失。
4	怎么办	激发和保护企业家精神。
5	怎么办	加强制度建设。
6	结	概括与总结总论点。

参考范文

用"新监管"助力新业态

近年来，新业态、新模式如雨后春笋般不断出现。由于其存在虚拟性等特点，同时形式多种多样、变化速度较快，给监管带来新的课题。

不可否认，新业态、新模式伴生的不良问题给社会造成了危害。首先，危害社会效率。企业失范行为使社会成本增加，进而使社会效率降低，企业信用降低导致交易成本增加。其次，危害社会公平。企业失范行为破坏了社会市场经济秩序，致使市场充满了不公平的竞争。最后，危害社会道德。企业失范行为危害社会道德的建设。企业的不良行为会导致从众心理，造成其他企业甚至个人的模仿，最后危害社会道德的存续与进步。

新业态、新模式伴生的不良问题反映了企业社会责任的缺失。企业的社会责任要求企业必须超越把利润作为唯一目标的传统理念，强调对消费者、对社会的贡献。但是一些企业一味降低成本、追求利润，导致问题层出不穷，给消费者造成损失和伤害。

解决新业态、新模式带来的问题需要激发和保护企业家精神。一方面，企业社会责任是企业家精神的重要内容和体现；另一方面，企业社会责任归根到底要靠具有社会责任意识的企业家来推动。

解决新业态、新模式带来的问题需要加强制度建设。市场监管是“管”，重点却在于有效率的“监”。新技术、新业态诞生之初，及时介入跟踪监督非常重要。把监督前置，让管理兜底，在创新监管手段上不断探索，为提高监管效率提供借鉴。加大违法成本，让企业遵守法律，不钻法律的空子。政府应当科学地把握规范与发展之间的辩证关系，实现发展与规范同时进行。政府在市场监管活动中要惩恶扬善、激浊扬清，强化企业的社会责任。

“新监管”助力新生事物克服“成长的烦恼”，才能最大程度地孕育出新动能。

三、社会发展与进步类常见背景知识和素材

1. 社会发展与进步认知

(1) 社会发展与进步

社会发展与进步是指人们物质和精神共同自由发展与进步。社会发展需要切实转变发展方式，推动质量变革、效率变革、动力变革，实现更高质量、更加公平、更可持续的发展。社会发展与进步表现为人民思想道德素质明显提高，人民精神文化生活日益丰富，民族凝聚力进一步增强。发展为了人民、发展依靠人民、发展成果由人民共享，维护人民根本利益，激发全体人民积极性、主动性、创造性，促进社会公平，增进民生福祉，不断实现人民对美好生活的向往。

(2) 可持续发展

可持续发展是指将人类的当前利益与长远利益有机结合，即人们在满足需求、提升生活质量的同时，必须考虑发展中的制约因素，注重人与自然协调共生，保证一代接一代地永续发展。持续性原则的核心是人类的经济和社会发展不能超越资源与环境的承载能力，从而将人们当前利益和长远利益有机结合。

2. 技术与社会的发展进步

技术进步提高了资源的利用效率：技术进步提高了劳动者素质，革新了工艺流程

等，从而大大缩短了劳动时间，提高了资源的利用程度和使用效率，节约或替代了稀缺的生产资源。

技术进步促使新的产业部门形成：技术进步扩大了社会分工范围，拓宽了生产活动空间，形成了新的生产门类和部门。

技术进步促进人们生活方式的改变：新兴技术领域的开拓，导致新产品不断出现，从更广泛的意义上影响了人们的生活方式，让人们生活得更舒适、更便捷。

3. 人力资本与社会的发展进步

人力资本是体现在劳动者身上的资本，如劳动者的知识技能、文化技术水平与健康状况等，通过教育培训形成。作为“活资本”的人力资本，具有创新性、创造性，具有有效配置资源、调整企业发展战略等市场应变能力。

当前教育主要面临的问题：①教育资源分配不均衡。从横向上看，东西部地区教育资源分配不均衡；从纵向上看，城乡教育水平存在差异。②教育理念有待革新，教育重理论轻实践。③教育缺乏可持续发展理念。培养的人才不能很好地适应市场和社会发展，导致教育始终缺乏生机。

应对策略：①合理利用教育资源，树立可持续发展理念，培养具有可持续发展能力的学生。②改变教育理念，培养多元化人才，以培养高素质、人格独立的学生为目标，让学生了解生活的意义，让每个人都可以去追求自己的理想，实现自己的人生价值。③产教融合，高校实施供给侧改革。产教融合的基础是“产”，即必须以“产业需求”为出发点进行专业实践教学，这样学生才能学到真本领，教师才能教出真水平。

4. 社会发展不平衡

具体表现在区域之间、城乡之间发展的不平衡。从总体上来看，我国各个区域的城乡居民生活不断改善，但中西部地区经济和社会发展水平仍与东部地区有不小的差距，特别在收入、医疗、教育、就业、卫生、基础设施等方面仍存在较明显差距。

5. 解决发展不平衡的措施

对于区域不平衡的问题，第一，鼓励不同地区结合自身比较优势和发展条件探索差异化转型路径，大力发展特色产业；第二，通过城乡融合发展解决城乡之间发展不平衡不充分的问题，尤其是农民增收难和农业发展慢的问题，加快农业剩余劳动力的转移。

为解决好发展不平衡不充分问题，实现共同富裕，必须坚持共享的发展理念。在谋发展定政策的时候，必须坚定不移地贯彻共享的发展理念，重视公平正义，加大对经济欠发达地区的群众的帮扶力度，做好精准扶贫工作，让全体人民都能在全面建成小康社会和现代化建设中共享发展成果。

6. 制度支持

好的制度是社会的刚需。

人的行为都是制度约束的结果，制度如模具，人则如塑泥，塑泥被塑成什么完全取决于模具，同样，人的行为则取决于制度。制度设定了人的行为边界，如果越界，制度就会对这种违规行为进行惩戒，所以制度对人的行为具有强大的制约引领作用。

有效的制度安排将人们的活动激励到与社会目的相一致的方向，推动社会按既定方向平稳而持续地发展，且日益兴盛；失灵的制度安排则将人们的活动诱逼到背离社会目的的方向，不仅不能推动社会按既定方向发展，反而致使社会陷入混乱与离散，逐渐走向衰败。

诺贝尔经济学奖获得者诺斯说过："如果社会创造出一个对海盗的激励，商人就会变成海盗；如果社会创造出一个对商人的激励，海盗就会变成商人。"

7. 构建人类命运共同体

人类只有一个地球，各国共处一个世界。不论人们身处何国，信仰如何，是否愿意，实际上，我们已经处在一个命运共同体中。我们应当倡导"人类命运共同体"意识。

推动建设人类命运共同体，源自中华文明历经沧桑始终不变的"天下"情怀。从"以和为贵""协和万邦"的和平思想，到"己所不欲，勿施于人""四海之内皆兄弟"的处世之道，再到"计利当计天下利""穷则独善其身，达则兼济天下"的价值判断。

合作共赢，就是要倡导人类命运共同体意识，在追求本国利益时兼顾他国合理关切，在谋求本国发展的过程中促进各国共同发展，建立更加平等均衡的新型全球发展伙伴关系，同舟共济，权责共担，增进人类共同利益。

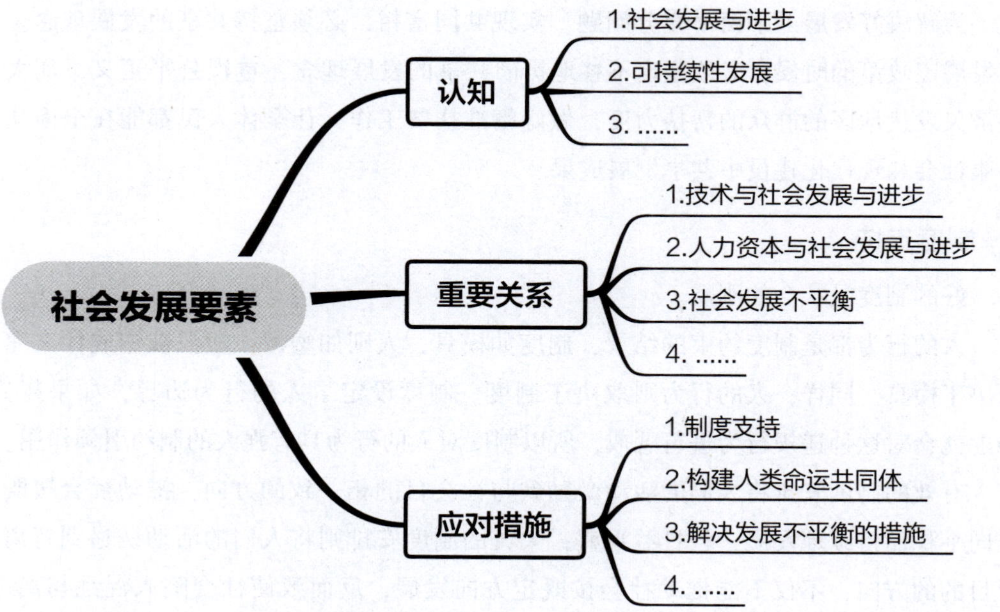

社会发展与进步类例题

根据以下材料，写一篇 700 字左右的论说文，题目自拟。

世界在发展，科技在进步，但一系列的难题也摆在了人类面前。克隆技术和转基因生物技术给人类带来的是祸还是福？切尔诺贝利核电站泄漏事故确切地告诉了我们打开潘多拉魔盒的危险；青霉素在挽救人类的同时，也锻炼了细菌；我们在享受着现代文明的同时，环境恶化也在步步紧逼我们的生存空间。

审题思路

该题为观点型材料，审题立意方法如下：

——找出观点句："世界在发展，科技在进步，但一系列的难题也摆在了人类面前。"本句之后为事实，考生注意区别事实与观点。

——从观点句中找出核心词："科技在进步""难题"。

——围绕核心词拟题：《科技进步难题之我见》。

鑫全精点 | 如何辩证地看问题

考生立论应辩证地看问题（这也是一个本科生应具备的基本素质），从利与弊的角度谈当代科技革命给人类带来的双重影响。当然，应该明确，科技进步造福人类的主流是不会变的。不管怎样，科技的进步仍然所向披靡，但它必服膺自然与社会发展的法则，并越来越浸润着人类理性的光芒。

论证与结构

根据“单要素”题型论证特点，本题论证逻辑思路如下：

段落	论证目的	分析思路
1	破	从利与弊两个角度谈科技进步。
2	案例分析——例证	列现象说明科技进步存在难题。
3	案例分析——理证	辩证看待科技进步存在难题。
4	难	其一，个别科学家的“功利心”。 其二，监管制度的缺失。
5	怎么办（过渡段）	应对科技进步的难题需多方协同。
6	怎么办	提出解决难题的路径。
7	结	概括与总结总论点。

参考范文

科技进步难题之我见

科技进步给人类带来了一个全新的时代，但同时也给人类带来了巨大的困惑。

克隆技术和转基因生物技术给人类带来的是祸还是福？青霉素在挽救人类的同时，也锻炼了细菌；我们在享受着现代文明的同时，环境恶化也在步步紧逼我们的生存空间。

不可否认，科技进步给人类发展带来了巨大的威胁。但科技的发展终究更多的是造福人类。科技进步促进社会发展与进步。社会发展与进步是指人们物质和精神共同自由发展与进步。科技进步切实转变发展方式，推动质量变革、效率变革、动力变革，实现更高质量、更加公平、更可持续的发展。科技进步激发全体人民的积极性、主动性和创造性，促进社会公平，增进民生福祉，不断实现人民对美好生活的向往。

科技进步给人类带来了威胁的根由如下。其一，个别科学家的“功利心”。个人功利心具体来讲就是功利动机和名利动机的综合：凡事非功利不做，不惜牺牲他人的利益。其二，监管制度的缺失。有效的制度将人们的活动激励到与社会目的相一致的方向，推动社会按既定方向平稳而持续地发展；失灵的制度不仅不能推动社会按既定方向发展，反而致使社会陷入混乱与离散，逐渐走向衰败。

应对科技进步的难题需多方协同。

对科学家而言，避免科技发展带来恶果的唯一办法就是谨慎，要抵御“功利心”。过于追逐功利，就会为了个人利益不计后果，不计对社会的影响。对国家而言，应加强制度建设。利用制度设定人的行为边界，如果越界，制度就会对这种违规行为进行惩戒。利用制度引领人们在发展科技时趋利避害。对整个人类而言，我们应当倡导“人类命运共同体”意识，共同应对科技进步给人类带来的危险与挑战！

愿科技进步带来的难题可以迎刃而解，让科技进步助力我们创造美好的明天。

四、社会和谐类常见背景知识和素材

1. 社会和谐的认知

和谐社会给各类人提供一定的物质利益，提供生存与发展的条件。人们解决分歧，化解矛盾，目标一致地实现社会发展，从而把各类社会资源联合起来，形成合力。

（1）秩序与一致性

社会秩序是指有序平衡的社会状态。个体为摆脱“各自为战”的混乱状态，相互缔结契约，达成一致，形成社会秩序。

良好的社会秩序能够让人民群众安居乐业，获得感、幸福感、安全感更加充实、更有保障、更可持续。良好的社会秩序将提高效率、节约资源、增加福利。

社会失序会增加社会协调成本，整个社会在利益冲突与协调过程中损耗资源，使得人与人之间信息、知识和经验的差异被机会主义所利用，整个社会交易成本陡然增加。

（2）自由与多样性

自由允许并鼓励人们追求、拥有不同的价值观和生活方式，因而它也是多样性的。拥护自由即是拥护多样性。

多样性的社会事实上是利益多样化的社会。多样性的社会需要一种宽容的氛围和精神，要容忍各种不同利益关系的存在，尊重别人所做出的不同选择。承认多样性，承认差异，人们才能够升华自己的经验、拓展自己的视野，从而达成合作，实现优势互补。

多样性是驱动创新的一个重要因子。只有承认多样性，我们才能摒弃旧的思维方式和常规程序。承认多样性，每个人的想法都会被重视，独特的思想和多元的价值观协同合作，从而增加社会活力，帮助社会实现革新、突破。

（3）真理

真理是人对客观事物及其规律的正确反映，是人们解决分歧、达成一致的标准。求真是和谐社会的公民必备的素养。人们对事物和价值往往有歧见。和谐社会要求我们尽量消除歧见，达成共识。行动和思维选择标准来自真理，知识的真理性特质只有通过外部的批判性检验才能获得。

从哲学上看，任何个人都没有能力掌握最后的真理，因此才有必要尊重每个人发现真理、追求价值的权利及真理与价值的多样性。

2. 公平与效率

效率为公平的实现提供了物质基础。“效率”是缓解、缩小收入差距的前提和基础，只有靠提高效率，把蛋糕做大，才能做到在社会成员的经济收入都有所增加的同时，让弱势群体所获得的那一份增长得更快些，从而使收入差距缩小。否则，在原有的蛋糕盘子里要缩小差距，只能掉进平均主义泥潭，只能是倒退。

公平促进效率，有利于效率的实现。一个公正的社会，其资源一定能得到合理配置，每个人都享有平等参与竞争的机会和平等就业的机会，而个人所得的分配、收入要与个人所投入的努力达到一种比例上的动态平衡——多劳多得。人的积极性、创造性能得到最大限度的发挥，从而提升效率。

效率为先，以发展生产力、提高人民生活水平为最终目标，但要兼顾公平。国家通过各种办法对公平与效率加以调节，倾斜于弱势群体，给其以平等的机会参与竞争，参与国家的经济建设，以提高经济效益。总之，在公平与效率之间，既不能只强调效率忽视了公平，也不能为了公平而不要效率。应该寻求一个公平与效率的最佳契合点，实现效率，促进公平。

3. 社会治理水平

社会治理水平事关群众切身利益，事关社会和谐稳定。社会治理水平的提升可以帮助公共服务力量下沉，引导公共资源进一步向社会各层次延伸覆盖，能够促进人民安居乐业、社会安定有序，也使得矛盾纠纷得到化解，从而极大地促进社会和谐。

4. 社会公平

社会公平是一种平等的社会关系的体现，产生于人们之间的利益关系。对社会关系进行均衡合理地调节，可以使每一个社会成员的权利与义务对等，唤起人们对社会发展的积极性和动力，促使人们积极进取，互相竞争，发挥自身的长处和优点，从而做到物尽其用、人尽其才，极大地提高社会公平。

5. 社会公德的缺失

社会公德的缺失，在人与人的关系上，表现为不讲文明礼貌，不尊重他人，不诚实守信；在人与社会的关系上，表现为不爱护公物、损害公共利益，维护公共秩序意识淡漠；在人与自然的关系上，表现为过分追求经济利益，肆意破坏自然环境。

6. 法律意识淡薄

当下我国公民的教育水平依然存在不足，部分公民对法律规定未能充分及正确地了解，对违反法律法规的行为带来的严重后果认知不到位，给社会运行带来严重隐患。

7. 缺乏公共意识

个体缺乏公共意识，常常秉承“我满足了，才是公平；我满意了，才叫正义”的理念。无视他人权利和社会整体利益，难以发育出文明的社会，也难以长久维持个体的利益。

8. 批判性思维

批判性思维就是通过一定的标准评价思维，进而改善思维，是合理的、反思性的思维，它是一种思维技能，其目的是为了追求真理。

批判性思维是个人自治的基础。自治使一个人较少依赖并因此较少受他人的指示和影响，能达到自我审查、自我校准的目的。

自我审查：反省自己的动机、态度与价值观，避免偏见，做到思想公正、客观、尊崇真理。

自我校准：揭露错误或不足，“见贤思齐焉，见不贤而内自省也”，通过校正错误发现真理。

9. 弘扬传统文化，提高公共意识

弘扬中华优秀传统文化，能够激发人们的公共意识。传统文化是指在长期的历史发展过程中形成和发展起来，保留在每一个民族中具有稳定形态的文化。我们应利用现代传播媒介，从传统文化中挖掘体现公共意识的部分，并将之结合现代技术，大力提高人们对公共意识的重视，自觉自愿提高自身公共意识。

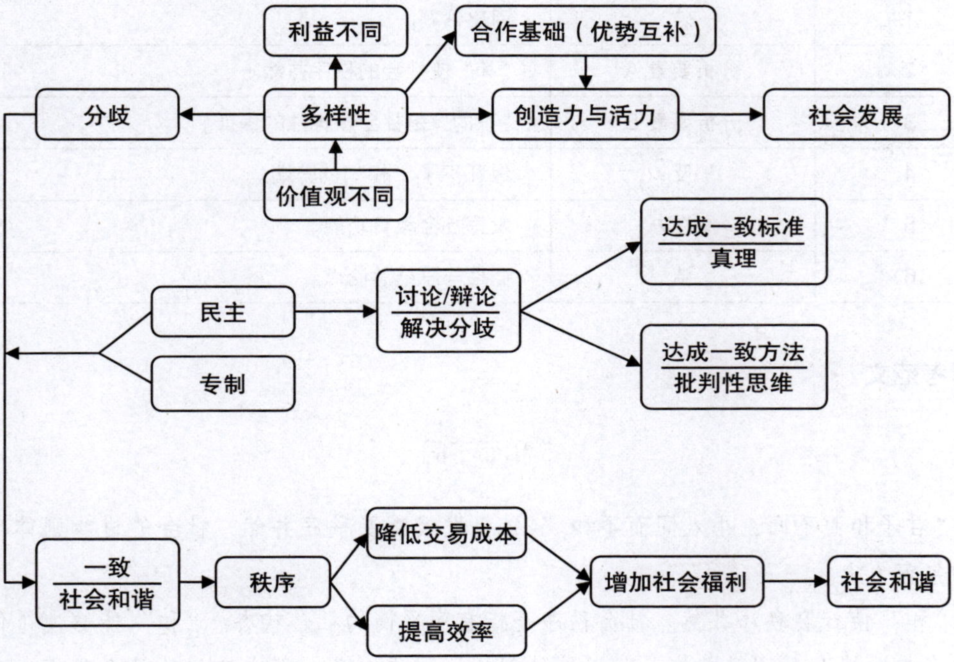

社会和谐类例题

例 1 根据以下材料，写一篇 700 字左右的论说文，题目自拟。

儒学中讲求大同，但此大同并非彼大同，并不是毫厘不差的复制，也并非千篇一律的乏味，而是一种万物和谐的大同，和而不同方为真正的大同。

审题思路

该题为观点型材料，审题立意方法如下：

——找出观点句：要特别关注转折词，如“但”“而是”，然后抓住观点句“和而不同方为真正的大同”。

——从观点句中找出核心词：“和而不同。”

——围绕核心词拟题：直接用核心词作为题目便可，即《和而不同》。

论证与结构

根据“双要素”题型论证特点，本题论证逻辑思路如下：

段落	论证目的	分析思路
1	破	引出话题。
2	分析要素 A	“和”使社会的秩序井然。
3	分析要素 B	“不同”是社会多样性的保证。
4	反	保证不了“和”的弊端。
5	怎么办	发挥社会教育功能。
6	结	概括与总结总论点。

参考范文

和而不同

“君子和而不同，小人同而不和。”社会发展需要秩序井然，社会的进步则体现在它的包容力上。

“和”使社会秩序井然。社会秩序是指有序平衡的社会状态。“和”能够使个体摆脱“各自为战”的混乱状态，相互缔结契约，达成一致，形成良好的社会秩序。良好的社会秩序能够让人民群众安居乐业，获得感、幸福感、安全感更加充实、更有保障、更可持续。良好的社会秩序将提高效率、节约资源、增加福利，有利于构建和谐社会。

“不同”则是社会多样性的保证。多样性是驱动创新的一个重要因子。承认“不同”就是承认多样性，每个人的想法都会被重视，独特的思想和多元的价值观协同合作，从而增加社会活力，帮助社会实现革新、突破。“不同”也是合作的基础。承认不同，承认差异，人们才能够升华自己的经验、拓展自己的视野，从而达成合作，实现优势互补。

我们保证多样性，保证社会的发展，保证“不同”，但同时还要保证“和”，否则社会就会失序。社会失序会增加社会协调成本，整个社会在利益冲突与协调过程中损耗资源，使得人与人之间信息、知识和经验的差异被机会主义所利用，整个社会交易成本陡然增加。

要实现和而不同，需要发挥社会的教育功能。在公共生活中要使整个社会充满和谐与包容，就要通过教育提升公众的批判性思维。批判性思维是个人自治的基础。自治使一个人较少依赖他人并因此较少受他人的指示和影响，从而保证了个性独立，保证了多样性，保证了“不同”。批判性思维能达到自我审查、自我校准的目的。自我审查可以反省自己的动机、避免偏见、尊崇真理；自我校准可以通过校正错误发现真理。这一过程，可以帮助人们减少分歧，向“和”而行，达成一致，有助于社会的和谐。

我们统一目标，却用不同的方式前行。在“和”中共同奋斗，在“不同”中尽显智慧。

例 2　根据以下材料，写一篇 700 字左右的论说文，题目自拟。

《左传》有云：“如乐之和，无所不谐。”古人用诗一样的语言描绘了如同音乐般美好的和谐社会。缩小贫富差距，从而减少由此所产生的各种社会矛盾，无疑是构建和谐社会不可或缺的重要环节。

审题思路

该题为观点型材料，审题立意方法如下：

——找出观点句：“缩小贫富差距，从而减少由此所产生的各种社会矛盾，无疑是构建和谐社会不可或缺的重要环节。”

——从观点句中找出核心词：“缩小贫富差距。”

——围绕核心词拟题：《缩小贫富差距，构建和谐社会》。

论证与结构

本文选用单要素结构。

段落	论证目的	分析思路
1	破	引出话题。
2	立	缩小贫富差距有利于形成良好的社会秩序。
3	反	存在贫富差距的社会危害。
4	难	社会保障机制仍然不完善；存在各种不合理的“暴富”现象。
5	怎么办	建立健全社会保障机制；做好扶贫工作；加强制度建设，合法致富。
6	结	概括与总结总论点。

参考范文

缩小贫富差距，构建和谐社会

缩小贫富差距，是构建和谐社会不可或缺的重要一环。

缩小贫富差距有利于形成良好的社会秩序。社会秩序是指有序平衡的社会状态。缩小贫富差距有利于人们解决分歧，化解矛盾，摆脱“各自为战”的混乱状态，相互缔结契约，达成一致，实现社会发展，从而把各类社会资源联合起来，形成合力，有利于良好社会秩序的形成。良好的社会秩序能够让人民群众安居乐业，获得感、幸福感、安全感更加充实、更有保障、更可持续。良好的社会秩序将提高效率、节约资源、增加福利，有利于构建和谐社会。

如果任由贫富差距长期存在，会造成社会阶层之间的对立，从而导致社会失序。社会失序会增加社会协调成本，整个社会在利益冲突与协调过程中损耗资源，使得人与人之间信息、知识和经验的差异被机会主义所利用，整个社会交易成本陡然增加。

造成贫富差距的原因是复杂的。首先，由于我国人口基数大，近年来经济增长与社会变革速度加快，有些社会保障机制仍然不完善。其次，存在各种不合理的“暴富”现象，少数人的贪污、偷税漏税以及行业垄断、行业不正之风等，加重了社会贫富差距。

因此，首先，政府应该建立健全社会保障机制，特别是强化对最弱势群体救助的服务职能。其次，激发贫困群众摆脱困境的斗志和勇气，做好扶志工作，为那些没有条件的人提供发挥自身潜力所需要的物质条件和机会，保证人人都能得到受教育以及实现自身潜力的机会。最后，各级政府应不断加强制度建设，打击利用不正当手段敛取不义之财暴富的违法行为。

统筹兼顾各方面利益的任务艰巨而繁重，缩小贫富差距、构建和谐社会任重道远。

五、个人成长类常见背景知识和素材

1. 个人成长认知

(1) 个人成长

个人的成长是一个从量变到质变的过程。成长因素作为一种成长“基因”推动个人系统机体不断适应环境，并与环境形成良性互动，成为个体渴望成为的人。成长因素让个体不断完善和成熟，个体行为不断优化。

（2）自我完善

全面检视自己的优、缺点，而后制订计划，发挥自己的长处，有步骤地、按时间地自我改正某些方面的不足，提升自我认知、价值观念或道德准则，让自己变得完美起来。自我完善暗含着一种重要的情感：不断进取的愿望。有了愿望，要达到完善的目的，还得战胜自我——战胜追求物质生活和享乐的自我。

（3）实现自我价值

自我价值是指在个人生活和社会活动中，自我对社会做出贡献，而后社会和他人对个人存在的一种肯定关系。包括人的尊严和保证人的尊严的物质精神条件。自我价值的实现必然要以对社会的贡献为基础，以答谢社会为目的。

（4）自我迭代

自我迭代即对自己进行严格的要求，不断进行自我更新，以满足社会的需求。在生活里，个体采取自我认知的方式，主动思考，主动变化，主动试错，以此得到社会反馈。之后，根据反馈不断改进自己，抓住每一次可以自我迭代的机会，快速提升与进步。

2. 个人成长与困境认知

艰难险阻是人生过程的必然。事物的发展是一个不断前进的复杂的过程，前进中会有波折，但终究是一个螺旋式上升的过程。人生不是一帆风顺的，常伴随痛苦、失败、挫折，“艰难困苦，玉汝于成”，温室里培植不出栋梁之材，梦想“风正一帆悬”则更是一厢情愿。

但是，艰难险阻绝非人生结果的必然。我们还可以用主观能动性改变人生，走出困境。一束光照射到玻璃上，红色玻璃反射红光，蓝色玻璃反射蓝光，未必所有玻璃都会反射一样的光线。其反射光线的颜色与纹路，并不取决于光线。光线作为外因，其作用并非决定性的，玻璃作为内因，如同人的主观能动性，能够左右事情发展的走向。没人能够逃避艰难险阻，这是客观事实，我们不必为此而悲伤，因为人生还有无限的机遇，无限种可能。

3. 个人成长的障碍

（1）经济人

经济人就是以完全追求物质利益为目的而进行经济活动的主体，希望以尽可能少的付出，获得最大限度的收获，并为此可不择手段。经济人都以自身利益最大化为目标；追求自身利益或效用的最大化，是其个体行为的基本动机。当一个人在经济活动中面临若干不同的选择机会时，他总是倾向于选择能给自己带来更大经济利益的那种机会，即总是追求最大的利益。

（2）个人功利心

"功利心"是指一个人追求名和利的心理。世人对名利趋之若鹜，算得上是人之常情，但这种现象不值得推崇。一味追求名利，最后会落得迷失自我，随波逐流。个人功利心具体来讲就是功利动机和名利动机的综合：凡事非功利不做。

（3）缺乏边界意识

边界意识缺失，是个人成长的一大障碍。表现为在人际交往中缺乏边界，诸如喜欢用别人的东西和占用别人的时间。这种过度侵入他人生活反而会使得自己被他人的需求和感觉所绑架，在双方的关系中，逐渐丧失自我成长的机会。

（4）自律缺失

倘若一个人缺乏自律性，缺乏寻找问题的意识和能力，那么个人将被懒惰和自满以及麻痹心理所困顿。此外，不自律会让人产生自我怀疑，无法做到自我约束，从而自暴自弃，意志力越来越弱。个体如若不能从这种心理中走出来，必将一事无成、碌碌无为。

4. 个人跨越成长障碍的路径

（1）坚守

我们所绕过去的那些难题，终不会饶过我们。唯一的办法，就是像西西弗斯一样，推起石头上山，石头滚下去，再去推起，滚下去，再次推起，无数次迎着朝阳起身，再无数次带着落日下山。这不是苦役，这是意义。这意义在于，我们不曾屈服。

（2）工匠精神

我们的社会应当注入工匠精神。工匠精神意味着一种执着，即一种几十年如一日的坚持与韧性。"术业有专攻"，我们应当心无旁骛，在一个细分领域中不断积累优势并最终成为"领头羊"。在中国早就有"艺痴者技必良"的说法，如《庄子》中记载的游刃有余的"庖丁解牛"等。工匠精神是社会文明进步的重要尺度，是中国制造前行的精神源泉，是企业竞争发展的品牌资本，是员工个人成长的道德指引。

(3) 尊重彼此的界限

我们希望别人对待自己的方式，正是我们对待他人的方式。所以我们要让自己坦诚地接受别人所拥有的自由，在别人向我们设下界限时，抛开生气、愧疚的感觉，尊重对方的界限。认同和尊重那些向我们说“不”的人，我们才能获得设立界限的自由。

(4) 强化个人意志

意志力，就是一种有意识地进行自我控制的能力。不断强化个人的意志，能促进个体在面对挫折和困难的时候咬牙努力坚持下去。培养和强化个人面对失败和挫折的意志，能促进个人明确自己的目标，让意志像淬火的钢铁一样，越来越坚韧。

(5) 培养自强精神

自强是一种精神，让人在面对困难之时不退缩，在深陷危机之时不害怕。在苦难面前，用自强之精神绽放绚丽的花朵。正所谓“天行健，君子以自强不息”，在面对挫折和人生的苦难时，只有保持努力向上、奋发图强的状态，借助自强不息的品格，才能促使个人走出逆境，走向成功。

5. 个体认知的基本哲学观点

(1) 量变与质变

从量变到质变符合事物发展的规律。凡事都需循序渐进，“一口吃个胖子”的成功概率几乎为零，正如“不积跬步，无以至千里；不积小流，无以成江海”。“积跬步”与“积小流”这种行为看似笨拙，殊不知此乃“至千里”与“成江海”的关键。

(2) 凡事都有两面性

“对立”与“统一”是一个事物的两个方面，它们互相排斥，又相辅相成，正如朋友既有好的一面也有坏的一面。你可以和朋友推心置腹，无所不谈，共商大计；亦可以和朋友反目成仇，仇深似海，彼此老死不相往来。

(3) 事物间有普遍联系

世界上的一切事物都处在普遍联系之中，没有任何一个事物是孤立存在的。事物的联系是客观的，人们要认识和把握事物的真实联系，就必须具体地分析事物之间的联系。事物内部和事物之间相互影响、相互制约，如同唇齿相依。“城门失火，殃及池鱼”同属此理。

(4) 万事唯变

事物发展是一个始终变化的过程，世界唯一不变的是变，没有一成不变的。“刻舟求剑”中那个古人想“以不变应万变”，结果眼睁睁地丢了自己的剑。谁要做守常者，谁就是失败者。

（5）透过现象看本质

现象富于变化，而本质则具有相对的稳定性。通过分析事物的现象，可以帮助我们认识事物的本质。把握事物的外部联系和表面特征，是认识的开始，但认识不能仅仅停留在表象上。要想把认识导向深入，还需要进一步探求事物的内在特征、本质属性，由感性认识上升到理性认识。

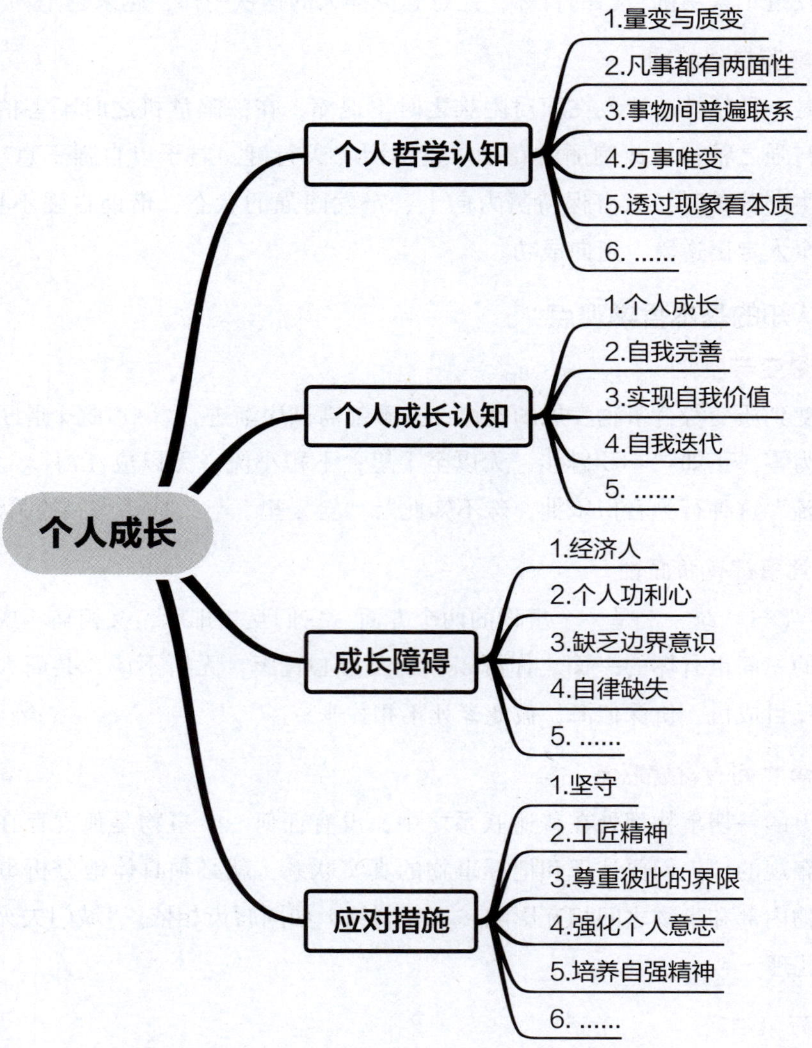

个人成长类例题

例 1　根据以下材料，写一篇 700 字左右的论说文，题目自拟。

“弯道超越”本是赛车运动中的一个常见用语，意思是指车手利用弯道超越对手。弯道是每个车手都必须面对的。相对于直道而言，弯道上困难大，变数多。过弯道时，原来领先的车手可能因为弯道而落后，而本来落后的车手也可能利用弯道超越对手。

现在这一用语被赋予了新的内涵，并被广泛借用到政治、经济和社会生活的诸多方面。其中的“弯道”一般被理解为社会进程中的某些变化期或人生道路上的一些关键点。这些特殊的阶段充满了各种变化的因素，极富风险和挑战，更蕴含着超越对手、超越自我的种种机遇。

审题思路

该题为观点型材料，审题立意方法如下：

——找出观点句：材料首先说明了赛车弯道在比赛中的重要作用，然后以赛车弯道为喻，并加以引申，将“弯道”与人生中那些“极富风险和挑战，更蕴含着超越对手、超越自我的种种机遇”和“某些变化期或人生道路上的一些关键点”联系在一起。

——从观点句中找出核心词：“弯道。”

——围绕核心词拟题：《弯道超越》。

论证与结构

根据“单要素”题型论证特点，本题论证逻辑思路如下：

段落	论证目的	分析思路
1	破	引材料，立观点：“弯道”成就不平凡的人生。
2	必要性	“弯道”是人生过程中的必然。
3	重要性	“弯道”助力个人成长。
4	难	抓住机遇不易；在遇到“弯道”前没有做足准备。
5	怎么办	调动个人主观能动性实现“弯道超越”。
6	结	总结与概括总论点。

参考范文

为弯道上的超越喝彩

“弯道超越”本是赛车运动中的常见用语，现在被赋予了新的内涵，指代社会进程中的某些变化期或人生道路上的一些关键点。正是人生中难以预料的弯道成就了不平凡的人生。

弯道是人生过程中的必然。人生由无数个量变积累成质变的过程组成，其中弯道是人生路上质变的节点。如果不能抓住人生的弯道实现超越，那么就无法实现人生质的飞跃。

弯道超越助力个人的成长。把握好弯道能推动个人系统机体不断适应环境，并与环境形成良性互动，成为个体渴望成为的人，整合社会身份与自我认同。实施弯道超越能让个体不断完善和成熟，个体行为不断优化，助力实现个体梦想。

然而，并不是所有人都能做到抓住弯道机遇，实施超越。一方面，面对弯道处的风险和可能的挫折，有人选择逃避。艰难险阻是人生过程的必然，弯道处更是如此。但有人稍受挫折就会抱着“人生在世不称意，明朝散发弄扁舟”的消极心态，不再努力奋发了。另一方面，机会总是留给有准备的人，很多人在遇到弯道之前，没有提前做好准备，庸庸碌碌，当机遇来临时只能临场应对，为时已晚。

实现弯道超越，我们应该积极调动个人主观能动性。一束光照射到玻璃上，不同玻璃反射不同的光。其反射光线的颜色与纹路，并不取决于光线。光线作为外因，其作用并非决定性的，玻璃作为内因，如同人的主观能动性，可以左右事态发展。“预则立，不预则废”，弯道超越需要我们前期的积累和沉淀。

阳光总在风雨后，经历得起风雨的人才会见到阳光。只有把握机遇，才能弯道超越，不断自我完善，实现个人成长。

例 2 根据以下材料，写一篇 700 字左右的论说文，题目自拟。

《论语·子路》：“无欲速，无见小利。欲速则不达，见小利则大事不成。”

审题思路

该题为观点型材料，审题立意方法如下：

——找出观点句：“欲速则不达，见小利则大事不成。”

——从观点句中找出核心词：“欲速则不达”“小利”“不成”。

——围绕核心词拟题：《欲速则不达》《见小利则大事不成》等。

论证与结构

根据“单要素”题型论证特点，本题论证逻辑思路如下：

段落	论证目的	分析思路
1	破	引出话题。
2	立	欲速则不达是违反客观规律的必然结果。
3	反	列社会现象。
4	难	人们功利心的膨胀。
5	怎么办	发挥社会教育功能。
6	怎么办	做到个人自治。
7	结	概括与总结总论点。

参考范文

欲速则不达

“欲速则不达”，表现为急功近利反而忽略本质，最终适得其反，与目标背道而驰。因此，欲达则须弃速。

欲速则不达是违反客观规律的必然结果。万物发展总是由量变开始，逐渐过渡到质变。量变是质变的必要准备，质变是量变的必然结果。“达”为求质变，而“速”却违背了量变渐进的要求。可见，速非达之方法，此之谓欲速则不达的根源所在。

然而，当今社会仍有求速之气。学者求速而学术造假，抄袭剽窃；官员求速而左右逢源，玩弄手段；企业求速而投机取巧。这些只求短期成功而不顾长期危害的行为，既给社会带来了无法挽回的损失，还搅乱了社会秩序。

这一系列欲速则不达的现象可归结为人们功利心的膨胀。功利心强调对名和利的快速获得，而这种追名逐利的功利主义会逐渐蚕食人们的自尊，兴起盲目之风，从而使人逐渐迷失自我，失去方向。当社会中充满这样的人时，整个社会环境就会因此而变得沉沦压抑。

因此，弃速求达需要发挥社会教育功能，教育人们脚踏实地，注重积累，注重沉潜，使道德教育横贯于各个领域并形成“风俗习惯”，进而使公共道德走向道德自觉状态，走向道德自律，走向和谐社会。

另外，弃速求达需要做到个人自治。自治使一个人较少依赖他人并因此较少受他人的指示和影响，能达到自我审查、自我校准的目的。自我审查可以反省自己的动机、态度与价值观，避免浮躁和一味追名逐利，做到思想公正、客观，脚踏实地。自我校准可以揭露错误或不足，“见贤思齐焉，见不贤而内自省也”，通过校正错误弃速求达。

求速之心不可有，只有弃速才可为达。

六、个人与社会类常见背景知识和素材

1. 个人与社会关系认知

（1）个人离不开社会

人是社会的人，人不能离开城邦而独自生活。在亚里士多德看来，人天生要过共同的生活。就本性来说，全体必然先于部分。他举了身体的例子：“如全身毁伤，则手足也就不成其手足，脱离了身体的手足同石制的手足无异，这些手足无从发挥其手足的实用，只在含糊的名义上大家仍旧称之为手足而已。”也就是说，人类天生就注入了社会本能，个人与公共生活密不可分，个人如果离开社会则无法生存。因此人是社会的人，只有在公共社会中人们才能得到“自足而至善的生活”。特别在现代社会力求人与人、人与社会、人与自然越来越和谐的今天，人更不能脱离公共环境而生活。

（2）互惠精神

互惠是各方在社会关系中遵循的重要准则，即一方为另一方提供帮助或给予某种资源时，后者有义务回报给予自己帮助的人。互惠存在于社会价值观中，体现了人们的付出应获得来自他人的回报的规范。

“给予就会被给予，剥夺就会被剥夺。信任就会被信任，怀疑就会被怀疑。爱就会被爱，恨就会被恨。”这就是心理学上的互惠关系定律。士为知己者死，讲的就是这个道理。

（3）合作关系

一个人的力量终究是有限的，合作的力量才是巨大的。与人友好合作，能让自己用豁达的心态去分享别人的成功，用欣赏的眼光去肯定别人，人生境界会因此得以提升。与人友好合作，可以建立一种健康和谐的人际关系，从而打造温馨的生活，塑造温情的社会。

（4）融入社会

个体生命都是微小的，应该自觉地把自己和社会联系起来，融入人民的希望和需要之中，融入社会的趋势之中。社会给个体提供行动的力量，也给个体提供活动的舞台，一个人只有把自己和社会融合在一起才能实现自我的价值。

（5）社会道德

社会道德是个人道德和法律之间的中间者。它能帮助人们发现行为的失范，促使他们反省自己的思想，进而改变；帮助社会中的个体不断完善自身在行为、思想上的不足，让整体社会精神文明得以进步和提高，使得社会中人与人之间的关系更加和谐。

（6）集体意识

集体意识是指共同体成员对集体的目标、信念、价值与规范等的认识与认同。集体意识能帮助人们发展创造性思维、创造性劳动，确立稳定的价值取向，提供良好的心理环境，让个体意识到群体和社会对于自身发展的重要性，自觉维护集体的发展利益和发展前景，唤醒个人的集体使命感。

2. 个人与社会互动中遇到的问题

（1）从众心理

从众是指个人的观念与行为由于受群体的引导和压力，不知不觉或不由自主地与多数人保持一致的社会心理现象，通俗地说就是“随大流”。

缺乏分析、不做独立思考、不顾是非曲直地一概服从多数，是不可取的，是消极的“盲目从众心理”。从众性是与独立性相对立的一种行为品质。从众性强的人缺乏主见，易受暗示，容易不加分析地接受别人的意见并付诸实行。

从众的原因有以下几个方面：① 行为参照：在情境不确定的时候，其他人的行为最具有参考价值。② 对偏离的恐惧：木秀于林，风必摧之。③ 与群体融合的需要：与群体成员保持一致可以使人更容易被成员接受。④ 群体的凝聚力：对自己的群体有强烈的认同感。

从众的弊端如下：

①从众心理在群体高度一致性的基础上使个人获得了匿名感，因此个人做事会无所顾忌。这种情况通常会导致违背原则的事情发生。过马路红灯亮时，本来还打算遵守交通规则，等绿灯亮时走，但是发现闯红灯的人越来越多，于是有了“大家都闯，多自己一个人闯也没什么关系”的想法，也就无所顾忌了。从众心理导致很多不文明行为屡禁不止，像随地吐痰、贪小便宜、不遵守公共规则等很多现象，都是这种从众心理作祟。

②从众心理给个人带来了淹没感。从众心理因为群体的共同行为给个人带来了淹没感，扼杀了创新的勇气和锐气。“少数服从多数”是我们在选举或者决策中经常会遇到的方式，从课堂上的发言到开会时的表决，从思维的定式到惧怕风险的承担，无一例外地都有从众心理在作祟。这种心理有的源于利益，有的是因为怕出风头，有的是

因为要明哲保身，有的是因为害怕承担责任。而这一切最终的结果就是将本来刚刚萌发的新思路和新观点活活扼杀在萌芽状态。也正是因为这种心理的影响，减少了社会的创新。

（2）社会浮躁性

社会浮躁心态是一种社会现象。它是社会中一些人对社会事务或群体利益、个人利益在表达关注和追求时，所呈现出的某种盲目性、非理智性的反映。社会浮躁作为一种急功近利、好大喜功的病态心理，对社会产生着广泛的影响。如若社会浮躁继续作为一种普遍的社会现象存在，那么社会必将踏上与现代文明背道而驰的错误道路，随之产生秩序混乱、道德废弛、信仰缺失、拜金盛行的堕落风气，造成社会危机。

（3）精致的利己主义

“精致的利己主义者”往往善于发现并及时抓住机遇，计划能力较强，擅长理解与分析规则、利用规则，通过寻找规则漏洞来达成一己私利，所做的一切从表面上看合理合法，无可挑剔。不难想象，如果每个人都是精致的利己主义者，社会矛盾就会快速激化，人性的恶就会显现。

3. 解决问题的办法

（1）社会教育

在公共生活中，只有提升公共道德教育，并使整个道德教育横贯于各个领域并形成“风俗习惯”，才能使整个公共道德走向道德自觉状态，走向道德自律，走向和谐社会。

社会教育功能通过社会舆论、风俗习惯、榜样感化和思想教育等手段，使人们形成内心的善恶观念和情感、信念，自觉地尽到对他人和社会应尽的责任和义务，以达到协调各种社会关系的目的。

（2）制度建设

人的行为都是制度约束的结果。制度设定了人的行为边界，如果越界，制度就会对这种违规行为进行惩戒，所以制度对人的行为具有强大的制约引领作用。好的、善的制度会引导人们的行为更趋理性与文明，坏的、恶的制度则会引导人们的行为滑向愚昧与野蛮。

制度设计应扩展人的有限理性。人类具有自利、机会主义等特征，制度则有助于减少逃避义务的风险，强化互利合作的习惯，达到抑制本能性机会主义的目的。同时，制度使人的行为变得更可预见，为社会交往提供一种确定的结构。

（3）正确认识三个统一关系

● 正确认识个体性与社会性的统一关系

人的个体性与社会性是辩证统一、相辅相成的。人以个体的形式存在，同时又以社会的形式存在。在生物本能上，人只有在社会中才能获得生命生存和延续的条件，在自身价值的实现上，也只有在社会关系中才能找到实现途径并具有可能。

● 正确认识个人利益与社会利益的统一关系

个人与社会的关系，归根到底是个人利益与社会整体利益的关系。个人利益与社会整体利益在根本上是一致的，社会利益离不开个人利益，个人利益也离不开社会利益。社会整体利益体现了作为社会成员的个人的根本利益和长远利益，是个人利益得以实现的前提和基础，同时它也保障着个人利益的实现。

● 正确认识享受个人权利、自由与承担社会责任、义务的统一关系

个人的权利、自由是在社会中获得的，没有社会，个人的权利、自由都无从谈起。因此，享受个人的权利、自由与承担社会的责任、义务是统一的。只有人人承担起自己应尽的责任和义务，为社会多做贡献，社会的财富才能不断地增加，才能为人们享有权利和自由提供雄厚的基础。人也只有在承担社会责任、履行社会义务中，才能使自己的人格健全、品德高尚。

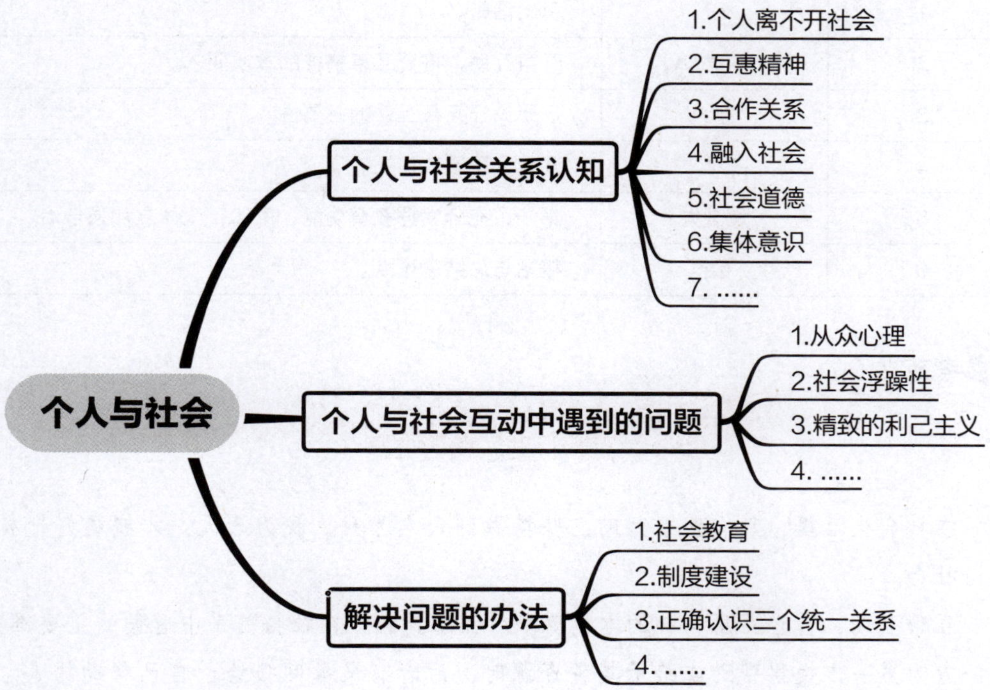

个人与社会类例题

例1 论说文：根据下述材料，写一篇700字左右的论说文，题目自拟。

如果一个自私自利的人，不去帮助他人，那么他人又怎么会去帮助他呢？在日常生活中，人人为我、我为人人是无处不在的，这样才能更好地构建和谐社会。

审题思路

该题为观点型材料，审题立意方法如下：

——找出观点句：在日常生活中，人人为我、我为人人是无处不在的，这样才能更好地构建和谐社会。

——从观点句中找出核心词：“人人为我、我为人人（即互帮互助）。”

——围绕核心词拟题：《互帮互助，和谐之源》。

论证与结构

根据“单要素”题型论证特点，论证逻辑思路如下：

段落	论证目的	分析思路
1	引	引出话题。
2	立	互帮互助，符合互惠精神的本质要求。
3	反	反面论证互帮互助的必要性。
4	难	互帮互助难在何处。
5	怎么办	第一，充分发挥教育功能；第二，个体应加强自治。
6	结	概括与总结总论点。

参考范文

互帮互助，和谐之源

在社会生活里，只有互帮互助，坚持做到人人为我、我为人人，才能更好地构建和谐社会。

互帮互助，符合互惠精神的本质要求。互惠是各方在社会关系中遵循的重要准则，即一方为另一方提供帮助或给予某种资源时，后者有义务回报给予自己帮助的人。互帮互助存在于社会价值观中，体现了人们的付出应获得来自他人的回报的规范。“给予就会被给予，剥夺就会被剥夺。信任就会被信任，怀疑就会被怀疑。爱就会被爱，恨就会被恨。”这就是心理学上的互惠关系定律。互帮互助，讲的就是这个道理。

但是，如果人人都自私自利，只为了自己的利益而行动，就会产生矛盾，导致社会失序。社会失序会增加社会协调成本，整个社会在利益冲突与协调过程中损耗资源，使得人与人之间信息、知识和经验的差异被机会主义所利用，整个社会交易成本陡然增加。

虽然互帮互助对社会发展如此重要，但是依然有很多人难以做到，主要有以下两个原因：首先，经济人心理，即当一个人在经济活动中面临若干不同的选择机会时，他总是倾向于追求最大的利益，这使得个体在面对他人求助的时候，由于认为助人于己无利，选择忽视和漠视。其次，社会浮躁性。它是社会中一些人对社会事务、群体利益或个人利益在表达关注和追求时，所呈现出的某种盲目性的、非理智性的风气，这会使得人们更多选择漠视他人的困难。

针对上述问题，应该采取以下措施。第一，社会应该充分发挥教育功能，在公共生活中，只有提升互惠教育，使互惠精神横贯于各个领域并形成“风俗习惯”，才能使公共道德走向道德自觉状态，走向道德自律，走向和谐社会。第二，个体应加强自治。首先要自我审查，反省自己的动机、态度与价值观，有没有自私自利。其次，自我校准，学习榜样的力量，“见贤思齐焉，见不贤而内自省也”，这样有助于做到互帮互助。

愿人人都能做到互帮互助。

例 2 根据以下材料，写一篇 700 字左右的论说文，题目自拟。

“您已红灯越线，请退回等候。”目前，黄浦区 25 个重点路口出现了会“说话”的信号灯：只要有人闯红灯，语音提示就会响起，提醒行人退回路边。在国内，行人闯红灯的现象屡见不鲜。会“说话”的信号灯对劝阻行人闯红灯起了不小作用。但与此同时，也有人说：“现在的人连马路都不会过了，还得要机器提醒。”更有人感慨：“光靠设备，是喊不出文明素质的。”

审题思路

该题为观点型材料，审题立意方法如下：

——找出观点句：会“说话”的信号灯对劝阻行人闯红灯起了不小作用。更有人感慨：“光靠设备，是喊不出文明素质的。”

——从观点句中找出核心词：材料是一个社会现象，考生可以围绕“会‘说话’的信号灯”表达支持或反对的观点，展开论证。

——围绕核心词拟题：《文明光靠设备还不够》。

论证与结构

根据“二选一”题型论证特点，论证逻辑思路如下：

段落	论证目的	分析思路
1	引	引出话题。
2	踩	机器劝阻违章是一种新思路，但从长远来看，收效甚微。
3	难	行人闯红灯原因在于经济人属性。
4	难	行人闯红灯原因在于从众心理。
5	怎么办	发挥教育功能。
6	怎么办	有效制度设计。
7	结	概括与总结总论点。

参考范文

文明光靠设备还不够

“您已红灯越线，请退回等候。”这是一种会说话的信号灯，只要有人闯红灯，语音提示就会响起，提醒行人退回路边。会“说话”的信号灯对劝阻行人闯红灯起了不小作用。但我认为：文明光靠设备还不够。

诚然，以机器劝阻违章是一种新思路，但从长远来看，收效甚微。机器能够约束人们，那么在没有机器的地方，人们的不文明行为还会照常发生。机器虽然可以约束人的行为，却很难从根本上提升人的道德素质。

市场经济下，人们成了追求理性的经济人。人们以追求个人利益为目的而进行社会活动，当在社会活动中面临若干不同的选择时，人们总是倾向于选择能给自己带来更大利益的方案。人们为了个人的效率不惜牺牲整个社会效率。这是闯红灯屡禁不止的主要原因。

从众心理也是闯红灯的重要原因。从众通俗地说就是“随大流”。从众心理在群体高度一致的基础上使个人获得了匿名感，因此个人做事会无所顾忌。这种情况通常会发生在如闯红灯等不遵守规则的事情上。

杜绝闯红灯现象，我们需要发挥社会的教育功能。在公共生活中要使整个社会充满规则意识。只有提升公共道德教育，使遵守规则横惯于各个领域并形成“风俗习惯”，才能使每个人走向道德自觉状态，走向德性的自律，才能使整个群体走向和谐社会。

杜绝闯红灯现象需要有效的制度设计。制度设定了人的行为边界，如果越界，制度就会对这种违规行为进行惩戒，所以制度对人的行为具有强大的制约引领作用。应通过制度提高不文明者的违规成本，例如对闯红灯等不文明行为给予罚款或是将其纳入个人诚信审核体系，使不守文明者处处受限。

愿人人都有文明意识，闯红灯现象不再发生。

小试牛刀

1 » 根据下述材料，写一篇 700 字左右的论说文，题目自拟。

《动物世界》里的镜头：一群体型庞大的牦牛正在草原上吃草。突然，不远处来了几只觅食的狼。牦牛群奔跑起来，狼群急追……终于，有一头体弱的牦牛掉队，寡不敌众，被狼分食了。

《动物趣闻》里的镜头：一群牦牛正在草原上吃草。突然，来了几只觅食的狼。一头牦牛发现了狼，它的叫声提醒了同伴。领头的牦牛站定与狼对视，其余的牦牛也围在一起，站立原地。狼在不远处虎视眈眈地转悠了好一阵，见没有进攻的机会，就没趣地走开了。

【2009 年 10 月 MBA 联考真题】

精 | 点 | 解 | 析

审题思路

——找到故事结果：材料①（一头体弱的牦牛）被狼分食了；材料②（狼）没趣地走开了。

——找出导致结果的原因或方法：材料①牦牛掉队，寡不敌众；材料②领头的牦牛站定与狼对视，其余的牦牛也围在一起，站立原地。

确定核心词："寡""领头的牦牛"（引申义：领导者）。

——围绕核心词拟题：《合作》《团队协作》《领导者的力量》等。

论证与结构

本文选用"单要素"结构。

段落	论证目的	分析思路
1	破	在什么情况下+谁+做了什么+有什么结果→点题
2	案例分析—理证	以理说明团队力量的重要性。
3	案例分析—例证	以例说明团队力量的重要性。
4	难	形成团队力量的难点。
5	怎么办	针对"难"的相关观点，提出应对措施。
6	结	概括与总结总论点。

参考范文

让团队凝聚力量

一头体弱的牦牛掉队，寡不敌众，被狼分食了。这说明每一个个体都离不开团队，需要团队的力量。

个人离不开团队。人是社会的人，只有在公共社会中人们才能得到"自足至善的生活"。人类天生就注入了社会本能，个体无法离开团队。因此，特别在现代社会力求人与人、人与社会、人与自然越来越和谐的今天，人更不能脱离团队而生活。

领头的牦牛站定与狼对视，其余的牦牛也围在一起，站立原地。狼见没有进攻的机会，就没趣地走开了。这充分体现了团队的力量。

团队缺乏凝聚力缘由如下：其一，团队缺少共同愿景。没有一致目标，就会没有统一的努力方向，导致团队成员无法心往一处想，劲往一处使。其二，团队没有有效的激励机制，使得成员缺少互惠精神。互惠是团队成员应遵循的重要准则，即一方为另一方提供帮助或给予某种资源时，后者有义务回报给予自己帮助的人。其三，团队成员存在本位主义思想。本位主义就是团队成员为自己或所在的小团队利益打算而不顾整体利益的思想作风或行为。只顾自身利益而忽视整体利益，无法凝聚团队力量。

因此，要想凝聚团队力量，首先需要建立共同愿景，愿景能明确团队成员未来的行动方向，能够激励每个成员为此努力工作，贡献自己的力量。其次，需要发挥激励机制，它是培养团队合作的有效保障。团队要充分发挥激励手段的作用，不断激发成员的潜能，激发互惠精神和协作精神。最后，团队成员加强个人自治，通过自我审查、自我校准，放弃本位主义，培养团队合作意识。作为团队的一员，还要学会换位思考，相互信任，真正明白局部服从整体的必要性，从而使团队形成凝聚力。

“众人拾柴火焰高”，团队的力量是个人力量所无法比拟的，一个团队如果配合有序，共同努力，将会取得超出预期的成绩。

2 ›› 根据下述材料，写一篇 700 字左右的论说文，题目自拟。

随着微信使用越来越广，“朋友圈”已成为很多人生活中不可缺少的一部分。其实“朋友圈”是一个由熟人、半熟人组成的“关系圈”。

而如今，在青年中，出现了一种“破圈”现象，即原来一些局限于某一群体的圈子，打破了固有的界限，与其他群体相互交流。其实“破圈”不仅破掉了群体圈子，也破掉了个人成长的圈子。

精 | 点 | 解 | 析

审题思路

该题为观点型材料，审题立意方法如下：

——找出观点句：“其实‘破圈’不仅破掉了群体圈子，也破掉了个人成长的圈子。”

——从观点句中找出核心词：“破圈”“个人成长”。

——围绕核心词拟题：《破圈，个人成长的有效路径》。

论证与结构

本文选用“单要素”结构。

段落	论证目的	分析思路
1	破	引材料，立观点。
2	立	破圈，有利于自我迭代。
3	反	个体不愿意破圈，就会故步自封，夜郎自大。
4	难	从众心理；破圈带来的不确定性。
5	怎么办	保持独立精神；积极调动个人主观能动性。
6	结	概括与总结总论点。

参考范文

破圈，个人成长的有效路径

由熟人、半熟人组成的“朋友圈”虽然有助于个体发展，但是也形成了个人的“同温层”和“舒适圈”。只有不断破圈，打破原有的界限，与其他群体相互交流，才能促进个人不断成长。

破圈，有利于自我迭代。自我迭代即通过对自己严格的要求，去不断地自我更新，以满足社会的需求。在生活里，个体只有不断破圈，从原有的圈子中走出来，和其他群体相互接触，主动思考、主动变化、主动试错，才能不断得到其他群体对自我不足的反馈，才能取得更大的进步。

试想，如果个体沉溺于熟悉的“朋友圈”，会使得个体总是接收同质的信息，不断地固化自我的认知和强化对外界的看法，很难接收外界新鲜的信息和观点，从而故步自封，夜郎自大。

然而，在生活中依然有不少人不愿意破圈，主要有以下原因：首先是从众心理。从众是指个人的观念与行为由于受群体的引导和压力，不知不觉或不由自主与多数人保持一致的社会现象，通俗地说就是“随大流”，这导致有些人不愿走出圈子。其次，破圈带来的不确定性。不确定性带来的风险意味着可能出现沉没成本，会影响个人的利益，这使得个人在应对破圈风险上表现得非常审慎。

针对上述问题，可从以下两个方面采取措施。第一，保持独立精神。保持独立精神，使个体较少依赖他人，因此较少受他人的指示和影响，能达到自我审查、自我校准的目的。不断尝试走出圈子，一步一步地成长。第二，积极调动个人主观能动性。

一束光照射到玻璃上，不同玻璃反射不同的光。光作为外因，其作用并非决定性的，玻璃作为内因，如同人的主观能动性，可以应对破圈带来的不确定性。

破圈，不仅仅是破“朋友圈”，更是破“舒适圈”，只有告别熟悉的圈子，走到圈外，积极与其他群体接触，才能不断进步。

3 根据以下材料，写一篇 700 字左右的论说文，题目自拟。

近期，扰乱高铁正常运转的事件频发：在高铁上“霸座”；为等待迟到的家人，强行阻碍高铁发车……铁路客运部门对其处以罚款的同时，还在铁路征信体系中记录旅客信息，在一定期限内限制其乘坐火车。可是有人认为，乘坐火车是公民的权益，不应被限制。

精｜点｜解｜析

审题思路

——找出观点句：在一定期限内限制扰乱高铁正常运转者乘坐火车；有人认为，乘坐火车是公民的权益，不应被限制。

——确定核心词：该材料为一社会现象的描述，考生可针对核心词“扰乱高铁运转的事件”展开论证，或支持或反对。考生注意，不要将“扰乱高铁事件”简化为“高铁霸座”，缩小论证范围。

——围绕核心词拟题：《扰乱高铁事件之我见》。

论证与结构

本文选用“社会现象类”结构。

段落	论证目的	分析思路
1	破	引出话题，立观点。
2	踩	反对不能限制乘坐火车。
3	立	这些现象和行为给社会带来了危害。
4+5	难	屡禁不止的根源。
6	怎么办	提出解决问题的思路。
7	结	概括与总结总论点。

参考范文

扰乱高铁事件之我见

扰乱高铁正常运转的事件频发，这些现象和行为极大影响了公共秩序。我认为，很有必要在处以罚款的同时，将其行为记入征信体系，在一定期限内限制其乘车。

也许有人会认为，罚款可以，但乘坐火车是公民的权利，不应被限制。可是，公民在行使自己的自由和权利时，不得损害国家的、社会的、集体的利益和其他公民合法的自由和权利。任何公民都应当遵守法律，这是公民首要的义务。任何权利和自由都是有一定限制的，而这种限制正是为了使其他公民也享有权利和自由。

这些现象和行为给社会带来了危害。首先，危害社会效率。社会效率与社会成本呈负相关的关系。这些行为使社会成本增加进而使社会效率降低。其次，危害社会公平。个体为了自身利益损害他人利益，致使社会出现了不公平。第三，危害社会道德。个体的不良行为会导致从众心理，造成其他个体的模仿，最终危害社会道德的存续与进步。

为什么这些现象屡禁不止呢？究其根源，还是个体经济人属性和相应的制度建设不足这两大原因。

经济人在社会活动中面临若干不同的选择机会时，总是倾向于选择能给自己带来更大经济利益的那种机会，即总是追求最大的利益。这正是系列扰乱高铁事件产生的根由之一。此外，人的行为都是制度束缚的结果。制度设定了人的行为边界，如果越界，制度就会对这种违规行为进行惩戒，可见，制度建设不足是扰乱高铁事件产生的另一根由。

杜绝扰乱高铁事件的发生，应当发挥社会的教育功能。在公共生活中，只有提升规则意识教育，使规则意识横贯于各个领域并形成“风俗习惯”，才能使整个社会走向道德自觉状态，走向和谐社会。此外，我们的“执法力度”在一些场合还是太温和，所以才导致一些人肆意妄为，无法无天。道德永远是模糊的、弹性十足的，只有规则才能保障秩序的正常运行，让人们在公共环境中更有尊严。所以，对扰乱高铁者而言，最好的方式就是给出“强规则”：罚款，限乘，并“强执行”。想必效果就会好很多。

也只有这样，才会真正形成震慑力，才能减少危害社会秩序的现象，才能向和谐法制社会更进一步。

4 » **根据以下材料，写一篇 700 字左右的论说文，题目自拟。**

互联网时代商业环境瞬息万变，企业该如何面对不确定性？新生事物的出现往往预示着即将到来的巨大变化，管理者应当如何应对？

请你以“企业如何应对不确定性”为题，谈谈你的看法，写出 700 字左右的论说文。

精 | 点 | 解 | 析

审题思路

考生需要注意题目要求：以“企业如何应对不确定性”为题，无须另立题目，按照命题要求展开论证便可。本文主题定位为企业成长主题。

论证与结构

本文选用“单要素”结构。

段落	论证目的	分析思路
1	破	引出话题，立观点。
2	立	有效应对不确定性赋能企业打造核心竞争力。
3	反	不能有效应对不确定性的弊端。
4	难	风险。
5	怎么办	管理人员改变固有的心智模式。
6		企业回顾过去，寻找可能的因果关系。
7		加强创新。
8	结	概括与总结总论点。

参考范文

企业如何应对不确定性

互联网时代带来了高度不确定性，而企业只有懂得如何面对环境的不确定性，才能迅速制定新的战略，以适应瞬息万变的市场环境。

有效应对不确定性赋能企业打造核心竞争力。有效应对不确定性帮助企业形成蕴含于企业内质中的，企业独具的，支撑企业过去、现在和未来的竞争优势。有效应对不确定性能使企业在竞争环境中长时间取得主动，形成难以被竞争对手所复制和模仿的差异化优势，进而打造企业的核心竞争力。

不能有效应对不确定性而黯然失色的企业比比皆是，亚细亚、健力宝、小黄车……淡然于商海中无不因为失利于应对外部环境的不确定性。

不确定性会给企业带来经营的风险，意味着企业存在出现沉没成本的可能，会影响企业收益的实现。收益性与风险性共存使得企业在应对风险上表现得非常审慎，尤其那些缺乏内部知识资源的企业更是如此。

应对不确定性，企业管理者首先应该改变固有的心智模式，建立自驱变革文化。变革自己，即自驱变革，能够不断地否定自己，不断地超越自己。面对不确定性，以“变”应“变”地制定应急措施，才不会因为冒险或掉以轻心付出巨大的代价。

应对不确定性，企业还可以回顾过去，寻找可能的因果关系。企业基于“相似的原因会导致相似的结果”的假设，得出经验公式，并据此进行预测。很多管理者更愿意相信个人自身的判断力，但是数据表明，无论我们承认与否，多数个人预测的准确度甚至比不上最简单的统计模型。此外，我们所运用的模型应该保持动态，以确保其应对不确定性的有效性。

应对不确定性，企业可以按一定的时间间隔创造新产品或服务，以使企业的运作产生一种适当的“节奏”，使其更有规律性和预见性。这种“节奏”能帮助管理人员从容应对不断变化的商业环境。由于“节奏”能在心理上产生一种强大的作用力——紧迫感，从而抵消由观望、行动缓慢无章、缺乏动力等习惯惰性而带来的被动结果。

以“变”应“变”，以“不变”应“万变”，企业只有正确应对不确定性才能基业长青。

5 根据以下材料，写一篇 700 字左右的论说文，题目自拟。

相信每个管理者都有带领企业寻求发展、走向繁荣的雄心，却常常因为没有科学的导航而迷失方向。但如果管理者能把握问题关键，摸清企业成长的总脉络，就能更好地审时度势，把每件事做对，把每个人用对，逐步解决做不强、做不长的问题，创造出伟大的企业。

精|点|解|析

审题思路

——找出观点句：关注转折词“但”后面的内容，其重点强调了“如果管理者能把握问题关键，摸清企业成长的总脉络，就能更好地审时度势……创造出伟大的企业”。

——确定核心词：“把握问题关键。”

——围绕核心词拟题：《把握关键，优秀管理者的共同特征》。

论证与结构

本文选用“单要素”结构。

段落	论证目的	分析思路
1	破	引出话题，立观点。
2	立	管理者把握问题关键，赋能企业成长。
3	反	忽视问题的关键，企业可能江河日下，快速消亡。
4	难	管理者能力不足；管理者目光短浅。
5	怎么办	构建学习型组织；培养管理者的长远意识。
6	结	概括与总结总论点。

参考范文

把握关键，优秀管理者的共同特征

只有把握问题关键，摸清企业成长的总脉络，提升管理效率，管理者才能成就伟大的企业。由此可见，管理者把握问题关键，是企业成长的有效路径。

管理者把握问题关键，赋能企业成长。企业的成长是一个从量变到质变的过程，把握问题关键，能够推动管理者摸清企业成长的总脉络，更好地审时度势，把每件事做对，把每个人用对，推动企业系统机体不断扩张、新陈代谢，不断适应环境，并与环境形成良性互动。管理者把握问题关键，能够帮助企业逐步解决做不强、做不长的问题，帮助企业内部结构不断完善和成熟，优化企业功能，从而促进企业成长。

反之，如果忽视问题的关键，无论是产业巨头还是市场翘楚都可能江河日下，快速消亡。诺基亚曾是手机领域的巨无霸，柯达曾是胶卷相机时代的巨擘，由于忽视了发展过程中的关键问题，即消费者需求的变化，最终导致快速失去市场，经营濒临破产。

能否把握问题关键，一方面，管理能力是其中重要的影响因素。如果管理者能力不足，不具备理解事物的相关性并从中找出关键影响因素的能力，就无法把握问题的关键，对症下药。另一方面，有些管理者目光短浅，奉行短期主义，不具备大局意识，面对问题总是患得患失，不去提升看待问题与处理问题的高度，从而无法把握问题的关键。

针对以上问题，可从以下两个方面进行改善：一是构建学习型组织，提高管理者能力。要着重提升管理者的战略能力，把握发展过程中的关键影响因素，抓主要、抓关键，促进企业发展。二是培养管理者的长远意识。不能只顾追求企业短期利润和规模，要把目光放长远，考虑全局，从整体上把握企业每个发展阶段面临的关键问题，有的放矢，使得企业获得长足发展。

企业发展是一个需要不断解决问题、突破瓶颈的过程。所以，只有把握问题的关键，才能打破困境，获得发展。

6 **根据以下材料，写一篇 700 字左右的论说文，题目自拟。**

近期有报道称，某教授颇喜穿金戴银，全身上下都是世界名牌，一块手表价值几十万，所有的衣服和鞋子都是专门订制的，价格不菲。他认为对“好东西”的喜爱没啥好掩饰的。“以前很多大学教授都很邋遢，有些人甚至几个月都不洗澡，现在时代变了，大学教授应多注意个人形象，不能太邋遢了。”

精 | 点 | 解 | 析

审题思路

——找出观点句：“以前很多大学教授都很邋遢，有些人甚至几个月都不洗澡，现在时代变了，大学教授应多注意个人形象，不能太邋遢了。”

——确定核心词：“外在形象”（由“教授穿金戴银”概括）、“个人形象”。材料体现的是一个社会现象，某教授想通过穿金戴银这种外在修饰来提升个人形象。材料对此采取了中立的态度，考生有较大的写作空间，可以支持也可以反对这种现象，言之有理即可。

——围绕核心词拟题：《施以内在修养，方成外在形象》。

论证与结构

本文选用“单要素”结构。

段落	论证目的	分析思路
1	破	陈述现象→点题。
2	重要性	内外兼修助力个体的自我完善。
3	说危害	过分注重外表的美化可能会忽视内心的塑造，从而变得徒有其表。
4	分析原因	形成这种现象的原因，归根结底还是社会的浮躁。
5	怎么办	首先，教育是根本；其次，个人自治。
6	结	施以内在修养，方成外在形象。

参考范文

施以内在修养，方成外在形象

某教授为保持个人形象，追求穿金戴银，私人订制。以我之见，该教授捡了芝麻，丢了西瓜。仅注重外在形象，而忽视内在修养，未必能树立良好的个人形象。

内外兼修助力个体的自我完善。内外兼修帮助个体全面检视自己的优缺点，而后制定计划，发挥自己的长处，有步骤地、按时间地自我改正某些方面的不足，提升自我认知、价值观念或道德水平，让自己变得完美起来。自我完善暗含一种重要的情感：不断进取的愿望，战胜追求物质生活和享乐的自我。

然而，材料中的这位教授显然舍本逐末了。注意个人形象不代表用各种名牌装饰自己，这样做不但无法拉近与他人的距离，反而可能会忽视自己内心的塑造，从而变得徒有其表。不仅如此，教授还承担着教书育人的重任，如果宣扬过度包装，可能使学生盲目跟风，追求攀比，形成不良的社会风气。

形成这种现象的原因，归根结底还是社会的浮躁。社会浮躁心态是一种社会现象，它是社会中一些人对自我认知和自我表达方式所呈现的某种盲目性、非理性的反映。过分注重外表，在不断膨胀的欲望和虚荣的指引下，很多人只关注空洞的外表，与内心丰盈渐行渐远，这种社会浮躁病态的心理，对内在修养产生着广泛的不良影响。

如何引导正确的价值观，让人们回归内心建设、提升内在修养呢？首先，教育是根本。要发挥社会教育功能，使追求本源、脚踏实地横贯于各个领域，并形成一种“风俗习惯”，这样才能使注重内在修为走向道德自觉状态，走向道德自律，从而引导人们的价值观良性发展。其次，倡导个人自治。引导人们常常审查自己的价值观，不一味追求外在形象，而更注重内在修养。“见贤思齐焉，见不贤而内自省也”，寻求榜样，对标榜样，提升自己。

单靠华丽的外表不足以树立良好的个人形象，良好的内在修养才是个人形象的有力彰显。因此，要先施以内在修养，方成外在形象。

7 根据以下材料，写一篇 700 字左右的论说文，题目自拟。

梵文《百喻经》里有这么一个故事，大意说一个愚人要住三层楼，但是又不允许工匠建造底下的两层，要建一座空中楼阁。后人常用此比喻幻想或脱离实际的理论、计划等。有时候，在某些领域内，“空中楼阁”又确乎是不可缺少的。

精 | 点 | 解 | 析

审题思路

——找出观点句：后人常用此比喻幻想或脱离实际的理论、计划等。有时候，在某些领域内，“空中楼阁”又确乎是不可缺少的。

——确定核心词：“空中楼阁。”材料对关键词表达了不同态度，考生可以择一展开论证。

——围绕核心词拟题：《空中楼阁与脚踏实地》《空中楼阁，不可有》《脚踏实地，不可丢》。

论证与结构

本文选用“双要素”结构。

段落	论证目的	分析思路
1	破	陈述现象→点题
2	要素 A	空中楼阁不符合事物发展的规律。
3	要素 B	脚踏实地有利于个人的成长。
4	难	脚踏实地如此重要，但是人们却推崇“空中楼阁”，缘由为何?
5	怎么办	脚踏实地需要教育、个人自治。
6	结	脚踏实地，方行远。

参考范文

空中楼阁与脚踏实地

《百喻经》中愚人妄想建造一座空中楼阁是不切实际的。可见，我们在现代生活中，比起“空中楼阁”更重要的是“脚踏实地”。

空中楼阁不符合事物发展的规律。凡事都是循序渐进的，“一口吃个胖子”并不现实，量变引起质变。正如“不积跬步，无以至千里；不积小流，无以成江海”。“空中楼阁”缺少“积跬步”与“积小流”，这种行为看似“快速”，殊不知此乃“至千里”与“成江海”的最大阻碍。

脚踏实地有利于个人的成长。个人的成长是一个从量变到质变的过程，脚踏实地的处世态度推动个人系统机体不断适应环境，并与环境形成良性互动。脚踏实地让个体不断完善和成熟，个体行为不断优化。

脚踏实地如此重要，但是人们却推崇“空中楼阁”，缘由为何？其一缘自个人的功利心。近些年来，在巨大的市场经济诱惑之下，人们对名与利的追求无限制地膨胀，这种功利化就是人们推崇“空中楼阁”的根本原因。其二缘自社会的浮躁心态。社会浮躁作为一种急功近利、好大喜功的病态心理，对脚踏实地产生着广泛的不良影响。如若社会浮躁继续作为一种普遍的社会现象而存在，那么我们的社会必将形成秩序混乱、追求空中楼阁的不良风气，并最终步入危机。

脚踏实地需要社会充分发挥教育功能。在公共生活中，只有提升工匠精神，淡泊名利教育，使整个教育横贯于各个领域并形成“风俗习惯”，才能使脚踏实地走向道德自觉状态，走向道德自律，走向和谐社会。此外，个人要做到自治。自治使一个人较少依赖他人，并因此较少受他人的指示和影响，能达到自我审查、自我校准的目的。自我审查是指反省自己的动机、态度与价值观，避免偏见，做到思想公正、客观，尊崇脚踏实地。自我校准则是揭露错误或不足，“见贤思齐焉，见不贤而内自省也”，通过校正错误更好地做到脚踏实地。

脚踏实地，方行远。

8 »根据以下材料，写一篇 700 字左右的论说文，题目自拟。

张勇自 2015 年担任阿里巴巴 CEO 以来，改变传统的观念，推行“敏捷组织”设计理念，使阿里巴巴能够针对市场环境的变化，迅速整合资源做出反应，适应了当时的市场环境，促进了经营效率的提升，实现了各个业务线更健康、可持续的发展。

精 | 点 | 解 | 析

审题思路

——找出观点句：改变传统的观念，推行“敏捷组织”设计理念，使阿里巴巴能够针对市场环境的变化，迅速整合资源做出反应，适应了当时的市场环境，促进了经营效率的提升，实现了各个业务线更健康、可持续的发展。

——确定核心词：“改变传统观念。”

——围绕核心词拟题：《改变传统观念，企业发展的内在逻辑》。

论证与结构

本文选用“单要素”结构。

段落	论证目的	分析思路
1	破	引出话题，立观点。
2	立	改变传统观念，有助于企业实现自我迭代更新。
3	反	不改变传统的观念，就不会推行“敏捷组织”设计理念，无法促进经营效率的提升，最终不可能实现各个业务线更健康、可持续的发展。
4	难	组织内部存在惰性。
5	怎么办	构建学习型组织，营造开放的组织文化。
6	结	概括与总结总论点。

参考范文

改变传统观念，企业发展的内在逻辑

张勇通过改变传统观念，使得阿里巴巴能够快速整合资源，适应市场环境，进而实现企业的进一步发展。从中不难看出，只有改变传统观念，企业才能实现可持续发展。

改变传统观念，有助于企业实现自我迭代更新。自我迭代即企业管理者对自己严格要求，不断更新企业经营观念，以满足消费者及市场的需求。管理者通过改变传统观念、主动思考、主动变化、主动试错，以此得到市场反馈，之后根据反馈不断优化企业，抓住每一次可以实现自我迭代更新的机会，快速提升企业竞争力，实现可持续发展。

试想，如果张勇担任阿里巴巴 CEO 以来，没有改变传统的观念，就不会推行“敏捷组织”设计理念，也就无法使阿里巴巴针对市场环境的变化迅速整合资源、适应当时的市场环境，无法促进经营效率的提升，最终不可能实现各个业务线更健康、可持续的发展。

然而在现实中，很多企业管理者却不愿意改变传统观念，主要原因在于组织内部存在惰性。组织惰性是指组织内普遍存在的保持既定行为方式和消极应对环境的倾向。这使得组织的内在活力下降，丧失了创新能力；缺乏改变传统观念的胆略与热情，看重眼前利益，得过且过；习惯于按传统观念办事，在与竞争对手过招时缺乏主动性、创新性。在这种情况下，企业难以改变传统观念。

要想改变传统观念，就需要构建学习型组织，营造开放的组织文化。在这种文化的影响下，组织对环境中的机会和威胁有充分的认知，组织成员在解决问题时能够摒弃旧的传统观念和常规程序，发现错误时，不是简单地沿用既有的观念来进行决策和行动，而是对根深蒂固的观念和规范提出挑战。最终，在组织中，每个人都能在大胆质疑的“前提”下改变传统观念。

唯有改变传统观念，才能从绝境中求生存，实现可持续发展。

9 » 根据以下材料，写一篇 700 字左右的论说文，题目自拟。

任何企业想获得业务上的绩效，一定是要与顾客在一起，让顾客选择你。这个概念叫作“顾客语言”，也就是让顾客能够听懂你，理解你为他所做的事情的价值。

精｜点｜解｜析

审题思路

——找出观点句：“任何企业想获得业务上的绩效，一定是要与顾客在一起，让顾客选择你。这个概念叫作‘顾客语言’。”

——确定核心词：材料重点阐述的内容都是围绕“顾客语言”这一概念进行的。

——围绕核心词拟题：《有效运用顾客语言，企业基业长青》。

论证与结构

本文选用“单要素”结构。

段落	论证目的	分析思路
1	破	引材料，立观点。
2	立	有效运用“顾客语言”有利于提高企业的顾客忠诚度。
3	反	企业如果不能有效运用“顾客语言”最终将被市场淘汰。
4	难	管理者的目光短浅；环境的不确定性。
5	怎么办	管理者要目光长远；有效应对不确定性。
6	结	概括与总结总论点。

参考范文

有效运用顾客语言，企业基业长青

任何企业想发展，就需要有效运用“顾客语言”，也就是让顾客能够听懂你，理解你为他所做的事情的价值。因此，懂得“顾客语言”的企业才能基业长青。

有效运用“顾客语言”有利于提高企业的顾客忠诚度。顾客忠诚度是指顾客因为接受了产品或服务，满足了自己的需求而对品牌产生的心理上的依赖及行为上的追捧。众多营销专家强调要把顾客满意放在第一位。因此企业利用好“顾客语言”能够更好地站在顾客的角度思考顾客需求，生产出满足顾客需求的产品，达到顾客的期望值，从而降低顾客转向另一品牌的可能性，增加企业产品忠诚程度，降低竞争者对企业的影响。

企业如果不能有效运用“顾客语言”，就会像诺基亚一样一味地按照企业自身的模式进行生产，不把顾客需求放在第一位，在整个市场需求发生变化的情况下，无法适应市场，最终被市场淘汰。

然而，并非所有企业都能利用好“顾客语言”，原因在于：其一，管理者的目光短浅。“顾客语言”是顾客需求的体现，然而管理者却只看到眼前的利益，而没有意识到以顾客需求为核心给企业带来的长期价值，盲目排斥“顾客语言”。其二，环境的不确定性。市场瞬息万变，难以准确把握顾客需求，这会给企业带来经营的风险，意味着企业沉没成本可能出现，影响企业收益的实现。出于对风险的规避，企业选择无视顾客需求。

上述问题并非无法可解，可以通过以下措施进行改善：首先，管理者要目光长远。

有“不畏浮云遮望眼”的气魄，不能只看眼前的利益，要知道长期价值才是企业生存发展的源泉，而顾客需求才是企业长期价值的来源。其次，有效应对不确定性。以变治变，永远站在顾客那一端来寻求市场机会，听懂“顾客语言”，不断提升顾客价值，以顾客需求为导向创造产品或服务。

懂得“顾客语言”，企业生产的产品才能更好地满足顾客需求，使企业激流勇进，基业长青。

10»根据以下材料，写一篇700字左右的论说文，题目自拟。

针对企业发展中高质量和高速度谁更重要这一话题，有人认为高质量重要，也有人认为高速度重要。请提出你自己的想法，并加以论证。

精 | 点 | 解 | 析

审题思路

——找出观点句：有人认为高质量重要，也有人认为高速度重要。这明显是“二选一”题，可以选择其中一个观点展开分析与论证。

——确定核心词：高质量、高速度。如果“二选一”的材料没有明显的倾向性，考生可根据个人掌握的素材展开论证。一般来说，高质量发展对企业更为重要。

——围绕核心词拟题：《高质量发展，企业成长的内在逻辑》。

论证与结构

本文选用“二选一”结构。

段落	论证目的	分析思路
1	破	引出话题。
2	立	高质量发展有利于增强企业的核心竞争力。
3	踩	为什么不选高速度发展。
4	难	第一，管理者目光短浅；第二，管理者战略管理能力不足。
5	怎么办	其一，管理者要目光长远。其二，构建学习型组织。
6	结	概括与总结总论点。

参考范文

高质量发展，企业成长的内在逻辑

针对企业发展中高质量和高速度谁更重要，有的人认为高质量更重要，也有人认为高速度更重要。在我看来，企业发展离不开高质量。

高质量发展有利于增强企业的核心竞争力。核心竞争力是企业长期形成的，蕴含于企业内质中的，企业独具的，支撑企业过去、现在和未来的竞争优势。高质量发展能使企业在竞争环境中长时间取得主动，帮助企业实现顾客最为关注的、核心的、根本的利益。高质量发展是难以被竞争对手所复制和模仿的差异化优势，有利于增强企业的核心竞争力。

反之，如果一味追求高速度，而忽视高质量发展，无论是产业巨头还是市场翘楚都可能江河日下，快速消亡。正如诺基亚曾是手机领域的巨无霸，柯达曾是胶卷相机时代的巨擘，由于忽视了高质量发展，导致产品失去了消费者信赖，最终快速失去市场，经营濒临破产。

知易行难，不少企业管理者对高质量发展并不“感冒”，原因在于：第一，管理者目光短浅，只看到眼前利益，而没有意识到以高质量发展为核心给企业带来的长期价值，盲目排斥高质量发展，而一味追求高速度。第二，管理者战略管理能力不足，这致使管理者不能敏锐地洞察消费者需求及市场的变化，难以针对这些变化制定高质量发展战略。

针对以上问题可以采取以下措施解决：其一，管理者要目光长远，不能只看眼前利益，要知道长期价值才是企业生存发展的源泉，而高质量发展是企业长期价值的来源。其二，构建学习型组织，提高管理者能力，使其能够快速地洞察环境的动态性和复杂性，针对这些变化制定有效的高质量发展战略，使企业长远发展。

企业追求高速度看似比较稳妥，但从长远来看，高质量发展才是实现企业长远发展的必由之路。

11 »根据以下材料，写一篇700字左右的论说文，题目自拟。

小时候人们喜欢发问，长大后往往看重结论。对此，有人感到担忧，有人觉得正常。

精 | 点 | 解 | 析

审题思路

——找出观点句："小时候人们喜欢发问，长大后往往看重结论。对此，有人感到担忧，有人觉得正常。"

——确定核心词：从喜欢发问到看重结论，有人"感到担忧"，有人"觉得正常"。从"有人感到……""有人觉得……"我们可以判断该命题形式属于"二选一"类型。材料没有明显的倾向性，考生可根据自己所长，选择一个方向展开论证。但考生需注意：看重结论可引申为接受规律/规则；而发问可引申为探索精神。

——围绕核心词拟题：《发问，我们需要探索精神》。

论证与结构

本文选用"二选一"结构。

段落	论证目的	分析思路
1	破	引材料+立观点。
2	踩	为什么不认可"从喜欢发问到看重结论是正常"。
3	立	发问，我们需要探索精神。
4	难	社会浮躁的影响；从众心理的影响。
5	怎么办	社会充分发挥教育功能；培养批判性思维。
6	结	概括与总结总论点。

参考范文

发问，我们需要探索精神

小时候人们喜欢发问，长大后往往看重结论。对此，有人觉得正常，但我对此感到担忧，这正是人们探索精神的逐渐缺失。

不可否认，从喜欢发问到看重结论，这个转变意味着人思维成熟，更加看重结论的有效性和理论的可实践性。但是过多重视结论，不仅无助于解决问题，无助于探求问题的根源，反而会拖累行动的步伐，阻碍真理的诞生。

发问，我们需要探索精神。而探索精神赋能个人成长。个人的成长是一个从量变到质变的过程。探索精神作为一种成长“基因”推动个人系统机体不断适应环境，并与环境形成良性互动，成为个体渴望成为的人。探索精神让个体不断完善和成熟，个体行为不断优化，有利于个人成长。

然而，人们之所以认为“喜欢发问不如看重结论”是正常的，主要缘于以下两点：首先，社会浮躁的影响。社会浮躁是社会中一些人对社会事务、群体利益、个人利益在表达关注和追求时，所呈现出的某种盲目性、非理智性的反映。社会浮躁作为一种急功近利、好大喜功的病态心理，导致人们愿意重视结论而不去发问。其次，从众心理的影响。从众心理使人们不做独立思考、缺乏主见，不能保持个体的独立性，容易不加分析地接受别人的意见，失去了质疑的能力，更愿意重视结论而不去发问。

要想缓解从喜欢发问到看重结论的担忧，需要采取以下措施：其一，社会充分发挥教育功能，激发人们的探索精神，使整个探索精神横贯于各个领域并形成“风俗习惯”，才能使“发问”走向自觉状态。其二，培养批判性思维。批判性思维是个人自治的基础。自治使一个人减少对他人的依赖，并因此减少受他人的指示和影响，能达到自我审查、自我校准的目的，从而能让人们不受外界的干扰，更多地发问。

从喜欢发问到看重结论的变化，是个人思维固化的过程，是个体不断丧失完善自我的过程，这是让人担忧的。

12 » 根据以下材料，写一篇 700 字左右的论说文，题目自拟。

英国著名物理学家史蒂芬·霍金以“黑洞悖论”理论一举成名。2004 年 7 月 21 日，他宣布推翻自己之前认为的“黑洞消失，内部信息也不知去向”的说法，认为黑洞信息并非“只进不出”。这是霍金对自己的一次大胆质疑与否定，也激发了他新的思路，给他带来新的灵感。

精 | 点 | 解 | 析

审题思路

——找出观点句：“这是霍金对自己的一次大胆质疑与否定，也激发了他新的思路，给他带来新的灵感。”

——确定核心词：“对自己的一次大胆质疑与否定”，这是一个单要素的围绕“个人成长”的文章。

——围绕核心词拟题：《不断否定自己，不断进步》。

论证与结构

本文选用“单要素”结构。

段落	论证目的	分析思路
1	破	引出话题。
2	立	不断否定自己，才能促进自我完善。
3	反	不敢否定自己，就会被日益变化的世界所抛弃，随波逐流，泯然众人矣。
4	难	个人的惰性；社会浮躁性。
5	怎么办	个人应发挥主观能动性；社会应充分发挥教育功能。
6	结	概括与总结总论点。

参考范文

不断否定自己，不断进步

霍金在凭借“黑洞悖论”出名后，没有选择故步自封，而是不断否定自己，进而推翻自己的假说，激发自己的思路，带来了新的灵感。从中不难看出，只有不断否定自己，才能不断进步。

不断否定自己，才能促进自我完善。不断否定自己能够使个体全面检视自己的优缺点，而后制定计划，发挥自己的长处，有步骤地、按时间地自我改正某些方面的不足，提升自我认知、价值观念和道德水平，让自己变得完美起来。自我完善暗含着一种重要的情感：不断进取的愿望。

如果一个人不敢否定自己，而是沉溺于过去的成就，故步自封，被自己过去的想法和认知所限制，最后只会脱离时代，被日益变化的世界所抛弃，随波逐流，泯然众人矣。

然而在生活中，却罕有人不断否定自己。究其原因，主要有以下两点：首先是个人的惰性。惰性是个体普遍存在的保持既定行为方式和消极应对环境变化的倾向。它使个体的内在活动力下降，看重眼前利益，得过且过，不愿意否定自身，以寻求不断进步。其次是社会浮躁性。社会浮躁是社会中一些人对个人利益在表达关注时，所呈现出的某种盲目性、非理智性的反映。社会浮躁作为一种急功近利、好大喜功的病态心理，使人很难沉下心反省自己、不断否定自己。

要想解决上述问题，可以从以下两个方面入手：第一，个人应发挥主观能动性。主观能动性能够促使人们积极主动进行自我审查、自我审视，做到目光长远，意识到不断否定自己可以取得长期价值。第二，社会应充分发挥教育功能，让人们做到脚踏实地、淡泊名利，使其横贯于各个领域并形成“风俗习惯”，才能使人们不断否定自己，不断进步。

只有像霍金一样，不被过去自己的成就所限制，不断否定自己，才能走出舒适圈，不断进步。

13 »**根据以下材料，写一篇 700 字左右的论说文，题目自拟。**

确定与不确定是一个有机的组合。确定性在我们自己手上，不确定性在环境中。如果我们把确定性与不确定性组合起来，快速调整自己的认知，不确定性也会是我们的发展机遇和成长的原动力。

精 | 点 | 解 | 析

审题思路

——找出观点句：“如果我们把确定性与不确定性组合起来，快速调整自己的认知，不确定性也会是我们的发展机遇和成长的原动力。”

——确定核心词：“确定性与不确定性。”

——围绕核心词拟题：《确定性与不确定性》。

论证与结构

本文选用“双要素”结构。

段落	论证目的	分析思路
1	破	引材料+立观点。
2	要素 A	拥抱确定性有利于个人的成长。
3	要素 B	积极面对不确定性助力于个体的自我迭代。

（续）

段落	论证目的	分析思路
4	难	个人惰性；风险。
5	怎么办	个人要充分发挥主观能动性；社会应充分发挥教育功能。
6	结	概括与总结总论点。

参考范文

确定性与不确定性

确定与不确定是一个有机的组合。确定性在我们自己手上，不确定性在环境中。只有把确定性与不确定性组合起来，方能获得更好的发展。

拥抱确定性有利于个人的成长。我们生活在不确定的世界里就必须找到某种确定性的规律和道理，否则人类无法持续繁衍生息。个人的成长是一个从量变到质变的过程。探索规律推动个人系统机体不断适应环境，并与环境形成良性互动，成为个体渴望成为的人。探索规律的过程让个体不断完善和成熟，个体行为不断优化。

积极面对不确定性助力于个体的自我迭代。正是不确定性催化了人类主动学习适应的内在动力，激发了人类内在的竞争意识和进取精神，帮助个体不断进行自我更新，以满足社会的需求。在生活里，个体采取自我认知的方式，主动思考、主动变化、主动试错，以此得到社会反馈。之后，根据反馈不断改进自己，抓住每一次可以自我迭代的机会，快速提升与进步。

然而，确定性往往会导致个人惰性的出现。惰性是个体普遍存在的保持既定行为方式和消极应对环境变化的倾向。它使个体的内在活动力下降，看重眼前利益，得过且过，不愿意进行改变，只喜欢干确定性的事情。此外，不确定性往往会给个体带来风险。风险意味着可能出现沉没成本，这会影响个人收益的实现。收益性与风险性共存使得个人在应对不确定性风险上表现得非常审慎。

因此，针对上述问题可采取以下措施：首先，个人要充分发挥主观能动性。主观能动性能够促使人们积极主动进行自我审查、自我审视，进而发现不足之处。针对不足进行改正，才能更好地克服惰性，不只干自己确定的事情。其次，社会应充分发挥教育功能，让人们脚踏实地、有规则意识地做事，使其规则意识横贯于各个领域并形成“风俗习惯”，才能使人们更好地践行规则，勇于探索，勇于面对不确定性。

确定性成就生命的安定和长期存续，不确定性推动生命的不断成长和进化，二者共同成就生命的美好。

强化训练

1 »根据下述材料，写一篇700字左右的论说文，题目自拟。

人们针对企业计划是否应该有弹性这一话题展开了一系列争论。有人认为计划应该有弹性，这是适应不确定性、充分发挥计划职能的重要手段。而有人则认为计划不应该有弹性，计划一旦制定，应该从始至终很好地去执行，否则就会出现混乱。

精 | 点 | 解 | 析

审题思路

该题为观点型材料，审题立意方法如下：

——找出观点句：材料针对企业计划是否有弹性展开讨论，通过“有人认为……，而有人认为……”，可确定这是一个“二选一”的主题，任选其一进行构思即可。

——从观点句中找出核心词：“计划是否有弹性。”

——围绕核心词拟题：《计划，当有弹性》。

论证与结构

本文选用“二选一”结构。

段落	论证目的	分析思路
1	破	引材料，立观点。
2	踩	如果计划没有弹性，不能适应客观环境变化。
3	立	弹性计划，有利于企业更好地应对环境的不确定性。
4	难	管理者能力的不足及组织惰性。
5	怎么办	管理者应提高自身能力；企业应构建学习型组织。
6	结	概括与总结总论点。

考生习文

弹性计划，企业成长的驱动力①

有人曾说计划不应该有弹性，这样可以使企业更好地去执行，但我认为具备弹性的计划才是企业成长的驱动力。②

弹性计划，可以满足消费者日益变化的消费倾向，从而促进企业成长③。如今网络化时代信息发达，丰富多彩的商品信息很容易就能激起消费者的购买欲，甚至产生跟风热潮，例如每隔一段时间就会窜出来红极一时的网红产品④。而企业通过制订弹性计划可以很好地适应这种不确定性环境，创造更多的利润，从而促进企业成长⑤。例如元气森林饮料通过弹性的市场运营抓住了消费者的眼球，仅仅几年时间就步入行业顶端⑥。

但是如果计划缺乏必要的弹性，企业可能会难以承受竞争风险，进而威胁企业生存。在当今时代，市场竞争格外激烈，每一个企业都将对手视为眼中钉肉中刺，一旦企业运营出现纰漏，其他企业就会乘机落井下石⑦。而一个只会一根筋照着毫无弹性的计划走下去的企业，没有犯错还好，一旦犯错很可能就会一直错下去，最终被市场淘汰濒临破产⑧。

既然弹性计划的好处如此之多，为什么会有人不以为然呢⑨？一方面，灵活多变的计划在执行层面上需要领导层充分发挥管理职能，这对管理者来说是一个巨大的挑战⑩。另一方面，弹性计划可能会给企业本身平稳的工作环境带来不稳定的预期，从而增加企业面临的压力⑪。

然而，这样的问题并非无法解决⑫。首先，管

①“二选一”题，选择其中一个观点，审题立题准确，题目表达观点。

②“二选一”题首段需展示出两个观点，然后再陈述自己的立论。

③分论点构建的论证关系有些复杂。一般而言，构建的论证关系 X→Y 便可，通常不使用 X→Y→Z 递推关系，这种关系考生通常不易把握，不能很好展开论证。此处可以写为：弹性计划有利于企业的成长。

④此处论述的内容与分论点无关。

⑤分论点的论证过于简单，没有说服力。此外，论述内容未能围绕分论点展开，不能有效支持分论点。分论点是“弹性计划，可以满足消费者日益变化的消费倾向，从而促进企业成长”，但此处论证的内容未提及“可以满足消费者日益变化的消费倾向”。

⑥例证未能支持说理。例子表达的是通过“弹性的市场运营”抓住了消费者的眼球，但全文的核心论题是“弹性计划”。

⑦此处论证内容与主题无关。

⑧此段论述与第一句话有重复。

⑨此处语言表达不够准确，此文定位主体是企业，“有人不以为然”可改为“企业不以为然”。

⑩未扣主题“弹性计划”，此处应论述导致企业不能制订“弹性计划”的原因。

⑪此处要表达的是“企业为什么不愿制订弹性计划”，但内容表达的是“弹性计划会给企业带来的问题”，论证跑题。

⑫语言表达不准确，建议改为“上述问题可采取如下措施解决”，起到承上启下的作用。

理者应加强自身的战略管理能力，以便能理解事物的相互关联性，从而找出关键影响因素并对未来进行有效预测⑬。其次，企业要建立学习型组织，培养企业人员的实操能力，提高成员对复杂环境变化的适应能力，与管理者的战略产生化学反应形成企业韧性，将压力化为动力⑭。

由此可见，弹性计划才是企业成长的关键驱动力。

⑬未解决上述的“难”，未回扣主题“弹性计划”。

⑭未回扣主题“弹性计划”。

总评：本文审题立意准确，结构清晰，但分析过程中未能与主题“弹性计划”紧密结合，所选例子不支持论点，此外语言还需精简。本文可评18分。

参考范文

计划，当有弹性

有人认为计划应该有弹性，这是适应不确定性、充分发挥计划职能的重要手段。而有人认为计划不应该有弹性，否则就会出现混乱。我同意前者的观点。

不可否认，计划一旦制定，应该从始至终地去执行，力求避免出现混乱。但是企业的各项计划是根据企业所处的环境而制定的。如果企业的计划没有弹性，当环境发生变化，那么在执行初期可能是最优的，但在中期或者后期就可能变得不优或者根本不适用了。

弹性计划，有利于企业更好地应对环境的不确定性。环境的不确定性会为企业经营带来风险，从而影响企业的经营效果。实施弹性计划，有利于企业及时纠正计划中不切实际的部分，使企业能够认准目标，当机立断，用正确的行动方案调动员工的积极性，从而使企业更好地应对环境的不确定性，降低企业的经营风险。

然而，企业实行弹性计划并非易事，缘由如下：其一，管理者能力不足。管理者缺乏洞察既定环境复杂程度和减少这种复杂性的能力，不能理解事物的相关性从而找到关键影响因素，无法根据环境的变化调整计划。其二，组织的惰性。组织内普遍存在保持既定行为方式和消极应对环境变化的倾向。组织的内在活力下降，看重眼前利益，得过且过，习惯于按部就班办事，不敢实行弹性计划。

针对上述问题，企业可采取如下措施保证企业计划的弹性：首先，管理者应该提高自身能力。管理者要发挥企业家精神，保持持久的创新动力，这样才能对环境中的不确定性有充分的认知，并针对这些变化实行弹性计划。其次，企业应构建学习型组织。学习型组织能够使组织成员共享知识和信息，在解决问题时摒弃旧的思维方式和常规程序，针对环境的变化积极响应，从而提高企业整体的计划水平和计划实施能力，使企业能够实行弹性计划。

企业要想获得可持续发展，实行弹性计划才是关键。

2 根据以下材料，写一篇700字左右的论说文，题目自拟。

企业的目标虽然是追求利益，但也不能只将精力全部放在经营活动上，企业也应该承担一定的社会责任，通过组织一些好的社会活动，可以提高企业的品牌价值，这对企业的发展来说也是一种促进。

精 | 点 | 解 | 析

审题思路

该题为观点型材料，审题立意方法如下：

——找出观点句：“企业也应该承担一定的社会责任，通过组织一些好的社会活动，可以提高企业的品牌价值，这对企业的发展来说也是一种促进。”

——从观点句中找出核心词：“承担一定的社会责任。”

——围绕核心词拟题：《承担社会责任，使企业砥砺前行》。

论证与结构

本文选用“单要素”结构。

段落	论证目的	分析思路
1	破	引材料，立观点。
2	立	企业承担社会责任能够增强核心竞争力。
3	反——例证	三鹿集团一味追求利润，缺乏社会责任感，使企业最终走向衰败。
4	难	社会浮躁性；监管不足。
5	怎么办	发挥社会教育功能；加强社会监管与制度建设。
6	结	概括与总结总论点。

考生习文

承担责任，回馈社会

对于企业是否应该承担一定的社会责任，组织一些社会活动，不同人有不同的意见。对于这个问题，我个人认为企业应该承担社会责任，一定程度地回馈社会。①

首先，承担社会责任是企业发展的需要②。企业并不是孤立存在的，而是与社会有着广泛联系的。企业从社会中获取资源，生产出产品，然后通过各级的销售链，将产品卖给顾客。如果企业在这个过程中勇于承担社会责任，就可以用自己的产品和良好声誉赢得客户信任。③而一旦不顾社会责任，生产出危害人们生命健康的产品，最终的结局就只能是在人们的唾弃中退出历史舞台，曾经的三鹿集团就是血淋淋的教训。④

其次，承担社会责任是企业发展的必然要求。企业如果不承担社会责任，只一味追求经济利益，就很有可能造成在实现自身经济利益的同时，冲击或破坏了社会利益，对于企业自身价值来说也是一种伤害。蒙牛在站稳市场之后，积极承担社会责任，用请名师授课、牧场技术帮扶等方式来带动乡村教育和促进乳制品行业的发展，为国内企业树立了标杆，也因此获得了消费者的尊重与信任。⑤

然而，依旧有很多企业不主动承担社会责任，无外乎是因为以下几点：首先，社会浮躁性。社会浮躁是一种急功近利、好大喜功的病态心理，一切以利益为目标，不择手段。⑥其次，监管不足。尤其是惩罚力度不足，面对企业的不法行为，坐

①开头段应由材料引入，写法为引材料+立论点。考生直接立论，有“无源之水”嫌疑，观点得出的逻辑性缺失。

②观点表述缺乏文采，可提升为“承担社会责任赋能企业的发展”。

③此处应该重申观点“从而使企业获得良好的发展”，使论证更完整。

④这一句话可以删去，因为此段论证的是企业承担社会责任的重要性，这句话则说的是必要性。一段论证，要观点集中，主旨明确。

⑤本段观点是“必要性论证”，即“无之不行”，事例却是“有之更好”，显然不一致。

⑥此处只是指出了社会浮躁性的概念，但是并未分析出社会浮躁性是如何影响到企业不愿承担社会责任的，合理性缺失。

视不理，[7] 无法形成良好的警示作用，因此越来越多的企业不惧怕惩罚，更加肆无忌惮。

要想让企业承担一定的社会责任，一方面，可给予承担社会责任的企业一定的政策优惠，让他们看到承担社会责任带来的回报，调动更多企业承担社会责任的积极性。[8] 另一方面，对为富不仁的企业加大处罚力度，提升其违规成本。[9]

承担社会责任，对于企业来讲，既是履行了自身的社会职责，也有利于自身的品牌发展，应当大力提倡。

⑦“坐视不理”表达不准确，可以改为“处罚较轻”。

⑧此处跟“难”的第一点并没有很好的对应，可以从“发挥社会教育功能”入手分析。

⑨此处分析内容较为简单，不够充分，还需进一步进行补充完善。

总评：文章审题立意准确，结构清晰，但是段落层次不够分明，素材运用还不够灵活，部分内容分析不够充分，需再多加训练，以求更完善。该文章可评为 18 分。

参考范文

承担社会责任，使企业砥砺前行

企业应该承担一定的社会责任，这样可以提高企业的品牌价值，对企业的发展来说也是一种促进。由此可见，企业承担社会责任，可以使其砥砺前行。

企业承担社会责任能够增强核心竞争力。核心竞争力是企业长期形成的，蕴含于企业内质中的，企业独具的，支撑企业过去、现在和未来的竞争优势，并使企业在竞争环境中能够长时间取得主动的核心能力。企业主动承担社会责任就会把实现顾客最为关注的、核心的、根本的利益作为经营目标，生产出满足消费者需求的高质量产品，并获得消费者的青睐，形成难以被竞争对手所复制和模仿的差异化优势，进而增强企业核心竞争力。

反观，三鹿集团一味追求利润，缺乏社会责任感，为了牟取暴利，采用非法手段，在奶粉中加入三聚氰胺等有害物质，损害了婴幼儿的生命健康，使无数家庭深受其害，也使企业最终走向衰败。

然而，很多企业仍然不愿主动承担社会责任，究其原因：首先，社会浮躁性的影响。社会浮躁是一种急功近利、好大喜功的病态心理，它让企业丧失了承担社会责任的意识，唯利是图，不择手段。其次，监管不足，尤其是惩罚力度不足。面对企业的不法行为，温柔惩罚，无法形成良好的警示作用，使得越来越多的企业不惧怕惩罚，更加肆无忌惮。

因此，要解决上述问题，可以从以下几方面入手。第一，发挥社会教育功能。在公共生活中，只有培养企业主动承担社会责任的意识，拒绝利益至上的思想，并使这一良好风气变成一种“经营习惯”，才能使承担社会责任成为企业的一种自觉状态。第二，加强社会监管与制度建设。制定相关奖惩条例，加大违法成本，让企业遵守法律，不钻法律的空子，主动承担社会责任。

承担社会责任，企业方可砥砺前行。